David Vogel
Das Ende der Tage

David Vogel
Das Ende der Tage

Tagebücher und autobiographische
Aufzeichnungen 1912–1922 und 1941/42

Mit einem Vorwort von Amir Eshel

Aus dem Hebräischen von Ruth Achlama

List Verlag
München · Leipzig

Die Originalausgabe von Das Ende der Tage *erschien unter dem Titel* Ketsot Hayamim *in dem Sammelband* Tachanot Kavot *1990 im Verlag Hakibbutz Hameuchad/Siman Kriah, Tel Aviv, die Originalausgabe von* Alle zogen in den Kampf *erschien unter dem Titel* Kulam Yatseu La'krav *dortselbst.*

ISBN 3-471-78932-4

© Tamara Vogel-Mizrahi 1993
Translation © by the Institute for the Translation of Hebrew Literature, Tel Aviv, 1993
© der deutschen Ausgabe Paul List Verlag in der Südwest Verlag GmbH & Co. KG München, 1995
Alle Rechte vorbehalten. Printed in Germany
Gesamtherstellung: Ebner Ulm

Inhalt

Vorwort:
‹*Zug der Tage*› *von Amir Eshel*
7

Das Ende der Tage
19

Editorische Notiz
von Menachem Peri
22

Alle zogen in den Kampf
115

Zug der Tage

> Zug der Tage,
> von weitem,
> bewegt sich weiter fort,
> von Nichts in das Nichts,
> ohne mich.
>
> Hauteville, 29. 9. 1941

Eine jüdisch-europäische Biographie unseres Jahrhunderts der Lager: Der am 15. Mai 1891 in Satanow (heute Weißrußland) geborene David Vogel verläßt mit achtzehn Jahren seine kleine Heimatstadt. Über Kindheit und Elternhaus wissen wir kaum etwas. Seine Lyrik deutet an manchen Stellen auf die wichtige Figur des Vaters hin, die Landschaftsbilder seiner Gedichte könnte man wohl in Galizien angesiedelt sehen. Nach Wilna (Vilnius) – seinerzeit ein wichtiges Zentrum jüdischen Lebens – geht David Vogel 1909 oder 1910 zunächst, um Hebräisch zu lernen. Dort träumt er davon, in der großen Synagoge als *Schamasch*, als Gemeindediener, arbeiten zu können. Ein wenig später jedoch muß er die Grenze nach Österreich überqueren, um dem Militärdienst im russischen Heer zu entkommen. Ende 1912 führt ihn sein Weg nach Wien, wo er in das Gymnasium aufgenommen zu werden hoffte. Er wollte in einem solchen Fall studieren oder einfach, daß man ihn ‹zu den Schriftstellern› zählt. Dabei nun wird der träumerische junge Mann – wie Vogel zu jener Zeit häufig beschrieben wird – bitterlich enttäuscht. Er verbringt seine Zeit mit Büchern, läßt sich durch Wien treiben und erlernt nahezu autodidaktisch die deutsche Sprache. Ab und an verdient er ein wenig mit Hebräisch- und Religionsunterricht, und in der Not, was häufig der Fall ist, leiht er sich Geld.

Genau zu dieser Zeit entsteht Vogels Tagebuch *Das Ende der Tage* – ein spannendes Zeitdokument, in dem das Leben eines jungen jüdischen Mannes osteuropäischer Herkunft, der von literarischen Aspirationen beflügelt ist (und David Vogel war nicht der einzige in Wien zu jener Zeit), einen lebendigen Ausdruck findet. Das Tagebuch setzt an, noch ehe sich Vogel als Lyriker, geschweige denn als Romancier verstand. Auf seinem Weg von Wilna nach Wien und während seines langen Wienaufenthaltes berichtet er darin vom alltäglichen Kampf um das finanzielle Überleben, von Hunger und Not und auch vom Prozeß seiner Selbsterkundung. Es sind die stark schwankenden, sicherlich auch pubertären seelischen Zustände, die diese Aufzeichnungen charakterisieren, doch David Vogel ist zu jener Zeit bereits neben all seinen Depressionen, Begierden und seiner Langeweile auf der Suche nach dem richtigen Wort, nach der genauen Formulierung. Der Stil dieses tiefblickenden Sprachkünstlers ist schon in dieser frühen Phase nicht zu verkennen: ‹Es fehlt mir was›, notiert er am 30. Juni 1914, ‹etwas Namenloses und Unbekanntes. Fehlt. Und klar, daß auch dort und fern von dort etwas fehlen wird. Für immer wird etwas fehlen, für immer und ewig.›

Am 10. 8. 1914 verzeichnet David Vogel in seinem Tagebuch: ‹Die ganze Zeit nur Trägheit. Und ein bißchen Taumel. Jetzt stehe ich vor großen, einschneidenden Veränderungen. Der Krieg.› Wahrscheinlich ahnte er aber nicht, daß man ihn kurz danach als russischen Staatsbürger und somit potentiellen Feind Österreichs internieren wird. In den kommenden zwei Jahren bleibt er in Haft und widmet sich nur noch selten seinem Tagebuch. Nach der Entlassung im Juli 1916 verweisen die Eintragungen eher indirekt auf die Erfahrungen der

Haft. Diese Zeit hinterließ dennoch Spuren im reiferen und schlichteren Tonfall, in dem David Vogel über seine komplexe Beziehung zu Ilka, seiner ersten Frau, nachdenkt. Gerade in der Art und Weise, wie er Ilka in ihrer Krankheit beschreibt – sie hatte Tuberkulose, wie später Vogel selbst –, kündigen sich Züge seiner künftigen weiblichen Prosafiguren an. Als Mann und Frau stehen sie einander gegenüber wie zwei gewaltige Pole. Und obwohl Vogel meint, Ilka bedrohe ihn mit ihrem übermächtigen Wesen, liebt er sie, eigenwillig und kapriziös, wie er ist, sehr. Auch nach 1916 bleiben seine Tagebucheintragungen spärlich, was unmittelbar auf seine Beziehung zu Ilka zurückzuführen ist. Am 22. Mai 1917 berichtet er, so unglaublich es sich anhören mag: ‹Manchmal sehne ich mich nach der Haft.› David Vogel bleibt hierin voller Widersprüche: 1919 heiratet er Ilka schließlich.

Ab 1918 machte sich David Vogel allmählich einen Namen als vielversprechender Lyriker. Seine Gedichte erscheinen in fast allen bedeutenden Organen hebräischer Literatur jener Zeit. Vogels Entscheidung für das Hebräische als seine Schaffenssprache, also weder für die jiddische noch für die russische oder gar die deutsche Sprache, ist dabei besonders zu beachten. Seine Biographie, die vom fehlenden Heimatempfinden gezeichnet ist, hebt hervor, daß er als Dichter einzig und allein in der Sprache seiner Wahl – im Hebräischen – beheimatet war. Von alledem erwähnt der Tagebuchautor jedoch verblüffenderweise nichts. Die letzte Eintragung in sein Tagebuch stammt vom 2. August 1922. Die schwerkranke Ilka wird in einem Sanatorium außerhalb Wiens behandelt, und David Vogel quält sich, wie schon 1912, mit der Frage, wo das Geld für den nächsten Tag herkommen soll.

In den zwanziger Jahren wird Vogel auch im Kreis der jüdischen Autoren Wiens bekannt: Man trifft sich im Café *Arkade*, spricht über die Lage der hebräischen Literatur, über den Zionismus und die Kunst. 1923 veröffentlicht er seinen ersten Lyrikband[1], im Dezember 1925 folgt ein Aufsatz über ihn sowie eine Reihe übersetzter Gedichte in der Berliner *Jüdischen Rundschau*[2]. Doch zu dem Wiener Kreis hebräischer Autoren bleibt der Lyriker distanziert. Nie ganz zugehörig zu sein, nie den ästhetischen Standpunkt des Betrachters preiszugeben, ist und bleibt für David Vogel zeit seines Lebens Leitmotiv. Die einzige Ausnahme dabei ist seine Annäherung an Avraham Ben-Yitzchak Sonne, einen weiteren Außenseiter im Kreis der jüdischen Autoren Wiens jener Zeit. Noch Jahre nach ihrer Begegnung wird sich David Vogel an diesen besonderen Lyriker, der auch Elias Canettis Anerkennung genoß, erinnern.

1925, ausgerechnet ein Jahr nachdem Vogel endlich die österreichische Staatsbürgerschaft erhalten hatte, verläßt er plötzlich Wien und geht nach Paris. Diese Stadt bedeutet eine neue Phase seines künstlerischen Wirkens. Vogel befaßt sich von nun an intensiv mit der französischen Sprache, wandert täglich durch die Cafés von Montparnasse und schreibt eine Reihe von Gedichten, in denen er seiner Bewunderung für die Stadt Ausdruck verleiht. Er fühlt sich inspiriert und schreibt an der Novelle *Im Sanatorium*. Wahrscheinlich ermöglicht es ihm die nun gewonnene Distanz zu Wien, in diesen Monaten mit seinem großen Roman *Eine Ehe in Wien* zu beginnen.

Doch die Faszination durch Paris mündet nicht in ein Gefühl der Ansässigkeit. Im Mai 1929 wandert die Familie Vogel – er ist mittlerweile zum zweitenmal verheiratet, nun mit Ada Nadler – in das damalige Palästina ein. Weder eine Überzeugung von der zionistischen Idee noch Be-

---

1 *Vor dem dunklen Tor* (die Druckkosten muß er selber tragen; am 18. Februar 1924 bezeichnet er sein Buch in einem Brief an seinen Freund Polak als ‹Fiasko in finanzieller Hinsicht›).
2 H. Knöpfmacher: ‹Der hebräische Dichter David Vogel› in: *Jüdische Rundschau* vom 11. Dezember 1925.

geisterung für die neuen dort entstandenen kollektivistischen Lebensformen veranlaßten ihn zu diesem Schritt. Mit der Idee hatte er bereits 1923 gespielt, wobei seine Hoffnung, die Sonne Palästinas könne seiner Tuberkulose entgegenwirken, wohl maßgeblich war. Der Dichter wird im damaligen Palästina warmherzig empfangen, man bietet ihm sogar eine Stelle als Literaturlehrer an dem angesehenen *Herzliah*-Gymnasium an (was 1929 keinesfalls selbstverständlich war). Er ist aber von der Hitze und den Lebensbedingungen entsetzt und lehnt dieses Angebot ab. Es vergeht kaum ein Jahr, bis er im Frühjahr 1930, von Frau und Tochter begleitet, das Land am Mittelmeer verläßt.

Zunächst geht es nach Wien: Da sich Vogel jeder Beschäftigung, die nicht Schreiben ist, entzieht, leidet die Familie hier – wie später in Berlin, wo er die Übersetzung seines Romans durchsetzen will – buchstäblich unter Hunger. Im Dezember 1931 kehrt Vogel nach Paris zurück, wo er nun die Novelle *An der See* schreibt; hier wird er die Jahre bis zum Ausbruch des Zweiten Weltkrieges verbringen. In Paris entstehen Gedichte, die gelegentlich in hebräischen Literaturzeitschriften veröffentlicht werden, doch es gelingt Vogel nicht, einen zweiten Gedichtband in Palästina herauszubringen. Das lyrische Werk David Vogels, das zu den bedeutendsten Werken der hebräischen Moderne zählt, wird erstmals 1966 von Dan Pagis veröffentlicht;[1] ein weiterer Band folgt 1983.[2] Die späte Anerkennung seines Werkes läßt sich im Hinblick auf den sehr subjektbezogenen poetischen Ansatz David Vogels erklären. Andere hebräisch schreibende Dichter seiner Generation gingen nach Palästina, um dort zu bleiben, beteiligten sich am zionistischen Projekt und schrieben an und für das Kollektiv. Doch David Vo-

---

1 *Gesammelte Gedichte* (1915–1941), Tel-Aviv, 1966. Die Bedeutung dieser Ausgabe für die Rezeption des Werkes David Vogels ist kaum zu überschätzen.
2 *Gen Stille*, Gedichte, Tel-Aviv, 1983.

gel arbeitet aus einer ganz anderen Perspektive an seinen Wortgemälden. Er interessiert sich gerade zu der Zeit, wo die Welt von gestern verschwindet, für die Klänge des Waldes, für die untergehende Sonne im Dorf, für das leidende, sehr private Subjekt.

Indessen vermochte der feinfühlige David Vogel sehr wohl die anschwellende Katastrophe in Europa zu spüren. 1938 konnte er noch seinen Freund Hillel Bawli, der sich auf dem Weg nach Amerika befand, treffen. ‹Du bist glücklich, daß du nach Amerika gehst›, soll ihm Vogel gesagt haben, ‹wir werden hier demnächst bombardiert. Die Zerstörung ist nahe.› Die Tatsache, daß sich David Vogel überall als Wahlexilant bewegte, wird ihm in den kommenden Jahren zum Verhängnis: Am 3. September 1939 erklärt Frankreich Nazideutschland den Krieg. Am 4. September wird überall in Frankreich bekanntgegeben, daß sich deutsche Staatsbürger oder Bürger des Großdeutschen Reiches innerhalb der nächsten 24 Stunden in die entsprechenden Sammellager für Ausländer begeben sollen. Auch David Vogel, der sich zu jenem Zeitpunkt in Hauteville aufhält, wird interniert. Zum zweitenmal in seinem Leben fällt Vogel der Geschichtsgroteske unseres Jahrhunderts zum Opfer – Vogel, der Liebhaber französischer Sprache und Kultur, bleibt bis zum Juni 1941 unter menschenunwürdigen Bedingungen, diesmal als Staatsbürger des Nazireiches und somit potentieller Feind der *Grande Nation*, in Haft.

Nach der endgültigen Kapitulation Frankreichs wird Vogel aus der Haft entlassen. Er kehrt nach Hauteville, das jetzt im Bereich des Vichyregimes liegt, zurück, wohl ahnend, daß seine Zeit bereits zur Neige geht. Vom 10. Dezember 1941 datiert das uns letztbekannte Gedicht David Vogels[1]:

1 Das Gedicht hat keine Überschrift (Übersetzung: Amir Eshel und Martina Jecker).

Stampfende Truppen in der ganzen Welt,
Alle zogen in den Kampf.

Mordeswind wütet unterm Himmelszelt –
Doch ich bin im Moment noch hier.

Ich weiß, auch über mich wird der Wind hergehen,
Über Frau und Kind.

Wofür soll ich töten, wofür getötet werden?

Aus langem Tod kamen wir soeben,
eine kurze Lebensbrücke
eilig überquerend,
in einen langen Tod.

Und arm sind wir
und hungrig.

Blinder Nebel wälzt sich
in weichem Schnee,
versperrt die Straße
und Waldwellen,
die vom Berg heruntergleiten,
vor meinen Augen.

Und ohne Wärme sind wir.

Hier
verblieb mir
fast ein Nichts,
es reicht für einen Löffel Suppe.
Einen Armen rufe ich,
mit mir zu essen,
neben mir im Stroh zu liegen.

   Hauteville, 10. 12. 1941

‹...Ich bin im Moment noch hier.› – Im Nachlaß David Vogels fanden die Forscher ein 127 Seiten umfassendes dichtbeschriebenes Manuskript, bei dem es sich, wie sie vermuteten, um ein Tagebuch handelte. David Vogel soll es während seiner zweiten Haft geschrieben haben. Jahrelang galt dieser Text, den Vogel zum erstenmal in seinem Leben auf jiddisch verfaßte, wegen der Entzifferungsschwierigkeiten als nahezu unzugänglich. Als erster konnte der Tel-Aviver Literaturwissenschaftler und Herausgeber Vogels Menachem Peri den Text ins Hebräische übertragen und in dem 1990 erschienenen Sammelband *Tachanot Kavot* veröffentlichen. In seinem ausführlichen Nachwort datiert Menachem Peri David Vogels Arbeit an dem Text auf die Zeit nach der Entlassung aus französischer Haft, ‹sehr wahrscheinlich› auf 1942. Mit Nachdruck bestreitet Peri die Annahme, es handele sich um ein Tagebuch. Er hält das Manuskript vielmehr für den ‹Entwurf eines autobiographischen Romans›. Seine These untermauert er unter anderem mit dem Hinweis auf den Namen des Protagonisten: Im Manuskript heißt dieser mit Nachnamen stets ‹Weichert›, eben nicht ‹Vogel›. Bei der Wahl des Vornamens konnte sich David Vogel offensichtlich nicht entscheiden, ob Weichert ‹Ernst› oder ‹Rudolf› heißen soll. Peri entschied sich als Herausgeber für Rudolf – wegen der Figur Rudolfs in Vogels Roman *Eine Ehe in Wien*.

Auch ohne die Gattung festzulegen, darf man vermuten, daß *Alle zogen in den Kampf* klare autobiographische Merkmale aufweist. Die tagebuchartigen Eintragungen Rudolf Weicherts setzen mit dem 3. September 1939 und der französischen Kriegserklärung ein. Es dauert dann doch noch einen Monat, bis der österreichische Staatsbürger und Jude Weichert von der französischen Gendarmerie verhaftet wird und in das Sammellager in Bourg kommt. Als letzte Freiheit bleibt Weichert sein innerer Monolog, seine Sprache. Weichert-Vogel macht von seiner minuziösen Sprache besonders da Gebrauch, wo er die Figuren der anderen Häftlinge nachzeichnen will. Sie alle – Herr Meinart und Mai, ‹die Arier›, Dr. Jochen Seligson und Richard Fried, die Juden, der Baron von Malachowsky, Herr Deichmann, Rosenstiel und viele andere – werden vom Erzähler bis in die kleinste menschliche Geste skizziert. Durch die Beschreibung ihrer Kleinlichkeit, zugleich aber auch Größe, gewinnen die Häftlinge ständig an Tiefe und Statur. Aus seiner unverwechselbar scharfsinnigen Perspektive scheut sich der distanzierte Weichert nicht, seine Mithäftlinge zu kommentieren und gelegentlich zu verurteilen. Vogel-Weichert, der immanente *Outsider*, schont dabei seine Figuren nicht. Ganz in der Tradition des großen jiddischen Autors Mendele Mocher Ifarim erzählt er deren Geschichte bisweilen mit Sarkasmus, so im Fall des Häftlings Liechtenstein, mit spitzem Kinn und schwarzen Augen, der sich überall als Katholik vorstellte. Als Liechtenstein sich bemüht, allen zu erklären: ‹Jude bin ich Gott sei Dank nicht›, kommentiert dies Weichert: ‹Seit jenem Ausspruch war mir zu meinem Bedauern klar, daß er sehr wohl Jude war, und ein häßlicher obendrein.›

In der Lagerwelt, der Welt der Umkehrung aller Vorstellungen einer freien Gemeinschaft, wo die Häftlinge neben Rang und Position auch nahezu alle elementaren menschlichen Rechte eingebüßt haben, wo alle scheinbar gleichermaßen der Willkür stumpfsinniger Militärs ausgesetzt sind, entwickeln sich neue Lebens- und Verhaltensnormen. Menschliche Normen wie die Achtung der Wahrheit oder die Korrektheit des Umgangs untereinander werden hier hinterfragt. Die Komplexität der menschlichen Situation im Lager stellt für Weichert-Vogel gleichzeitig den Rahmen für die leise anklingende Aussage über das Verhältnis von Schuld zu Beschuldigtem dar. An manchen Textstellen werden die Positionen der französischen Machthaber und der Häftlinge ausgetauscht. Weichert geht so weit zu behaupten, daß es Häftlinge gibt, die gar nicht befreit werden wollen – offenbar eine Projektion seiner eigenen Schuldzuweisung. Er, der in seinem Selbstzweifel immer noch glaubt, der

Haft irgendeine Kausalität entnehmen zu können, schreibt anderen Häftlingen den seelischen Zustand des immanenten Gefängnisses zu. So sagt er an einer Stelle: ‹Beinahe habe ich die Schuld eines Verbrechens empfunden, welches ich nie begangen habe.› Doch dieser Versuch ist zum Scheitern verurteilt wie alle Versuche, im Lager irgendeinen Sinn zu finden.

In *Alle zogen in den Kampf*, dem letzten uns bekannten Werk David Vogels, entfaltet seine poetische Kraft sich in vollem Umfang. Beispielhaft ist das Kapitel *Arandon*, die zweite Station der Häftlinge auf ihrer Irrfahrt durch Südfrankreich. Dieses Kapitel ist von einer Brot-Teig-Metaphorik geradezu bestimmt. Der Mond wird mit einem Butterbrötchen oder einem Kloß Nudelteig verglichen. Als einer der Häftlinge in den Krankenwagen gebracht wird, zeichnet der Autor dieses Bild, ein Bild vom Brot, das in den Ofen geschoben wird, nach. Zu Recht sagt Menachem Peri, dies sei die Sprache eines hungrigen Menschen. In der Authentizität der Darstellung der Condition humaine im Lager darf *Alle zogen in den Kampf* nicht nur als einer der besten Texte David Vogels gelten, sondern kann neben den autobiographischen Werken Primo Levis als eines der erschütterndsten literarischen Zeugnisse jüdischer Autoren von den Erfahrungen des Zweiten Weltkriegs bestehen.

Nur mit Vorbehalt läßt sich das französische Sammellager, von dem David Vogel hier berichtet, mit den deutschen Konzentrationslagern vergleichen, doch fühlt man sich dennoch versucht, die letzte Szene von *Alle zogen in den Kampf* aus der Perspektive jenes *anderen* Lagers zu lesen: Von Loriol aus werden die Häftlinge, wie Tiere in Viehwaggons gepfercht, in unbekannte Richtungen abtransportiert. Das Jahr – 1941. Bedenkt man, daß David Vogel dieser französischen grotesken Haft noch entkommen konnte, daß er noch als freier Mensch, gegen die Zeit, *Alle zogen in den Kampf* verfassen konnte, ist es erlaubt zu sagen, daß er sein eigenes Ende vorausgeahnt hat. Anfang 1944 verliert sich die Spur David Vogels. Seiner sechzehnjährigen Tochter, die nach dem Krieg bei den französischen Behörden um Auskunft über das Schicksal ihres Vaters ersuchte, wurde 1946 aus Nizza lakonisch mitgeteilt, David Vogel sei als *déporté politique* am 7. Februar 1944 an Deutschland ausgeliefert worden. Wir wissen es heute genauer: Einen Monat später, am 7. März 1944, wurde der Autor zusammen mit 1300 anderen jüdischen Männern und Frauen nach Auschwitz deportiert. Dieses Lager hat er nicht überlebt.

Bevor er von den Nazis verschleppt wurde, hatte David Vogel das Manuskript von *Alle zogen in den Kampf* zusammen mit anderen Texten im Garten der alten französischen Dame, bei der er bis zu seiner Verhaftung 1944 wohnte, vergraben. Nach dem Krieg konnte sein Freund Avraham Goldberg das Manuskript retten. Erst im Januar 1990 findet die Odyssee der Blätter, die David Vogel in der ihm noch verbliebenen Zeit an uns adressierte, mit dem von Menachem Peri herausgegebenen Band ihr Ende.

Amir Eshel

Das Ende der Tage

Das Ende der Tage, gezwängt in die Nacht,
   Gezwängt in den Tod.

Hie die Mutter, da das Töchterlein,
Beide lieben mich allein,
Verehren, begehren mich im Verein.
Wähle ich Mutter oder Töchterlein?

Jung und zart die Tochter zum Küssen,
Die Mutter wird sich bald ins Alter fügen müssen,
Die Liebe dieser noch nicht verglüht,
Die Liebe jener kaum erblüht.

Und ich weiß nicht, ob die Alte oder die Junge,
Eine wie die andere übt flink die Zunge,
Die eine lockt mit roter Feuersglut,
Die andere mit schneeweißem Tugendmut,

Und ich in der Mitte. Eifersüchtig blicken die beiden,
Eine will das Glück der anderen nicht leiden.
Und ich weiß weder aus noch ein:
Wähl' ich die Mutter oder ihr Töchterlein?

Ein unreifes Mädel noch die Kleine,
Kindlich feucht ihre Liebe, die reine,
Wie soll ich nur mit dem Küssen beginnen,
Falls nach einem Kusse steht ihr Sinnen?

Der Mutter Leib ist mir hingegeben,
Wo ich auch steh', gilt mir ihr Streben.
Sie spürt ihre Blüte langsam vergehen,
Des Lebens Herbst und Winter wehen,

Und möchte dann in langer Wintersruh'
Lichte Träume hegen ab und zu,
So vor dem Einschlafen mit einem Knaben
Noch Liebesgaben.

Dieses unveröffentlichte Gedicht, ein unreifes Jugendwerk, das David Vogel seinem Jugendfreund Abraham Landa mit Bleistift ins Heft schrieb, sei Vogels Tagebuch *Das Ende der Tage* vorangestellt. Die darin angesprochene Liebesaffäre mit Chana (Chanja) und ihrer Mutter zieht sich durch die ersten drei Jahre des Tagebuchs. Chanas verheiratete Mutter, deren Mann in Amerika weilte, war die erste Frau, die Vogel besaß, und sie war es auch, die ihn mit der Tochter zusammenführte, um ihn ‹für immer› an sich zu binden – eine jüdische ‹Lolita›-Geschichte, bei der Vogel neunzehn und das Mädchen elf war. Zu dem Zeitpunkt, da das Tagebuch einsetzt, hatte Vogel die Beziehung zur Mutter bereits abgebrochen, während die zur Tochter – trotz der erbitterten Gegenwehr der Mutter – fortdauerte, nachdem beide, Mutter und Tochter, zum Vater nach Amerika gefahren waren.

Das Tagebuch begleitet Vogels ‹Entwicklungsjahre› als Dichter von seinem 21. Lebensjahr bis über das 31. hinaus. Zu Anfang ist er noch ein Dichter ‹im Werden›, mehr dem Empfinden nach, doch gegen Ende hat er bereits einige seiner bedeutendsten Gedichte verfaßt.

Die Jahre gegen Ende des Tagebuchs stehen im Zeichen seiner komplizierten, von Haßliebe geprägten Beziehung zu seiner ersten, tuberkulosekranken Frau Ilka.

In die Mitte des Tagesbuchs tritt – in ironischer Symmetrie zu *Alle zogen in den Kampf* – Vogels Internierung als feindlicher Ausländer (aus Rußland) durch die Österreicher im Ersten Weltkrieg. Nach dem Krieg wurde er österreichischer Staatsbürger, und als solchen internierten ihn dann die Franzosen im Zweiten Weltkrieg wiederum als feindlichen Ausländer.

Menachem Peri

Satanow, Freitag, den 9. Tischri 5673 (20. 9. 1912)

Gestern abend bin ich aus Nowosseliza gekommen. Jetzt fange ich ein neues Tagebuch an. Das alte vom letzten Jahr ist gestohlen worden. Es behandelte einen interessanten Zeitraum in meinem Leben. Ich bedaure sehr, daß es abhanden gekommen ist; es umfaßte einen wichtigen Lebensabschnitt – die Wilnaer Zeit. Schade, daß es weg ist ... Haha, ich weiß ja noch, was ich im letzten Winter in mein voriges Tagebuch geschrieben habe: ‹Hoffentlich wird mein Tagebuch nicht entdeckt und keine Ameisen krabbeln heran, mir in der Seele zu stöbern.› Jetzt ist es von fremden Ganoven entdeckt worden – aber, zum Teufel! Dieser Sommer war eine Pause in meinem Lebenslauf. Es hat schon früher, vor Jahren, solche Pausen in meinem Leben gegeben. Jetzt stehe ich vor einem neuen Abschnitt. Ich weiß nicht, ob ich zum Militärdienst eingezogen werde oder ob es mir gelingen wird, mich ins Ausland abzusetzen. Hier in Satanow, meinem Heimatstädtchen, weile ich seit rund zwei Monaten. Ursprünglich hatte ich nur herfahren wollen, um über die Grenze zu gehen, gedachte, höchstens zwei Wochen hierzubleiben, aber es kam anders. Unterwegs von meiner Schwester nach Satanow begab ich mich ins Städtchen meines Freundes Polak, und dort wurde ich verhaftet und von Ipta nach Satanow geschickt. Haha, über meinen Freund Grün hatte ich des öfteren gesprochen, weil ich mal Haft schmecken wollte – und was mir in Wilna nicht vergönnt war, bekam ich nun in Nowosseliza: Ich verbrachte ein paar Tage in verschiedenen Gefängnissen – und bekam einen Vorgeschmack. Alle meine Sachen sind in Nowosseliza geblieben, doch ich wurde nach Satanow geschickt. Seit ich hier bin, habe ich viel gelitten. Ich war die ganze Zeit ohne meine Sachen, annehmbare Bekannte habe ich hier keine und Bücher erst recht nicht, und das Städtchen ist klein, dreckig und langweilig – also litt ich. Ich schrieb Polak wieder und wieder, er solle mir meine

Sachen schicken – aber er hat es nicht getan. Also mußte ich diese Woche nach Nowosseliza fahren und sie holen.

Gestern habe ich einen Brief an die Kleine geschrieben, habe ihr auch die Photographie von mir geschickt, die ich vor dem Pessachfest habe machen lassen. Sie hat mich, ihren Briefen zufolge, noch nicht vergessen. Sie klagt und weint darin über ihre schlimme Lage, fleht mich an, ihr zu helfen, sie aus diesem Land herauszuholen, aber womit kann ich ihr denn helfen? Ich bin ja selber hilflos. Muß fliehen und kann nicht. Da fragt das Mädchen: ‹Wo ist meine Jugend?› – und was soll ich ihr antworten?

Es tut mir leid um dich, Liebste. Ich verstehe deine Lage dort sehr gut, aber ich bin noch zu schwach, um dich zu retten.

Und ich – es gibt Momente, in denen ich mich sehr nach ihr sehne, in denen mein Herz abheben und davonfliegen möchte zu ihr, zu ihr, aber ich überwinde diese Sehnsucht. Ich brauche einen Mann oder eine Frau als Lebenspartner oder – richtiger – um ihm mein Leben zu widmen – und fertig. Abraham hat diese Aufgabe erfüllt, und als er starb, dachte ich, Chanja würde seine Stelle einnehmen – doch dann ist auch sie weggefahren. Die Leere meines Lebens ist jetzt nicht deutlich spürbar, weil ich unterwegs und beschäftigt bin, aber ich weiß, wenn sich alles regelt, wird sie gleich in den Vordergrund rücken.

Satanow, Sonntag, den 11. Tischri 5673 (22. 9. 1912)

Der Dreck ist groß, und im Herzen ein trauriges Zwikken. Gestern war ich in der Synagoge, aber kein bißchen beeindruckt von den Gebeten; ich hätte mir eine tiefere Wirkung gewünscht. Ich habe hier überhaupt keine guten Eindrücke gewonnen, auch nicht in den ersten Tagen nach meiner Ankunft, weil ich nicht aus freien Stücken herkam, sondern gebracht wurde – und auch nur zur

Hälfte, das heißt, ohne meine Sachen. Mein Städtchen ist noch genau so wie vor meiner Abreise, nichts hat sich verändert. Ich habe keinen einzigen Freund nach meinem Geschmack. Haha, Satanow konnte mir nur einen einzigen Freund schenken: Abraham – und der hat sich umgebracht. Wenn ich an Wilna denke, sehne ich mich doch sehr nach jener Stadt und meinem dortigen Leben, und immer fallen mir dabei auch Chanja und Z. ein, und ich sehne mich nach Chanja. Es ist, als sei ich überhaupt nie in Wilna gewesen, hätte dort kein so interessantes Leben gelebt, sei nur immerzu in diesem Morast hier gewesen. Werde ich eines Tages von diesem Städtchen wegkommen? Weiß der Teufel. Vorerst habe ich keinen Heller in der Tasche. Mutter sagt, sie würde mir das Geld für die Reise bis Wien geben, aber verdammt, von meiner Mutter, die so arm ist, Geld nehmen! Ich leide sehr, wenn ich daran denke, daß ich von ihr werde Geld annehmen müssen, aber es gibt keinen anderen Rat, ich muß es. Es ist eine alte Weisheit, aber zutiefst wahr: Die Luft Erez Israels wartet. Als ich in Wilna war, war ich Wilnaer, und wenn ich in Satanow bin, bin ich notgedrungen Satanower. Die sogenannte Satanower Intelligenz ist hohl, spießig, kleinbürgerlich. Es gibt keinen einzigen, der das Leben versteht oder es wenigstens verstehen möchte, sich um Verstehen bemüht. Alle sind mit Kleinkram beschäftigt – und ich kann sie nicht ausstehen. Ich möchte fliehen, fliehen.

Satanow, Montag, den 12. Tischri 5673 (23. 9. 1912)

Den ganzen Tag bin ich im Schlamm herumgelaufen und habe mich um den Grenzübertritt gekümmert. Die Sache ist mies. Ich will in den Feiertagen hinüber. Die Gefahr ist sehr groß. Ich bin eben von draußen zurückgekommen und sehr müde. Haha, ich muß jetzt einen wichtigen und gefährlichen Schritt unternehmen; wenn es mir gelingt, zu fliehen und mich in Wien niederzulassen, bin ich eine langwierige Sorge los, und wenn ich dienen muß – ist das sehr schlecht! Jetzt muß man sich hinlegen, ein wenig ausruhen.

Satanow, Dienstag, den 13. Tischri 5673 (24. 9. 1912)

Den ganzen Tag war ich höchst gedrückter Stimmung. Einerseits deprimieren mich die Warterei auf die Fahrt und die damit verbundene Gefahr, andererseits hat mich heute etwas gänzlich Neues betrübt: Ich erfuhr, daß einer meiner hiesigen Bekannten, ein wahrer Dummkopf, für mich zu sammeln versucht hat, obwohl ich ihm nichts von meinen Geldnöten verraten hatte. Er hat es auf eigenen Antrieb getan und mich damit vor anderen bloßgestellt. Verdammt, wenn man es mit Dummköpfen zu tun kriegt, kann man jeden Augenblick in die Grube fallen. Als ich von dieser Sache erfuhr, bedauerte ich sie so sehr, daß mir der Kopf weh tat und ich den ganzen Tag durcheinander war. Ich möchte mich ausruhen, bin schon müde. Seit Wochen und Monaten bin ich unterwegs. Ich hätte nicht geglaubt, daß es mir je so schwerfallen könnte, mich irgendwo einzurichten. Mein Leben in Wilna fällt mir ein, und ich sehne mich danach. Mein Herz sehnt sich fern, fern dorthin. Ich habe dort ein armseliges Leben geführt, das kaum seinen Namen verdiente, aber es war geregelt. Meine Seele war unversehrt, zeigte sich in all meinem Handeln. Ich kannte mich immer selbst, mein eigenes Ich, doch seit ich von dort fort bin, kenne ich mich nicht mehr; ich bin nicht mehr ich. Ich bin jetzt imstande, mir jede Einzelheit meines Lebens gut anzugucken und mir meinen Weg abzustecken; ich lebe nicht in geordneten Verhältnissen. Und bis ich Fuß fasse, werden noch viele, viele Wochen und Monate vergehen, vielleicht auch Jahre. Wenn alles geordnet ist, halte ich mein Leben fest in Händen, doch wenn nicht – entreißt das Treiben ringsum mir die Zügel. Ich sehne mich nach Wilna und nach Chanja, die in Wilna war. Und man kann sagen, daß ich mich nach meinem dortigen Leben vor einem Jahr um diese Zeit sehne. Ich erinnere mich sehr wohl an mein vorjähriges Leben, es war sehr schlecht, ich war bei Z., die mir oft bissig mit allerlei Ränken kam und mir große Leiden verursachte, aber mir scheint, im Vergleich zu meinem jetzigen Leben war es besser. Damals war wenigstens Chanja bei mir, gab mir einen gewissen Trost, außerdem lebte ich in meiner Stadt, unter meinen Freunden und vor allem – mit meinen Büchern, doch jetzt ist es schlimm. Das Städtchen hier ist dreckig, die Leute sind dreckig, alles ist dreckig. Und der Teufel weiß, wann ich hier herauskomme.

Satanow, Sonntag, den 18. Tischri 5673 (29. 9. 1912)

Drei Tage nacheinander Feiertag; ich habe währenddessen viel, viel gelitten. Es waren leere Tage. Nur gestern abend wurde meine Langeweile ein wenig unterbrochen. Ich war in einem Haus in ziemlich fröhlicher Gesellschaft – und habe mich amüsiert. Kleinstadtleben! Haha, offenbar wird mir innere Einkehr gerade in der Großstadt möglich. Dort tritt dir deine Persönlichkeit selbst vor Augen, obwohl deine Umgebung dich nicht kennt, während dich hier wiederum alle kennen, aber du dich selbst nicht. Hier ist für mich weder die richtige Zeit noch der richtige Ort, mich selbst zu erkennen und zu beherrschen. Vielleicht, weil mein Aufenthalt nur vorübergehend ist. Ich will an dieser Stelle keine allgemeingültigen Regeln und Grundsätze für alle Menschen aufstellen – aber ich zumindest kann mich in der Kleinstadt nicht konzentrieren, und erst recht nicht in dieser, meiner Heimatstadt. Die Sache scheint mir klar: Ich war vor drei Jahren hier; damals war ich noch nicht so geschliffen wie heute, und ich hatte eine feste Beziehung zum Städtchen.

Als ich wegfuhr, riß diese Beziehung ab, ich veränderte mich stark, gewöhnte mich an ein merkwürdiges Leben ganz eigener Art und rückte vom Städtchen ab – und jetzt, da ich zurück bin, hätte ich gern, daß man mich respektvoller als zuvor behandelt, aber die ganze Stadt erinnert sich noch an den David von früher... Ich kann nicht nachgeben, und wenn mir an einem Ort auch nur scheint, daß man mich nicht respektiert, will ich dort nicht sein. Ja selbst, wenn ich mich in einer Kleinstadt geistig würde einleben können, dann doch nicht in Satanow; hier ist das völlig unmöglich.

Vielleicht fahre ich morgen hier weg. Ich nehme von meiner Mutter Geld, weiß aber nicht, ob es für die Kosten bis Wien reichen wird.

Lemberg, Mittwoch, den 28. Tischri 5673 (9. 10. 1912)

Letzte Woche, am Montag morgen, bin ich von Satanow nach Husiatyn gefahren; nachts um halb vier hat man mich über die Grenze gebracht. Komisch: immer ist das Warten auf eine unangenehme Sache schlimmer als die Sache selbst. Vorher hatte ich große Angst vor dem Grenzübertritt – doch während des Überschreitens selber kein bißchen. Ein junges Mädchen mit schlammigen Stiefeln kam in das Haus, in dem ich untergekommen war, und rief mich in ängstlichem Wisperton, und als ich kaum die Schwelle überschritten hatte, traten zwei Soldaten mit Gewehren auf dem Rücken zu mir und führten mich und noch einen zweiten zur Brücke und heil hinüber. Die ganze Grenzüberquerung dauerte an die fünf Minuten – nicht mehr. Dienstag nachmittag setzte ich mich in die Bahn nach Lemberg, und am selben Abend um halb elf traf ich hier ein. Jetzt bin ich schon über eine Woche am Ort, habe hier bereits genug gehungert und weiß nicht, wann es mit dem Hungern aufhört. Eigentlich hatte ich nach Wien fahren wollen, aber da man mir für den Grenzübertritt mehr Geld als gerechnet abgenommen hat, blieb mir nicht genug für die Kosten bis Wien. Hier weiß ich nicht, was ich machen soll. In dieser Herberge bin ich schon über einen Gulden schuldig, und dabei habe ich keinen Heller in der Tasche. Lemberg hat keinen guten Eindruck auf mich gemacht. Ich würde gern woandershin fliehen – und sei es aufs Land. Ich suche irgendeine Anstellung im Dorf, finde jedoch keine. Man bietet mir allerlei Lehrposten an, aber ich kann sie nicht annehmen, weil ich kein Geld zum Leben habe, bis ich für die Stunden kassieren kann. Ich würde auch körperliche Arbeit verrichten, falls sie sich böte. Haha, mein Streben nach Lehraufträgen läßt sich nicht so leicht verwirklichen. Gib mal Unterricht, wenn du keinen Heller hast, um Brot zu kaufen! Wenn ich irgendeine Anstellung im Dorf fände, würde ich hier abhauen, vor den Galiziern. Zum einen hasse ich Lemberg und seine Juden mit Schläfenlocken bis zu den Schultern, zum anderen brauche ich Einsamkeit und Ruhe. Ich bin ja so erschöpft. Wandere alle Tage hungrig, müde und frierend durch die Straßen und suche – ich weiß selbst nicht, was. Es gibt hier eine Art Lehrermarkt, ähnlich wie ein Viehmarkt. Auf dem ‹Platz› laufen an die dreißig Lehrer, Lehrergehilfen und Melammeds herum und warten auf den Dorfbewohner, der da kommen und sie nehmen soll, und wenn dann ein Dörfler den Platz betritt, umringen ihn alle, jeder spitzt die Ohren, ob er für ihn paßt, und der Dörfler seinerseits prüft die Ware, mustert sie von allen Seiten, und das Handeln beginnt. Auch ich gehe tagtäglich auf diesen Viehmarkt, vielleicht werde ich auch verkauft, aber es findet sich kein Abnehmer.

Was tun? Bald wird man mich hier nicht länger übernachten lassen. Zu essen gibt es nichts – und ich brauche erst mal Arbeit, jegliche Arbeit, solange sie nur reicht, Körper und Seele zusammenzuhalten, aber wo? Mal sehen, was wird. Heute habe ich zufällig einen anderen, ebenfalls Hungrigen kennengelernt, und der hat mich in ein Restaurant mitgenommen und mir was zu essen gekauft. In dem Lokal lernten wir beide einen dritten kennen und wurden zu Partnern in der Not, schlossen uns zusammen – und dieser dritte nun, ein betagter Jude, versprach, uns irgendeine Arbeit zu beschaffen. Vorerst hat der dritte bei dem Wirt dreißig Heller hinterlassen, damit er mir morgen Essen gibt. Haha, eine großartige Bekanntschaft, ein komisches Dreigespann! Mal sehen! Vorerst habe ich für morgen was zu essen.

Komarno, Sabbataussgang,
8. Cheschwan 5673 (19. 10. 1912)

Nun bin ich schon hierhergetrudelt, in ein galizisches Städtchen bei Lemberg. Am Sonntag abend kam ich an, war nicht aus Lemberg abgereist, sondern geflohen. Dort begann ich nach Strich und Faden zu verhungern – und das wollte ich nicht. Ich hätte ein paar Privatstunden geben können, aber ich war Lemberg leid. Außerdem dachte ich, in einer Kleinstadt könnte ich bessere Geschäfte machen, ein wenig Geld zusammensparen, um nach Wien zu fahren – und nun also Komarno! Schon eine Woche laufe ich hier herum. Das Städtchen ist klein und dreckig, seine Juden – Wilde im einfachsten Sinne des Wortes, das Leben hier ist nicht billiger als in Lemberg, und die Unterrichtsstunden – Pfennigkram, schlicht und einfach Pfennigkram. Der Teufel soll sie holen! Ich werde schwer arbeiten müssen, sieben Stunden pro Tag, bis ich mit Müh und Not genug verdiene. In Lemberg hat man mir dreißig Gulden pro Monat für drei Stunden angeboten – hier muß ich für den gleichen Betrag sechs Stunden arbeiten. Ein großartiger Handel! Ich sehe keine Möglichkeit, etwas Geld zu sparen. Ich bin jetzt in eine Grube gefallen, aus der ich nur mit Mühe herauskommen werde – aber was tun? Seit dem Tag, an dem ich hier angekommen bin, habe ich schon viele, viele Gulden Schulden gemacht, und diese kläglichen Lehrerposten, die ich derart verachte, sind auch noch keineswegs sicher. Ich habe sie noch nicht richtig geordnet und eingeteilt, und ich habe auch noch nicht mit dem Unterricht angefangen. Die Einsamkeit einerseits und das Bewußtsein, daß ich mit dieser Einsamkeit nichts verdiene und sie nicht so bald wieder loswerde, anderseits bekümmern mich zur Stunde sehr, stürzen mich in Melancholie. Gestern hat man mir aus Lemberg meine Sachen gebracht, die nach meiner Abreise dortgeblieben waren, und heute habe ich mein Bündel Briefe aufgemacht und sie flüchtig durchgesehen. Darunter fand ich die Briefe von Z. und Chanja, die sie mir letztes Jahr nach Odessa geschrieben haben, diejenigen von Grün und Polak – und schließlich die von Abraham, seligen Angedenkens. Ich sehne mich nach meiner früheren Lebensweise in Wilna. Selbst nach den schlimmen Abschnitten meines Wilnaer Lebens, doch besonders nach denen, die mit Chanja in Verbindung stehen. Chanja – ist keine wichtige Persönlichkeit, und doch widmete ich ihr – widme ihr ja noch – einen wichtigen Teil meiner Gedanken. Ich liebe sie und sehne mich nach ihr. Wir sind weit voneinander entfernt, ohne Aussicht, uns näher zu kommen, es sei denn durch ein Wunder. Und doch, wenn ich an sie denke, stelle ich mir mein künftiges Leben mit ihr, mit der Kleinen, vor. Die Phantasie malt sich unmögliche Situationen aus. Ja, ich würde sie gern wiedersehen. Vielleicht entspringt dieser Wunsch meiner schlimmen Lage, meiner Einsamkeit. Wenn ich an mein Wilnaer Leben im allgemeinen und die Abschnitte mit ihr im besonderen denke, durchpulst süße Lust all meine Glieder, und ich möchte mich mehr und mehr in meine damalige Seelenlage versenken, vertiefen, und darin leben, zumindest in der Phantasie.

Wilna – sie ist mir lieb, diese Stadt, in der ich alles verloren habe, sowohl das Mitgebrachte als auch das, was ich von ihr nahm. Ich habe nichts für mich mit herausgenommen, aber ich habe ein interessantes Leben in ihr gelebt. Und mir sind angenehme Erinnerungen an sie geblieben. In ihr begann ich, mich mehr oder weniger zu erkennen. Ich weiß nicht, ob mir jemals eine andere Stadt so lieb werden wird wie Wilna. Nein, mir scheint, das kann nicht sein. Wilna – ist mir mehr als Heimat. Und wenn ich an Wilna denke, taucht sofort Chanja in meiner Erinnerung auf. Ei, Chanja, Dummerchen, würdest du mir doch wenigstens einen ausführlichen Brief über dein Leben schreiben! Die ganze Zeit, seit ihrer Abreise, hat sie mir nur zwei kurze Briefe geschrieben, nur zwei Stoßseufzer, zwei Aufschreie – oi – und nicht mehr. Und ich – oh, wie interessiert mich ihr Befinden! Ich wüßte auch gern, wie es Z. ergeht. Haha, alles scheint vergessen, als hätte es Z. nie gegeben, als hätte ich nie etwas mit ihr zu tun gehabt. Dabei ist doch erst ein Jahr seither vergangen, nur ein Jahr!

Hier habe ich mir vorerst ein Zimmer bei einer Witwe gemietet – und führe ein einsames Leben.

Ein Auszug aus dem, was ich an diesem Dienstag in mein Notizbuch schrieb: Mein ganzes Leben ist zerfleddert und in tausend Fetzen zerrissen. In meinem gesamten Leben – von meinem dreizehnten Lebensjahr bis heute, da ich zweiundzwanzig bin – hat es keinen einzigen stetigen Abschnitt an ein und demselben Ort mit fester Arbeit gegeben, nur Wanderung, Zersplitterung und wieder Wanderung. Das Herz – sticht mir jetzt vor Traurigkeit und Sehnsucht. Ich sehne mich nach der Vergangenheit, selbst nach ihren bösen Abschnitten, wie auch nach dem Leben in meinem Städtchen, nach meiner Mutter, meiner Schwester. So ist es. Bei unsteter Lebensweise sehnt man sich nach einer festeren und stabileren. Ich werde mich schlafen legen, von Traurigkeit erfüllt.

Komarno, Sonntag abend, den 9. Cheschwan 5673
(20. 10. 1912)

Heute war eine Art Neubeginn. Ich habe angefangen, eine Gruppe von vierzehn Jungen zu unterrichten. Ich befasse mich zwei Stunden mit diesem Trupp. Der Lohn – ist sehr karg. Überhaupt war ich den meisten Teil des Tages beschäftigt, denn ich las ein Buch.

Ein paar Erinnerungen. Vor zwei Jahren um diese Zeit – ich weiß es noch – ging ich mit Z. auf Wohnungssuche. Es war ein sehr feuchter Herbst damals, jeden Tag Regen. Wilna war zwar nicht eigentlich schlammig, aber auch nicht gerade trocken. Meine Sohlen waren damals recht durchgelaufen, und als ich mit Z. herumrannte, um eine Unterkunft zu finden, quatschte mir das Wasser in den Schuhen. Zu dieser Zeit übernachtete ich in einer Synagoge in der Stefanie-Straße, heimlich, ohne Wissen des Schammes. Jeden Morgen ging ich dort weg, damit der Schammes mich nicht erwischte. Zu essen hatte ich nichts. Es waren damals die schweren Hungerzeiten. Da ich keine Unterkunft besaß, mußte ich in den Stunden, in denen der Lesesaal geschlossen war, draußen herumlaufen. Mit Z. war ich schon liiert. Noch im Monat Aw, in Velikij, ist die Sache passiert, als wir uns im Beischlaf vereinten, und von da an – obwohl wir einander fern waren und es vorerst zu keiner Vereinigung kam – begehrten und umwarben wir einander. Ich als junger Springinsfeld rannte in jeder freien Minute zu ihr nach Hause (als sie aus der Sommerfrische in Velikij zurückkehrte und keine Unterkunft mehr fand, wohnte sie vorläufig bei Chamja, einem frommen alten Schreiner, wo es furchtbar eng war, und doch lief ich zu ihr) und paßte immer einen Moment ab, in dem niemand sonst zu Hause war, um sie wenigstens liebkosen und küssen zu können. So war damals die Lage: Ich befand mich alle Tage in einer Art Fieberzustand, fieberte vor Verlangen. Und tatsächlich, objektiv betrachtet, kann man mir das nicht vorwerfen: Ich war ein junger Mann, der zum ersten Mal Sünde kostet – und ich glaubte an Z.s Ehrlichkeit, an ihr gutes Herz und besonders an ihre Hingabe mir gegenüber. Damals, als mir die Welt ringsum bereits in schwarzen Farben erschien, das Wilnaer Leben mich bereits zum Verzweifelten, zum Pessimisten, gemacht hatte und auch meine finanzielle Lage sehr dürftig war, brauchte ich einerseits einen Rausch, um die Wirklichkeit zu vergessen, und andererseits – das sanfte, warme Streicheln einer Mutter, eine schützende Schwinge. Einsam, verlassen und leidend war ich – und dachte, in Z. eine gute Mutter zu finden und in ihrem warmen Körper ein berauschendes, vergessen machendes Mittel zur Genesung. Ich rannte, wie gesagt, zu ihr und versank mehr und mehr in dieser Art Liebe, und wir hatten damals vor, für den Winter eine gemeinsame Wohnung zu mieten, um leben zu können, wie es im Buche steht... Wir streiften in jenen feuchten Tagen durch Wilnas Straßen, auf der Suche. Indes lief mit Chanja, wie ich mich erinnere, eine gänzlich andere Politik. Kaddischwitz, Chanjas Lehrer und Liebhaber – und bis zu dem Zeitpunkt, an dem ich seine Stelle einnahm, auch Z.s Hausfreund –, erkannte in mir sofort einen gefährlichen Gegner und begann mir heimlich nachzustellen und mich auf verschiedene Weise zu verleumden. Z., die des alten Kaddischwitz' überdrüssig war, sobald sie einen Jüngeren und Schöneren hatte, achtete nicht auf seine Reden – wie sie mir jedenfalls versicherte –, doch die junge Chanja, die einerseits eine stärkere Bindung an Kaddischwitz unterhielt und andererseits noch keine Frau wie ihre Mutter war – ihre List war noch nicht ausgeprägt –, glaubte seinen Worten, rückte von mir ab und beleidigte mich in meinem Beisein, und ich – mein Selbst litt sehr darunter und nahm Schaden. Während der Stunden, in denen ich mit Z. draußen herumlief, hatten wir Gesprächsstoff: Z. erzählte, was Kaddischwitz gesagt, wie er sich beklagt hatte, daß ich Zugang zu ihrem Haus erhielte, dem Haus einer anständigen Frau, und was sie darauf geantwortet, wie sie mich verteidigt und vor ihm und den anderen Zuhörern in Schutz genommen hatte, und damals, während dieser Spaziergänge, bestürmte mich Z., ihr zu versprechen, Chanja, sobald sie groß war, zu heiraten, denn alle Liebe und Hingabe, die sie, Z., mir entgegenbringe, entspringe allein der Hoffnung, daß ich ihr nicht fremd sei, daß ich bei ihr bleiben würde, für immer ihr. Und ich, blind vor Verlangen nach Z. und vor Eifersucht auf Kaddischwitz, willigte gezwungenermaßen in diese Bedingung ein, traute mich nicht abzulehnen – Z. würde doch wütend werden, sie drohte ja mit Trennung, mit dem Abbruch unserer Beziehung. Haha, Z. und ihre Ränke! Kaddischwitz war mit seiner Abreise beschäftigt, mußte nach Tiflis fahren, um eine Stelle anzutreten, und Chanja mußte sich fügen und bei mir Hebräisch lernen, um sich auf ihre Schulprüfungen vorzubereiten. Kaddischwitz schimpfte jeden Tag, ereiferte sich und klagte und klagte … Haha, ein komisches Leben war das damals! Letztes Jahr um diese Zeit war die Lage schon anders, ganz anders. Zwar stand Z. noch auf der Tagesordnung, aber in gänzlich anderem Stil als das Jahr zuvor. Z. war nicht mehr die Geliebte, bei der man vor Liebe oder, richtiger, Verlangen in Beben geriet, sobald man nur an sie dachte, sondern Z. war die Verhaßte, die Liederliche, deren Andenken dir Leiden bereitet – ebenso wie der Zwang, sie zu hassen, dich leiden macht. Ja, letztes Jahr um diese Zeit litt ich furchtbar darunter, daß ich sie haßte, bedauerte, sie nicht einfach auslöschen zu können, als sei sie gestorben. Ein halbes Jahr habe ich mit ihr zusammengelebt, habe mich mit ihr gestritten und versöhnt, und wieder lebten wir zusammen. Den ganzen Winter verbrachten wir mit Streitereien und Versöhnungen und einem Rausch sexuellen Verlangens. Genau so, einen Rausch erreichte ich, das heißt – Beschäftigung; alle Tage und Nächte war ich beschäftigt. Man spürte die Leere nicht, ich war nicht apathisch, weder kühl noch heiß, neutral. Doch, heiß war ich durchaus, ich glühte im wahnsinnigen Feuer der Eifersucht Z. gegenüber. Trunkenheit war erreicht, ein Rausch von Wut, Streitereien, Schmerzen. Im zweiten halben Jahr war die Distanz größer als die Nähe. Das beginnende Abrücken trat bei Abrahams Eintreffen in Wilna zutage, hatte aber in Gedanken notgedrungen schon vorher eingesetzt. Das Feuer war verloschen. Als ich Ende des Sommers aus Odessa zurückkehrte, war keine Spur meines Feuers mehr übrig. Am ersten Tag des Torafreudenfests, als das Maß meiner Qualen in ihrem Haus voll war, nahm ich Reißaus. Dagegen lief die Politik mit Chanja ausgezeichnet. Sie war mir damals schon aus tiefstem Herzen ergeben. Und die Freundschaft mit der Tochter – war bereits bestandsfester als die mit der Mutter, denn da die Tochter mir anvertraut war, ging es doch nicht – nur als Schülerin, und ich ihr Lehrer, und da ließ sie sich von mir beeinflussen, und die Freundschaft konnte anhalten. Und so wechselte ich eben.

Seinerzeit hatte Z. Chanja gesagt, sie dürfe mich nicht wiedersehen, solle mich vergessen, doch Chanja, die mich heftig liebte, traf sich heimlich mit mir, und zwar täglich, manchmal sogar mehrmals am Tag. Mit Z. traf ich mich nicht. Der Krieg zwischen uns war lang, der beiderseitige Haß groß – und wir, die Hauptkämpfer, trafen uns nicht. Chanja kam oft unter Klagen und Weinen, ihre Mutter schlüge und maßregle sie, weil sie sich mit mir traf, und ich schmolz beinah vor Mitgefühl und entbrannte vor Wut auf Z. – aber vergebens. Ich versuchte damals, mir Z. aus dem Kopf zu schlagen, haßte mich selber erbittert, weil ich sie haßte, doch ich mußte sie hassen. Man kann die Mücke mißachten, doch wenn sie einen sticht, wird man unwillkürlich verärgert.

Ich weiß noch, daß ich seinerzeit ein Zimmer in der Munastirsky-Straße mietete, einen eigenartigen Raum, winzig klein, ein mal zwei Meter. Ich studierte wenig, hungerte viel und wartete auf Chanjas Besuche. Und Chanja besuchte mich, zerstreute ein wenig die Wolken meiner schlimmen Lage, tauchte für ein Stündchen auf und verschwand wieder, ließ ihren Hauch, ihre Weiblichkeit in dem kalten, spannungsgeladenen Raum zurück. Haha, damals war ich ein Bursche, der las und sich bildete, hungrig und originell, sich um keinen anderen Menschen kümmerte, sich lieber seinen eigenen Gefühlen und ihrer Betrachtung hingab – und nun bin ich gewissermaßen pragmatisch geworden, ein gesetzter Lehrer und Lohnanwärter, der sich zur Stunde mit dem bißchen Respekt begnügen kann, den die Dorftrottel ihm entbieten... Die Zeiten haben sich geändert! Jetzt stehe ich vor einem sehr schweren Winter, langweilig – ohne ein Buch zum Lesen und auch ohne ein wenig Geld sparen zu können. Seit dem Augenblick, in dem ich Wilna verließ und zu lesen aufhörte, bin ich in meiner Entwicklung stehengeblieben, ja man könnte sagen: rückwärtsgeschritten. Mein Leben ist mittendrin unterbrochen worden, und weiß der Teufel, wann ich meinen Lebensfaden wieder aufnehmen, ihn von dem Haltepunkt in Wilna weiterspinnen kann.

Komarno, Montag abend, den 10. Cheschwan 5673
(21. 10. 1912)

Die Geschäfte – sind nicht glänzend; Unterrichtsmöglichkeiten bieten sich vorläufig keine. Ich leide Hunger, weil ich keinen Heller in der Tasche habe. In einem Restaurant gehe ich zu einem Mittagstisch, von dem ich gar nicht satt werde, und im übrigen laufe ich den ganzen Tag hungrig herum. Hungern in einer Kleinstadt – das hätte ich nicht gedacht. Ich wäre schon bereit, meine Unterrichtsstunden für ein paar Groschen anzubieten, aber es gibt keine Abnehmer. Was das Ende vom Lied sein wird – ich weiß es nicht. Jetzt leide ich ja nun wirklich umsonst, ohne jeden Nutzen. In Lemberg hatte man mir den Posten eines Hilfslehrers in einer Kleinstadtschule angeboten, für vierzig Gulden im Monat, abgesehen von Privatstunden, doch ich wollte nicht hinfahren: hatte keine Lust, an einer Schule zu arbeiten, und dann noch bei so geringem Lohn, und nun habe ich das Nachsehen. Wenn ich wenigstens genug Lehrposten für meinen Unterhalt fände! Von allen Seiten versichert man mir, ich würde mehr Stunden finden, als ich Zeit hätte – doch in Wirklichkeit habe ich gar nichts. Haha, die galizische Dummheit und Ignoranz! Die begreifen überhaupt nicht, was Hebräisch ist. In Rußland würde ich in jeder beliebigen Kleinstadt viel Geld verdienen.

Komarno, Dienstag abend, den 11. Cheschwan 5673
(22. 10. 1912)

Haha, nun sitze ich hier und bemühe mich, Posten zu ergattern, stopple Gruppen von großen Ignoranten zusammen, um ihnen für ein paar Groschen Tora einzubleuen, und dort in der großen Welt brandet das Leben in mächtiger Flut. Die Großstadt hat mich ausgespien und in einen abgelegenen Winkel versetzt. Jetzt bin ich weit weg von allem Werden und Schaffen in der Welt, ganz allein. Hätte ich nur erst genügend Stunden zusammen, um in geordnete Verhältnisse zu kommen! Vielleicht sollte ich auch Deutschunterricht nehmen. Auf solchen Kummer war ich überhaupt nicht gefaßt: in einer Kleinstadt in solch großer Not zu leben. Selbst wenn ich als Melammed ins Dorf gefahren wäre, hätte ich mehr verdient. Meine schlechte Lage wirkt sich nachteilig auf mich aus, bringt mich zur Verzweiflung und macht mich sehr träge.

Komarno, Donnerstag morgen,
den 13. Cheschwan 5673 (24. 10. 1912)

Meine Lage ist traurig. Ich komme materiell – und geistig – nur schwer zurecht. Diese Kleinstadt hat für mich keine gute Seite, nichts, das meinen Zwangsaufenthalt hier in einen gewollten verwandeln könnte, und sei es ein aus Zwang erwachsenes Wollen. Nur Einsamkeit bietet sie, langweilige Einsamkeit, und sonst nichts. Mir wird bewußt, selbst wenn ich hier ein ganzes Jahr unterrichten würde, bekäme ich nicht genug für die Kosten bis Wien zusammen. Ich bin hereingefallen. Diese Kleinstadtbarbaren nutzen meine bedrängte Lage aus, aber das soll ihnen nicht auf Dauer gelingen! Wenn es mir erst ein klein wenig bessergeht – werde ich nicht für ein paar Groschen Hebräisch unterrichten, auf keinen Fall! Jetzt muß ich in schlechtere Bedingungen einwilligen, aber nicht für immer, nein! Es wird die Zeit kommen, daß sie Geld bezahlen, wenn sie Hebräisch lernen möchten.

Gestern habe ich einen Brief von meiner Mutter erhalten, dem auch ein Brief von Chanja beilag, den sie mir nach Hause geschickt hatte. Die Briefe haben mich ein wenig aufgeheitert. Ich war freudig gehobener Stimmung. Chanja erzählte etwas näher von ihrer Lage im väterlichen Haus in Amerika. Sie ist arm dran, die Kleine! Ich habe ihr die Augen geöffnet und sie veranlaßt, ihre Umgebung zu erkennen – so daß sie sich prompt an dem Schmutz um sie her stieß. Aber das macht nichts, es ist besser, klug als blind zu sein. Haha, meine Bedenken hinsichtlich ihres Vaters haben sich bewahrheitet. Ich kenne ihn schon sehr gut – Z.s Ehemann. Und die Kleine hat von allen Seiten zu leiden! Aber ich denke, die Qualen werden sie zu positivem Handeln treiben. Sie wird in ihrem Netz zappeln und flattern, ihm aber letzten Endes entschlüpfen. In Amerika ist das möglich.

Komarno, Mittwoch morgen, den 19. Cheschwan 5673
(30. 10. 1912)

Meine Lage hat sich noch nicht gebessert. Man verspricht mir Lehrposten, aber vorerst gibt es keine, und auch, wenn welche kommen, kann man sich daran nicht aufrichten. Jetzt bin ich zudem noch krank; schon über eine Woche, seit ich mir den Magen verdorben habe. Und die Einsamkeit und Langeweile sind groß in meinen Mußestunden. Ich habe keine Bücher und keine Bekannten nach meinem Geschmack; nur die Briefe erfreuen mich. Gestern habe ich einen Brief aus Satanow erhalten, in dem mir Postkarten meiner Freunde nachgeschickt wurden: von Grün, Bros und Polak. Den ganzen Abend – abgesehen von den Stunden, in denen ich meinen Unterricht gab – war ich mit Antworten an meine Freunde beschäftigt, und genoß es. Ich schreibe gern Briefe an Freunde.

Jetzt hätte ich gern einen Lehrer, der mich Deutsch lehrt. Man muß sich der Arbeit widmen – und vergessen, alles vergessen. Hätte ich doch schon zu lernen begonnen!

Komarno, Donnerstag morgen,
den 20. Cheschwan 5673 (31. 10. 1912)

Etwas aus meiner Vergangenheit. Ich erinnere mich, letzten Winter, eines Abends, gegen acht Uhr, gerade erst von meiner Privatstunde bei Soletzky in meine Bleibe zurückgekehrt, in Batil Sametschiks Küche: Ich zünde meine Petroleumlampe auf dem Tisch an, stülpe ihr das Glas über, das fast völlig verrußt ist, so daß Rußpartikel abfallen, ziehe den Mantel aus und setze mich an den Tisch, auf den quadratischen Stuhl, den einzigen in der Küche. Um mich her Stille. Im Nebenzimmer, dessen Tür offensteht, befindet sich zu dieser Zeit

Batil Sametschik. Sie kniet auf dem Sofa, in eine warme Strickjacke gehüllt, lehnt mit den Armen auf dem Tisch vor sich und liest ein Buch. In der Stube tickt hell die Uhr, und draußen fallen in kurzen Abständen Tropfen vom Dach, schlagen blubbernd in die Pfützen. Ich sitze am Tisch und blicke in ein Buch. Auf dem Tisch liegt eine schmutzige Decke. Der rechte Rand dient mir als Bord, auf dem sich ein paar Bücher übereinanderstapeln, das Mittelstück ist meine Arbeitsfläche, und links liegt eine alte Zeitung über der Tischdecke, darauf steht ein Glas mit Unterteller, auf dessen Grund sich Teereste abzeichnen. Die Uhr tickt, die Tropfen rinnen, und im Zimmer schwebt stumme Trauer, leicht und angenehm. Auf dem Hof hört man langsame Schritte. Ich erkenne sie. Die Tür öffnet sich sanft und behutsam, das Mädchen tritt ein. Ich wende ihr das Gesicht nicht schnell zu, denn ich weiß, daß sie und keine andere gekommen ist. Die Kleine wünscht der Wirtin guten Abend, geht zögernd auf mich zu und stößt ein etwas ersticktes ‹Schalom› hervor, während sie ihre kühle Hand in meine legt. Ich biete ihr einen Sitzplatz auf der Holzbank an, die in der Länge von der Trennwand zur Stube bis zum Herd und in der Breite von der Wand bis zur rechten Tischseite reicht. Diese Bank – ist meine Liege. Das Mädchen setzt sich leise – und schweigt. Ich gucke noch ins Buch, muß die Sache abschließen, sie sitzt zu meiner Rechten und sinnt über etwas nach, verströmt regennassen Geruch von draußen. Ich beende die Sache, wende mich der Kleinen zu und beginne leise mit ihr zu sprechen. Ich blicke in ihre verträumten Augen, auf den dunkelblauen Hut, den Kragen ihrer roten Strickjacke, ihr kurzes Schulkleid. Wir tuscheln und tuscheln. Im Zimmer herrscht Dämmerlicht, und über die Wand zu meiner Rechten gleiten sacht der Schatten meines langhaarigen Kopfes und der Schatten der Kleinen. Sie erzählt mir in leisem, nervösem Ton von den Qualen, die ihre schlechte, eifersüchtige Mutter ihr zufügt, weil sie mich besucht, von den harten, verächtlichen Worten, die sie ihr an den Kopf wirft, und klagt still über ihre Lage. Ich lausche, und die Trauer drückt mir aufs Herz, läßt es dahinschmelzen. Ich rede auf sie ein, versuche mit tröstenden Worten zu besänftigen. Sie beruhigt sich ein bißchen, lächelt matt, wie das Licht der untergehenden Sonne an einem Wintertag im Schnee. Der ganze Raum strahlt stumme, wohlige Trauer aus – alles: das dämmrige Licht und das rauchige Glas, der staubige Spiegel, der an den Büchern lehnt, und die Bücher selbst, die Bank und das zusammengelegte Bettzeug am Kopfende, die schweigenden Seelen und ihre Schatten, das einzige Fenster, über dessen Halbgardine die schwarze Nacht und das Fenster des gegenüberliegenden Hauses hereinblicken, und der Wassereimer auf der Fensterbank. Die Kleine blickt mich schweigend an, mit Hingabe und Hoffnung, und ich betrachte sie mit väterlicher Liebe. So sitzen und sitzen wir ...

Komarno, Sabbatausgang, den 29. Cheschwan 5673
(9. 11. 1912)

Die Tage vergehen ohne mein Zutun; ich bin in Arbeit versunken. Eigentlich hat sich meine Lage nicht in befriedigendem Ausmaß geändert. Die Lehrposten – sind so spärlich, wie sie waren. Es besteht keinerlei Chance, im Verlauf des Winters Geld zusammenzusparen. Aber ich gebe Stunden, und in meiner freien Zeit studiere ich die Bibel anhand der deutschen Übersetzung von Dr. S. Bernfeld und merke nicht, wie die Zeit vergeht. Mir scheint, meine Seelenlage gleicht wieder der im vorigen Jahr: Ich versinke in geistiger Arbeit und vergesse mich und die ganze Umgebung. Ich erinnere mich, daß ich im letzten Jahr wie ein Bär Winterschlaf hielt. Den ganzen Winter arbeitete ich, in Bücher vergraben, und die freien Momente waren Augenblicke der Langeweile – und jetzt ist es ebenso. Obwohl ein großer Unterschied zwischen meiner jetzigen Lage und der damaligen besteht. Die Parallele liegt in der Langeweile während der Mußestunden und dem Vergessen während der Arbeitszeit. Haha, ich bin ja weit weg von der turbulenten Welt, in eine entlegene Ecke geschleudert, aber mir ist wohl dabei. Ich werde Bärenschlaf halten und Kräfte sammeln! Vorerst mache ich Fortschritte beim Erlernen der deutschen Sprache. Mein Wortschatz wächst von Stunde zu Stunde, und ich freue mich darüber. Ich muß mich für die Fahrt nach Wien rüsten – in jeder Hinsicht, muß mich zusammenziehen, um mich später ausdehnen zu können... Und meine hebräische Sprache vergesse ich von Stunde zu Stunde mehr, weil ich sie nicht durch die Lektüre hebräischer Literatur fortentwickle und sie nicht in meinem Gedächtnis verankere, aber ich habe keine andere Wahl.

Komarno, Montag, den 8. Kislew 5673 (18. 11. 1912)

Und so lebe ich hier vor mich hin, in Komarno, vergessen und verlassen von aller Welt. Mir scheint, als hätte ich nie Freunde gehabt, hätte nie ein anderes, interessanteres Leben gelebt, hätte keinerlei Vergangenheit, sondern sei so, auf diese jetzige Weise, mit diesem Lebensinhalt als Zweiundzwanzigjähriger in Komarno geboren und beschäftigte mich mit Stundengeben... Niemand erinnert mich an meine Vergangenheit, führt sie mir vor Augen. Ich bin in eine tiefe Grube gefallen, und der Lärm des Lebens hoch droben dringt nicht an meine Ohren.

Und trotzdem: Ich persönlich bin in Wilna gewesen, habe mit Z. und mit Chanja zu tun gehabt. Ich hatte Freunde mit Namen Grün, Bros, Polak und anderen. Ich persönlich habe ein interessanteres Leben gelebt. Jetzt bin ich ein anderes Geschöpf, habe nichts auf der weiten Welt. Ich versenke mich hier in allen Mußestunden in die Bibellektüre – und vergesse. Doch von dort, aus der Welt, von den Orten, die mir lieb sind, bringt man mir nichts in Erinnerung. Man schickt mir kein einziges Wort, das in den Geistern der mir Nahestehenden entstanden wäre. Ich weiß nicht, was mit meinen Freunden ist; sie schreiben mir nicht.

Komarno, Dienstag abend,
den 9. Kislew 5673 (19. 11. 1912)

Meine Apathie ist in den letzten Tagen ein Stück gewichen; das Gleichgewicht ist gestört. Die Schülergruppe schmilzt von Tag zu Tag mehr zusammen, und ohne sie kann ich hier nicht existieren. Die Schüler verdrücken sich einer nach dem andern, und meine ohnehin schon üble Lage verschlechtert sich noch mehr. Wenn diese Gruppe sich auflöst, muß ich die Stadt verlassen, denn unter solch schlechten Bedingungen kann man nicht leben. Wenn mein Verbleib hier doch noch zwei Monate andauern würde, damit ich die Kosten bis Wien zusammensparen kann! Momentan bin ich erregt, kann mich nicht konzentrieren. Ich bekomme von keinem Freund Briefe – und auch das macht mich nervös.

Komarno, Sonntag, den 14. Kislew 5673 (24. 11. 1912)

Die Dinge ermüden: Meine Lage wird hier von Stunde zu Stunde prekärer. Dazu trägt nicht wenig die jetzige Stunde bei, die Stunde des Krieges. Es ist klar, daß zwischen Österreich und Rußland Krieg ausbrechen wird, und dann werde ich ja endgültig verhungern. Außerdem wird das hier dann Notstandsgebiet. Ich möchte keinen Krieg, aber tief im Innern verspüre ich Lust, dem Krieg nahe zu sein, in Gefahr zu schweben. Derzeit – steht es sehr schlecht. Ich habe eine Unterrichtsstunde weniger, und der Lohn reicht nicht für meinen Unterhalt. Ich würde am liebsten in dieser Minute hier wegfahren. Ich habe an ein paar Freunde geschrieben, vielleicht schicken sie mir etwas Geld. Am Freitag erhielt ich einen Brief der kleinen Chanja. Sie kämpft dort mit ihren Eltern und beginnt mich zu vergessen, aber das macht nichts! Ich sehne mich trotzdem häufig nach ihr und sorge mich um ihre Lage. Ein nettes Mädchen war sie. In ihrer Nähe hatte ich traumhafte Momente, voll süßer Träume. Jene Tage sind vorbei – und kehren nicht wieder. Schöne Erinnerung. Ich zweifle, ob wir uns je wiedersehen werden. Trotzdem schreibe ich ihr noch. Ich habe das Bedürfnis, mit jemandem im Wilnaer Stil zu reden. Grün, Polak und all meine eingeschworenen Freunde – weiß der Teufel, wo sie stecken; die Fäden, die uns verbanden, sind abgerissen. Ich habe niemanden, dem ich ein vernünftiges Wort schreiben könnte – von reden ganz zu schweigen. Ich bin jetzt einsamer als all die Tage und Jahre zuvor; all meine Freunde sind gestorben. Und wie gern würde ich was von Wilna lesen! Und Chanja – vorläufig werde ich ihr schreiben; dabei ist kein Schaden zu befürchten. Beim Schreiben erinnere ich mich an andere Tage. Mit gänzlich anderem Inhalt. Womöglich werden künftig selbst die jetzigen interessant erscheinen?! Jeder Tag ist schlimmer und leerer als sein Vorgänger. Haha, bald werde ich in der Kleinstadt hungern müssen, schlicht und einfach Hunger leiden. Das ist eine neue Sorte, mit der ich noch keine Erfahrung habe. Der Hunger in der Großstadt gleicht ja kaum dem in der Kleinstadt: in der Großstadt hast du Bücher zum Lesen und kannst dich für eine Weile beschäftigen, hier aber nicht.

Komarno, Montag, den 22. Kislew 5673 (2. 12. 1912)

Ich schicke mich an, Komarno zu verlassen. Aber – verdammt, nicht der Auszug ist die Hauptsache, der Einzug hat seinen eigenen Wert. Und der Einzug – da weiß ich noch nicht, wo er stattfinden wird. Haha, ein Bursche wie ich kann die Zeit nicht ohne Hilfe anderer vorantreiben. Für jede Fahrt, die ich bisher unternommen habe, mußte die Umgebung erst mal den Stuhl freimachen, und jetzt natürlich desgleichen. Deshalb weiß ich nicht, wohin ich ziehen werde. Ich möchte selbstverständlich nach Wien fahren. Würde mich dort gern einbürgern und ein wenig erholen, ich bin des Herumziehens schon redlich müde, aber wird es mir gelingen?! In ein paar Tagen werden wir sehen! Ich habe schon gepackt und bin reisefertig. Auch die bei mir vor jeder Reise typische Langeweile ist mir bereits anzumerken, bloß bin ich nicht mein eigener Herr. Mein Schicksal liegt in der Hand meiner Gönner...

Ich persönlich wäre sogar bereit, meinen Mantel zu verkaufen – wenn ich bloß nach Wien gelangte. Denn ich habe ja keinen anderen Ort. In Lemberg war ich schon, und ich möchte nicht genötigt sein, es erneut aufzusuchen. Das Leben hat bereits einen großen Skeptiker aus mir gemacht – ehe ich nicht durch die Straßen Wiens schlendere, glaube ich nicht an die Möglichkeit, dort zu sein. Sehen wir mal, wohin es mich verschlägt.

Derselbe Tag. – Die Langeweile hat mich mit voller Wucht eingekesselt und umhüllt. Heute ist Markttag, die Stadt voll mit Bauern und Dreck: Dunkel unten und oben, innen und außen... Ich spaziere im Zimmer auf und ab, erfüllt zum einen von dem heftigen Wunsch, so früh wie möglich nach Wien zu fahren, zum anderen von bohrenden Zweifeln: Vielleicht wird es mir nicht gelingen, hier herauszukommen und vor allem – dort hinzugelangen. Haha, ich kenne mich gar nicht, den ‹Wilnaer David›. Ich liebe ja die Wilnaer Metamorphose, das war ein interessanter Abschnitt. Ich liebe doch die Freiheit, die Möglichkeit, sich zu strecken und auszudehnen; ich kann nicht eingeengt, in einen Rahmen gezwängt sein. Es ist angenehmer und interessanter, ohne festen Beruf zu sein, als Lehrer zu werden. In Wien wird man sich gewiß von den Fesseln der Lehrerrolle befreien können, die einen Menschen wie mich niederdrücken. In einer Großstadt barfuß und abgerissen herumlaufen – erst recht, und sich um keinen andern kümmern! Haha, hier hat man mich hergesetzt, päppelt mich jeden Morgen und Abend mit Kaffee und jeden Mittag mit einem halben Pfund Fleisch, bringt mir gewissermaßen diesen billigen Respekt entgegen und behandelt mich mit spießiger, lauter Höflichkeit – und all das warum und wieso?! Ohnehin herrscht eine breite Kluft zwischen euch Provinzlern und mir! Selbst wenn ich gezwungen bin, unter euch zu leben – ich bin nicht einer von euch; die Kleinstadt ist mir Gefängnis. Haha, das Leben selbst bemüht sich, mich zum praktischen Menschen zu erziehen, aber kann ich denn von halben Fleischpfunden leben? Ich brauche ein Leben mit Büchern – weniger Fleisch und mehr Bücher. Mein Lebensweg liegt bereits deutlich vor mir; zumindest meine nahe Zukunft muß mit Büchern erfüllt sein, wenn es allein nach mir geht. Wäre ich nur schon in Wien – unter günstigen Umständen werde ich mich den Büchern verschreiben.

Komarno, Dienstag, den 23. Kislew 5673 (3. 12. 1912)

Ich bin immer noch hier; weiß nicht, wann ich abreisen werde. Vielleicht – morgen früh, aber ohne meine Sachen, da meine boshafte Zimmerwirtin sie mir nicht herausgeben will, weil ich ihr ein paar Gulden schulde. Meine Bekannten wollen für mich bürgen, aber sie traut ihnen nicht. Der Teufel soll sie holen, dieses Aas!

Wien, Freitag, den 13. Dezember 1912

Hahaha, endlich bin ich in Wien. Letzte Woche, am Mittwoch früh, habe ich Komarno ohne mein Gepäck verlassen und bin bis Lemberg gekommen. Meine Barschaft reichte nicht für die Kosten bis Wien. Ein paar Lehrer, meine Bekannten in Lemberg, unterstützten mich, und am Montag dieser Woche fuhr ich von Lemberg weiter. Am Dienstag abend bin ich hier eingetroffen. Die ganze Strecke hatte ich Angst vor Geheimpolizisten, die die Fahrgäste unterwegs aushorchen – doch ich bin durchgekommen, und jetzt ist die Lebensfrage aktuell: Ich habe keine Mittel zum Leben. Rund fünf Kronen blieben mir noch in der Tasche; für drei pro Woche habe ich mir eine Unterkunft gemietet, und von dem Rest lebe ich. Hier eine Anstellung als Hebräischlehrer zu finden, steht kaum zu erwarten. Ich suche irgendeine andere Arbeit, körperlicher Art, aber auch die finde ich nicht. Die Krise ist jetzt groß wegen der Kriegsgefahr. Vorläufig ist an ein Buch gar nicht zu denken. Ich laufe ja den ganzen Tag durch die Straßen auf der Suche. Noch bin ich nicht etabliert. Solange ich keinen Weg gefunden habe, meinen Lebensunterhalt zu verdienen – und zwar nicht nur kärglichen –, kann ich mich überhaupt nicht auf die Lektüre eines Buches konzentrieren. Wien gefällt mir. Besonders schön ist die Donau, an der die Stadt liegt, doch hatte ich in der ganzen Zeit, seit ich hier bin, noch keine Muße, diese Schönheit zu beachten. Ich bin ja mit Herumrennen und Suchen beschäftigt, und auch jetzt bin ich derart müde, daß ich kaum schreiben kann. Ich muß mich schlafen legen!

Wien, Montag, den 23. Dezember 1912

Schon da, der wahre Hunger, wie er im Buche steht. Und der Wiener Hunger hat eine komische Eigenart: Er ist mit mangelnder Unterkunft, Fußschmerzen und furchtbarer Müdigkeit vom ganztägigen Herumlaufen verbunden. So, ich habe heute nicht gearbeitet – und doch bin ich müde, und der Kopf ist mir schwer von der Lauferei. Es gibt keine Arbeit für mich. Für die Unterkunft wird hier wöchentlich abgerechnet, und übermorgen muß ich für die nächste Woche zahlen – aber ich habe nichts. Wo ich die nächsten Nächte verbringen werde, weiß ich noch nicht. Übermorgen verlasse ich meine Unterkunft. Mein Gepäck hat man mir noch nicht aus Komarno nachgeschickt – und auch das ist übel, denn wenn ich meine Sachen bei mir hätte, würde man mich vielleicht nach Palästina schicken. Vorerst ist es keineswegs angenehm. Man muß sich auf den Tod vorbereiten. Schließlich kann man nicht langsam dahinsiechen. Das Lesen und Studieren habe ich schon vergessen; den ganzen Tag – nur Arbeit. Meine allgemeine Erschöpfung nimmt immer mehr zu. Der Lebensüberdruß verstärkt sich bei mir, und ich wünsche mir von ganzer Seele Ruhe – und sei es die Ruhe des Todes... Ich bin ja erschöpft. Ein solches Leben – selbst wenn es mit Arbeit erfüllt sein sollte – hat keinen Wert für mich. Nein, nein! Es gibt keine Möglichkeit zu studieren, ich muß mir den Gedanken an Gelehrsamkeit aus dem Kopf schlagen. Unangenehm...

Wien, Montag abend, den 13. Januar 1913

Haha, noch lebe ich ja! Ein wahrer Luftikus, ohne Nahrung und Unterkunft, war ich in den letzten Wochen. Aus meiner vorigen Bleibe hat man mich davongejagt, im wahrsten Sinne des Wortes hinausgeworfen, und ich war bis gestern ohne ein Dach überm Kopf. Im Lauf der Zeit übernachtete ich verschiedentlich bei Bekannten oder in der Synagoge, ein unsteter Gast unter tausend Gojim, bis ich endlich ein paar Kronen von russischen Bekannten lockermachen und mir für einen halben Monat eine Unterkunft mieten konnte. In der letzten Zeit habe ich ausgiebig gehungert und Arbeit gesucht, schwere körperliche Arbeit, aber keine gefunden. Dauernd war ich mit Arbeitssuche beschäftigt, mit der Suche nach einer Bleibe für jede Nacht, bis ich mich selbst nicht mehr sehen mochte und Einkehr hielt. Ich kümmere mich ja jetzt jeden Tag nur um die aktuellen Lebensbedürfnisse, dringende Nahrung und Unterkunft. Ich komme weder zum Lesen noch zu geistiger Beschäftigung. Von Freunden und Angehörigen bin ich völlig abgeschnitten. Ich schreibe ihnen nicht und erhalte auch keine Post von ihnen. Ein seltsames Leben! Ich bin jetzt über einen Monat hier und habe noch keinen einzigen Lehrposten ergattert. Schwer vorauszusagen, wie es mit mir enden wird. Eine Studienmöglichkeit – gibt es nicht, Mittel zum Leben auch nicht. Was soll wohl werden?! Ich bin schon müde geworden, führe jetzt ein eigenartiges Leben, ohne Vergangenheit, ohne Zukunft und mit einer schmählichen, miserablen Gegenwart – ein merkwürdiges Leben! Interessant, wie es enden wird. Mir schwindelt ständig der Kopf, während ich im Strom mittreibe. Ich habe alles vergessen – und was viel schlimmer ist: mich selbst.

Wien, Dienstag, den 28. Januar 1913

Heute morgen habe ich einen Brief von Chanja erhalten, dem ihr Bild beilag. Chanja ist größer geworden und hat jetzt mehr Ähnlichkeit mit Z. Im selben Maß, in dem sie gewachsen ist, haben sich ihre Hauptmerkmale denen ihrer Mutter Z. angenähert. In der Figur Z.s Ebenbild... Der Brief hat keine heftigen Gefühle bei mir geweckt, hat nicht mein ganzes Inneres aufgewühlt wie früher mal.

Das ist verständlich: Erstens bin ich ja mit Einkommenssorgen beschäftigt und kann mich nicht völlig solchen Dingen hingeben, und zweitens vermag der letzte Brief nicht so eine große Wirkung auf mich auszuüben – wegen seines Tons; er ist ein wenig kühl und gleichgültig gehalten und verspricht nichts für die Zukunft... Und das Bild erinnert mich an die mir widerliche Z. Insgeheim hege ich Angst – muß ich mir selbst zugeben – vor ihrem Verwandten Jizchak, ihrem Lehrer und Beschützer dort, und leise Wut auf die Kleine. Aber nein! Ich bin ihr nicht böse, Unsinn! Mir ist alles egal. Und die Abkühlung ist verständlich, liegt in der Natur der Sache. Ich schiebe natürlich keine Kohlen nach, und wenn sie verlischt – ist gar nichts dabei! Ich schreibe ihr ‹dein Bruder›, und sie schreibt mir ‹deine Schwester Chanja›, aber in Wirklichkeit machen wir uns was vor – zumindest ich mir, und die Dinge bedürfen der Klärung... Ein bißchen verdächtig, dieser Respekt, den sie – ihren Worten zufolge – diesem Jizchak zollt. Ich werde mich jedenfalls bemühen, unbeeinflußt zu bleiben, genau so wie früher gegenüber Chanja.

Und bezüglich meiner jetzigen Lage – die Dinge sind ermüdend. Lehrposten habe ich noch keine, eine Einkommensquelle gibt es nicht, und schließlich habe ich hier auch keine Bekannten. Einsamkeit und Hunger, Hunger und Einsamkeit. Und die Wohnung wechsle ich häufig. Jetzt wohne ich im Haus einer alten Nichtjüdin, um die Achtzig, sie und ich und ein kleiner Vogel unter einem Dach – ein interessanter Verein. Jeden Tag suche und suche ich – doch vergebens. Es ist schwer, irgendeinen Halt zu finden. Wie wird es mit mir enden?! Schwer vorauszusagen!

Wien, Mittwoch, den 5. Februar 1913

Meine Lage hat sich in nichts geändert. Wenn ich nicht hungrig bin, verbringe ich die Zeit mit Lektüre (ich lese inzwischen schon Deutsch), und wenn ich hungrig werde, ändert sich mein Seelenzustand, ich suche mir einen Bekannten, um ihn anzupumpen oder richtiger: von ihm ein paar Groschen zu nehmen, und sobald ich etwas gegessen habe, kehre ich zur Lektüre zurück. So vergehen die Tage ohne Ordnung und ohne Leben. Wieder stehe ich vor einem neuen Abschnitt in meinem Leben, dessen Mittelpunkt lautet – die deutsche Kultur. Im letzten Jahr war eine Pause in meinem Lebenslauf eingetreten. Ich vergleiche gern den jetzigen Lebensabschnitt mit dem vor über drei Jahren, als ich mein Heimatstädtchen Satanow verließ und nach Wilna zog. Mein Hauptstreben war damals der volle Erwerb der hebräischen Sprache. Ich erinnere mich: Meine Lage in den ersten Monaten nach der Ankunft in Wilna war nicht glänzend. Damals wurde ich an der Jeschiwa Ramailis angenommen und litt in vieler Hinsicht, ganz abgesehen von den Nöten durch meine schlechte Finanzlage, doch meine damalige Hoffnung war erfüllbar. Ich wollte mich in der hebräischen Sprache vervollkommnen und wußte: Wenn ich eine Synagoge finde, in der ich als Hilfsschammes dienen kann, komme ich diesem Ziel schon – wenigstens ein Stückchen – näher. Und am Ende stellte sich heraus, daß ich mich nicht verrechnet hatte. Nach etwa drei Monaten fand ich Halt und Stütze in der Synagoge Taharat Hakodesch und begann zu lernen und zu lesen. Als Unterkunft und Brot gesichert waren – und sei es auch ohne Würze –, hatte ich ja schon die Möglichkeit, den ganzen Tag dazusitzen und zu arbeiten. Jetzt bin ich nach Wien gekommen, um alle Gymnasialfächer nachzuholen, so daß ich mich an der Universität einschreiben kann. Dieses Ziel läßt sich ohne viel Mühe und Zeit nicht erreichen, selbst unter günstigen Umständen. Und die Verwirklichungsmöglichkeit dieses Strebens hängt von der Erlangung einiger Lehrposten ab, doch wie schwer, ja unmöglich ist es, solche in Wien zu finden!

Ich bin nun an die zwei Monate in Wien, habe schon allerlei durchgemacht, doch es besteht keine Aussicht auf Besserung meiner Lage. Ich weiß nicht, was mir die Zukunft bringen wird, vielleicht wird ein Wunder geschehen, aber es heißt ja, ‹auf ein Wunder soll man nicht bauen›. Und meine jetzige Lage ist nicht von ungefähr schlechter als die vor drei Jahren. Es besteht nicht die geringste Hoffnung auf eine Verbesserung. Zudem habe ich damals gleich Bekannte erworben, Menschen mehr oder weniger nach meinem Geschmack, die im Lauf der Zeit zu innigen Freunden wurden, doch jetzt – nichts... Vorläufig lese ich ein bißchen und vergesse dabei die Sorgen.

Wien, Samstag, den 8. Februar 1913

Meine Lage ist sehr schlecht. Ich spüre, daß meine Kräfte von Tag zu Tag nachlassen, ich werde von Minute zu Minute schwächer – und es gibt keinen Ausweg. In den letzten Tagen – seit die Russen, meine Gönner, abgereist sind – verhungere ich langsam. Ich esse nur einmal am Tag – wenn es mir nach langem Suchen und viel Mühe endlich gelungen ist, von jemandem ein paar Groschen zu leihen – und dann ein dürftiges Mahl, von dem man nicht satt wird. So lebe ich ohne ein Heute – und was viel schlimmer ist: ohne Hoffnung auf morgen. Ich spüre Schwäche in allen Gliedern, und der Kopf schmerzt.

Die Verzweiflung hat mich bereits befallen; es gibt keinen Ausweg, nur den Tod. Hier ist die letzte Station. Weiterfahren lohnt nicht, und daher: Entweder gelingt es mir zu studieren, mich in Bücher zu vergraben, oder ich sterbe – und zwar in Einsamkeit. Aber auch die rührt ja vom Hunger her, denn ohne ihn würde ich sie nicht so stark spüren, ohne ihn wären mir die Bücher Zuflucht und Versteck vor ihr. Dunkelheit innen und außen, es gibt keinen Lichtstreifen...

Ich wüßte gern, was meine Freunde machen, die, mit denen ich Erinnerungen an Wilna teilte. Alle Bande sind gerissen. Ich bin einsam und verlassen auf der großen Welt. An keinen Menschen und keine Sache gebunden. Haha, ich höre immer noch das Rattern der Wagen auf den Pflastersteinen – wieso? Verrückt! Alle treiben zu stark mit dem Strom des Lebens, halten nicht einen Moment inne, um sich aufzuraffen, treiben im Strom auf einen Abgrund zu. Die kleine Chanja schreibt: Denk nicht an den Tod; der wird zu uns kommen, wir brauchen ihm nicht entgegenzueilen. Du bist jung, hast noch nicht vom Kelch des Lebens getrunken. ‹Kelch des Lebens› – eine abgedroschene Phrase! Wieso soll ich denn noch nicht vom Lebenskelch getrunken haben?! Ich bin ja jetzt zweiundzwanzig und habe in diesen wenigen Jahren mehr gelebt als andere Menschen in ihrer gesamten Lebensspanne. Ich habe vom Kelch des Lebens getrunken: habe gelitten. Es gibt nicht einen Lebenskelch, sondern viele – für jedes Individuum einen eigenen, vom nächsten unterschiedenen. Ich habe einen großen, vollen Kelch getrunken. Zweiundzwanzig Jahre – und jeder Tag hat seinen Inhalt und seine Ereignisse, seine Geschichte. Vorerst kaltblütig sein! Ich werde noch ein wenig abwarten. Vielleicht werde ich meinen Kelch leeren und den kleinen Rest ausschütten müssen...

Wien, Donnerstag, den 20. Februar 1913

Jeder Tag gleicht seinem Vorgänger aufs Haar. Es gibt keine Hoffnung auf einen Ausweg, auf eine Verbesserung der Lage. Mein Freund Scheinberg hat mir geschrieben, er werde ein paar Rubel schicken. Vorerst habe ich sie noch nicht bekommen. Für die Unterkunft schulde ich meiner Alten für die vergangene Woche. Sie fordert und fordert den ausstehenden Betrag, und ich vertröste sie immer wieder bis zum Eintreffen des Geldes. Sie ist alt, zänkisch und penibel und setzt mir manchmal sehr zu. Gestern versteifte sie sich, wollte mich hinauswerfen – und ich geriet tatsächlich in Not und wußte nicht, was tun, denn ich hatte keinen blanken Heller in der Tasche, doch dann verkaufte ich jemandem mein Taschenmesser für zwei Kronen und wollte mir ein Bett mieten, aber als ich in meine Bleibe kam, sah ich meine Wirtin, deren Zorn sich inzwischen gelegt hatte, so daß sie wieder vernünftig war, und ich blieb noch ein paar Tage. Inzwischen ist bei mir der Gedanke aufgekeimt, ihr die Schuld selbst dann nicht zu bezahlen, wenn ich Geld erhalte. Ich habe zu viel unter ihr gelitten. Oder ohne Selbstrechtfertigung: Ich will ihr nicht bezahlen, ich will böse handeln ... Diese Woche habe ich zufällig mal keinen Hunger gelitten: In der Volksküche erhielt ich gratis Mittagessen. Ein komisches Leben! Ein Schnorrerdasein führe ich die ganze Zeit – wird das denn immer so bleiben? Werde ich womöglich für die gesamte Dauer meines Aufenthalts in Wien nicht von der Schnorrerei loskommen? Wenn sich meine Leiden manchmal zusammenballen, möchte ich von hier fliehen, und sei es in die Hölle unter uns oder an den Rand der Welt: nach Amerika, Argentinien, Brasilien, Palästina, ganz gleich, wohin, nur fliehen, um nicht mehr hier zu sein. Dunkelheit und Stillstand um mich her; es gibt keinen Ausweg. Meine Unterkunft werde ich in ein paar Tagen verlassen.

Wien, Freitag, den 7. März 1913

Mein Leben hat letzthin viele Umwälzungen erfahren. Die frühere Unterkunft habe ich verlassen und heute nun auch die nächste. Ich habe mir zusammen mit einem andern ein Zimmer gemietet. Meine Lage hat sich in den letzten Wochen ein wenig gebessert. Meine Schwester hat mir fünf Rubel geschickt, ich habe einen Lehrposten ergattert, eine Unterrichtsstunde, die für die Zimmermiete reicht, und es besteht Aussicht, daß ich im Lauf der Zeit eine weitere Stunde finde. Ja, meine jetzige Lage ist besser als zuvor; wenigstens ein Zimmer habe ich. Mal sehen! Vielleicht wird es mir endlich gelingen, hier Fuß zu fassen und zu studieren. Zur Stunde lese ich ja schon Deutsch und habe mir einen erheblichen Teil dieser Sprache angeeignet. Meine Sachen hat man mir noch nicht aus Komarno nachgeschickt. Ich leide sehr unter ihrem Fehlen.

Am selben Abend. – Eben bin ich nach Hause gekommen. War gegen Abend in irgendeinem Park spazierengegangen. Anfangs fühlte ich mich wohl, doch bald begann ich mich nach etwas zu sehnen, und meine Einsamkeit wurde mir bewußt. Ja, so ist es: Ich bin einsam und verlassen. Die Fäden zu meinen Freunden sind abgerissen, und ich habe niemanden, mit dem ich mich angeregt unterhalten könnte, nicht einmal schriftlich. Wäre ich schon etabliert, könnte ich mich wieder meines alten Mittels bedienen: mich in die Bücher vergraben und vergessen. Ach! Das Leben ist öde; Leere ringsum. Alles offenbart sich in seiner wahren Gestalt: nackt. Alles riecht nach Müdigkeit und Langeweile... Mir fehlen Freunde und Genossen. Mich umzubringen habe ich noch keine Lust, und leben ist öde... Häufig sehne ich mich nach Wilna. Wilna ist mir sehr ans Herz gewachsen, ist mir Heimatstadt geworden.

Wien, Sonntag abend, den 9. März 1913

Eben bin ich nach Hause gekommen. Zu Abend gegessen habe ich mit meinem Schüler S. (er ist ein sehr reifer Jüngling, der schon die ganze deutsche Literatur gelesen hat; er sorgt sich um mich und bemüht sich, meine Lage hier zu stabilisieren) und mit seinem Freund G. – fröhliche, aufgeweckte junge Leute. Meine Unterkunft liegt gleich neben dem Haus meines Schülers, und als wir uns von G. verabschiedet hatten, erzählte er mir, G. sei ein großes Talent, nur dürfe man das Fremden noch nicht verraten – und ich fühlte einen furchtbaren Stich im Herzen. Noch jetzt schmerzt es mich. Ganz einfach: Ich bin neidisch... Nichts zieht mich so an wie die Literatur; ich würde gern zu den Schriftstellern zählen. Vielleicht ist das Unsinn, kindisch, aber ich komme nicht davon los. Wenn ich mir meine Zukunft ausmale, sehe ich mich stets – warum leugnen – als Schriftsteller... Manchmal scheint mir, ich könnte ein Bild malen, eine Erzählung verfassen, und gar nicht mal schlecht, aber... Zum Teufel! Was soll man Quatsch daherreden! Ohnedies stört das Ernährungsproblem sehr. Wäre ich nicht derart mit der Sorge um mein Einkommen beschäftigt, würde ich etwas schreiben.

Wien, Mittwoch, den 12. März 1913

Ich habe angefangen, mich ein wenig zu beschäftigen. Ich wohne in einem eigenen Zimmer mit noch jemandem und lese ein bißchen. Gestern habe ich eine Postkarte von meinem Freund Grün erhalten, die mich sehr freute, denn ich hatte schon gedacht, er sei für mich verloren. Ja, meine Lage hat sich etwas gebessert. Ich esse weiterhin in der Volksküche gratis zu Mittag und leide nicht Hunger im üblichen Sinne. Jetzt kann ich mich wenigstens in die Bücher vergraben – mein Spezialmittel für Vergessen. In diesen Tagen hat sich der Magen ein bißchen beruhigt...

Wien, Freitag abend, den 14. März 1913

Draußen – Frühling. Das Leben pulsiert auch in meinem Innern; meine Gefühle erwachen, nur ist die Einsamkeit schrecklich. In solchen Stunden reichen die Bücher nicht. Mir fehlt etwas. Jetzt ist mir der Kopf schwer, alle Glieder sind schlapp und schwer vor Sehnsucht nach etwas. Nicht nach Chanja, nicht nach einem anderen Freund sehne ich mich, sondern nach etwas Verborgenem, ohne Wesen oder besondere Gestalt... Natürlich, wäre Chanja oder einer meiner Freunde hier, könnte ich diese Sehnsucht ersticken, sie zumindest reduzieren, abschwächen, doch so ist es schlecht! Beschäftigung, Arbeit brauche ich... Ein Traum fehlt mir... Ohne Träume läßt sich schwer leben... Komisch... Auch mit meiner Unterkunft bin ich nicht zufrieden, das heißt mit meinem Zimmergenossen. Er ist ein furchtbarer Schwätzer und stört mir mit seinem Gequatsche die Ruhe, kurz: Nichts ist befriedigend. Im Winter kann man sich in gewissem Maße noch mit Büchern begnügen, doch im Sommer, wenn alles ringsum lebendig und heiter ist, fällt es schwer, sehr schwer. Wenn ich manchmal daran denke, wie meine Jugend und Schönheit schwinden, ohne jemanden oder mich selbst zu erfreuen, verkrampft sich mir das Herz. Realistischer ausgedrückt: Ich bin liebesdurstig. Zuweilen überwallt mich eine Flut von Wärme, Zärtlichkeit und Liebe, doch ich habe niemanden, den ich mit diesem Glück überschütten könnte. Einsamkeit... Gibt es denn wirklich keinen Ausweg als den Tod? Ich bin kein Experte in Liebesdingen, ich habe nicht die Kühnheit, mit Gewalt zu nehmen. Und das Leben liebt den Raub... Verdammt, zurück zu meinen Büchern!

Wien, Montag abend, den 17. März 1913

Letzthin ist mein Leben von Büchern umgeben. Wenn ich manchmal vom Lesen müde werde, gehe ich ein bißchen spazieren, und sobald dann meine Einsamkeit spürbar wird, kehre ich zu meinen Büchern zurück. Nur die Bücher... Ich würde gern meinem Bekannten G. und meinem Schüler S. näherkommen, die Bekanntschaft in Freundschaft verwandeln, aber es gelingt mir nicht. Die Beziehung ist freundschaftlich und doch unfrei, gezwungen. Wir sprechen über dies und das, aber es besteht eine Barriere zwischen uns. Heute nachmittag war ich im *Haus der Orthodoxen*. Ich gehe nebenbei täglich dorthin, um jene beiden Bekannten zu treffen und auch, um die Tochter des Wirts zu sehen, ein schönes Mädchen, das mir gefällt. Heute traf ich dort wie gewöhnlich G. und unterhielt mich mit ihm. Dann kam S. hinzu und begann mit ihm über seinen Bekannten, einen Schriftsteller, und über Literatur zu sprechen. Ich konnte mich an diesem Gespräch nicht beteiligen und spürte die Distanz zwischen uns, war irgendwie eifersüchtig auf G., weil S. ihm so verbunden ist, und auf S., weil G. so an ihm hängt. Zwischen ihnen herrscht Vertrautheit, und ich stehe ihnen fern. Mir wurde traurig ums Herz, und als ich mich von ihnen verabschiedete, war ich bedrückt. Von aller Welt verlassen, vertiefte ich mich erneut ins Buch. Am Samstag debattierte ich mit G. über die Lebensphilosophen. Er kritisierte sie, weil sie weder sich selbst noch anderen Nutzen brächten. Auch er habe vor einiger Zeit zu ihnen gehört, aber jetzt sei er ‹Gott sei Dank› über diese oberflächliche Philosophie hinaus. Ja, auch ich bin der Meinung, daß diese Philosophie keinen Nutzen bringt und es für ihre Anhänger keine andere Rettung als den Tod gibt, aber was soll man tun, um von dieser Philosophie abzurücken, solange die Hauptursachen – die schlechte materielle Lage und die Einsamkeit – fortbestehen? Was soll man gegen den unablässig nagenden

Wurm unternehmen, solange noch nicht alle Glieder dem Freitod zustimmen, man aber auch nicht leben kann, weil die Mittel fehlen – was soll man da tun? Wir haben schon alle Stufen der Hölle durchgemacht, haben das Leben abgesucht, haben es in winzige Krümel zerlegt und sind zu der Folgerung gelangt, daß es keinen Sinn und Zweck hat, weder im Diesseits noch im Jenseits, sondern daß es Mittel und Zweck in sich birgt. Wir wissen bereits, daß man leben und nicht fragen soll, weil die Frage nie zu lösen ist – aber wie soll man ohne Mittel leben? Haha, auch ich will mich nicht umbringen, möchte leben und vergessen, aber die Einsamkeit und meine schlechte Lage hindern mich daran. Letzthin verspüre ich insgeheim ein Bedürfnis nach Liebe, will nicht mehr nur vom Rande zusehen, sondern selbst aktiv mitspielen... Und was die Beteiligung am Leben angeht – ich weiß doch, daß meine Persönlichkeit noch nicht zur Offenbarung gelangt ist. Im Innersten spüre ich, daß in mir etwas Eigenes steckt, daß ich nicht einfach wie alle andern bin. Es kann doch nicht sein, daß meine Begabung nur zum Lehrer und nicht weiter reicht, doch andererseits weiß ich auch, oder meine, daß bei mir kein Genie vorhanden ist – und das versetzt mir einen furchtbaren Stich ins Herz. Ich kann mich nicht mit der Vorstellung abfinden, einer unter vielen zu sein...

Wien, Freitag abend, den 21. März 1913

Ziemlich schwer. Ich habe kein Lebensgefühl – das merke ich ja sofort, wenn ich dem Leben frontal begegne. Haha, in den letzten Tagen bin ich gewissermaßen dem wahren Leben nähergekommen: Ich bin stundenlang spazierengegangen und habe schönen Mädchen Augen gemacht, aber tatsächlich bin ich nicht begabt, ein natürliches, gesundes Leben zu führen. Ein Mann des Buches... Ich bin nicht wie alle – das ist eine feststehende

Tatsache. Die Lebensweise der großen Masse, ihr äußeres falsches Gehabe, stößt mich ab. Der interessante Inhalt lockt mich zwar, aber er ist schwer erreichbar für einen Menschen, der kein gesundes Empfinden besitzt. Mein sonderbares Leben hat mich verkümmern lassen. Jetzt befinde ich mich zwischen zwei Höllenfeuern: Sterben will ich nicht, und so leben wie alle kann ich nicht... Mir ist klar, daß die Umgebung alles ist. Ich komme nicht mit Menschen in Berührung, aber wann wird sich meine Lage ändern? Ich erinnere mich: In Wilna hat mir einmal ein Bekannter gesagt, ich bräuchte Liebe, und damit irrte er nicht. Ich habe keinen Gott... Ich fühle meine Nerven von Tag zu Tag gereizter werden. Schließlich bin ich noch jung, zweiundzwanzig Jahre, und wo ist meine Lebenslust? Wenn ich manchmal freundlich tue, die anderen nachahme, spüre ich sofort die Künstlichkeit des Ganzen und lasse das Spiel. Ich bin nicht gesund. Aber was soll aus mir werden? Habe ich denn keine Heilung als den Tod? Selbstverständlich, wenn es dazu kommt, werde ich mich umbringen, aber ich will noch nicht sterben. Mal sehen, was wird!

Wien, Donnerstag abend, den 3. April 1913

Die Tage verlaufen – man kann schon sagen – monoton. Ich bin meistens in Bücher vergraben, und wenn ich einmal den Kopf davon hebe – Druck auf dem Herzen und Öde, furchtbare Öde, grenzenlos. Ich lese den ganzen Tag Deutsch. Hebräisch – fast gar nicht. Manchmal gehe ich draußen spazieren, kehre aber alsbald zu meinem Buch zurück. Und die Einsamkeit macht sich deutlich bemerkbar; es gibt keinen Freund. Meinem Bekannten G. bin ich letzthin ein wenig nähergekommen, und doch trennt uns etwas. Dabei hätte ich sehr, sehr gern, daß er mir näherkommen möge, sowohl er als auch mein Schüler S.! Nur auf solche wie sie warte ich ja, möchte sie zum

Freund haben. Vielleicht wird mir die Zeit ihre Freundschaft bescheren.

Wien, Samstag abend, den 12. April 1913

Den meisten Tag über – Lesen. Letzthin – schlechtes Wetter, und das schlägt mir aufs Gemüt. Bis heute habe ich gratis in der Volksküche gegessen, morgen geht das Hungern los. Aber momentan mache ich mir keine Sorgen. In der letzten Woche habe ich unter der Obrigkeit gelitten; sie erlaubt mir nicht, in Wien zu leben, und das ärgert mich sehr. Vielleicht wird man es mir mit der Zeit gestatten, aber vorerst – Unannehmlichkeiten. Eigentlich war ich in den letzten Tagen mit meiner Lage zufrieden. Es scheint, mein Bekannter G. kommt mir näher und näher – und meine Freude kennt keine Grenzen. Auch die Bücher, die ich in den letzten Tagen lese – Ibsen, Maeterlinck und andere – bereiten mir einigen Genuß. An Selbstmord denke ich jetzt nicht – warum? Überhaupt möchte ich noch nicht sterben. Solange es geht – werde ich leben! Mein Seelenzustand hat sich geändert, weil ich fast täglich mit meinem geliebten G. zusammentreffe und mich ein bis eineinhalb Stunden mit ihm unterhalte; das mildert meine Einsamkeit und gibt mir Schwung, über Stunden hinaus dazusitzen und zu arbeiten. Ich habe meine beiden Bekannten, G. und S., sehr gern – vielleicht, weil ich keine anderen habe. So oder anders sind sie respektierenswert. Sie erfüllen die Bedingungen, die ich an einen Freund stelle. Meine jetzige Welt ist frauenlos... Ein junges Mädchen mit großen, hübschen Augen nimmt einen schmalen Raum bei mir ein, aber das ist unwichtig... Chanja ist mir in letzter Zeit fast aus dem Sinn gekommen. Ihr zu schreiben, bin ich zu faul, und es ist auch der Stoff dazu ausgegangen. Sie gibt langsam den Raum frei, den sie in meinem Herzen eingenommen hat... Sie ist selber schuld: Sie vernachlässigt das Schreiben. Ich bin die meiste Zeit mit Lesen beschäftigt und spüre manchmal ein stechendes Gefühl, weil ich mich nicht meinen Gedanken hingebe. Auch das echte, alltägliche Leben interessiert mich ja sehr! Aber noch kann ich die Bücher nicht verlassen. Ich muß jetzt viel lesen. Mir ist klargeworden, daß ich noch nichts von der schönen Literatur, die ihren Namen verdient, gelesen habe – vom philosophischen und wissenschaftlichen Schrifttum ganz zu schweigen. Ich dürste – wie die Gebildeten gewissen Stils sagen – nach Erkenntnis, nach Aufklärung... Der Tag ist kurz und der Arbeit so viel. Ich trete jetzt in eine mir fremde Welt ein, in ein fremdes Leben und eine fremde Sprache – eine Übergangsphase. Es tut mir leid um mein Hebräisch, das ich mit nichts nähren kann; ich habe keine hebräischen Bücher. Und die Komarnoer Zionisten schicken mir mein Gepäck nicht – die Teufel! Ich weiß nicht, was ich machen soll. Die Sachen fehlen mir sehr! Obwohl ich mich schon ein wenig daran gewöhnt habe. Und einen Zimmergenossen habe ich – ein Augapfel... Er hat etwas mit Z. gemeinsam... Ich kann ihn nicht ausstehen. Ich habe vor, zum nächsten Monat die Unterkunft zu wechseln, um diesen Dussel loszuwerden. Haha, komisch! Ich muß im Leben gerade mit seiner Sorte zusammentreffen. Aber – zum Teufel!

Wien, Montag, den 22. April 1913

Der erste Sederabend, hahaha! In der Volksküche habe ich Seder gefeiert, für sechs Kreuzer. Sechs Kreuzer! So ist mein Leben! Für zwei Kreuzer – Brot, und für vier – Kompott. Den ganzen Tag über war ich schlechter Laune. Habe mich nicht satt gegessen. Schon über eine Woche leide ich Hunger. Man gibt mir keine Gratismahlzeiten mehr. Und der Seder. Wahrlich hätte ich beinah ganz vergessen, daß heute abend Pessach ist. Was sollte mich denn daran erinnern?! Dann kam jedoch mein Zimmergenosse, zog neue Kleidung, Pessach-Kleider, an, und sein Freund kam ihn besuchen, ebenfalls in Pessach-Kleidung. Matzen sah ich auf dem Tisch meines Wirts – und all das erinnerte mich... Und wieder Einsamkeit, vom Hunger geweckt: Die Bücher nützen nichts. Ist es denn vorstellbar, daß man an Pessach nichts zu beißen hat? Ich weiß nicht, was ich morgen essen soll – kein Geld. Die Lage bringt mich zur Verzweiflung; die Zukunft ist grauenvoll. Ich habe schon einen festen Wohnsitz, aber es gibt keine Verdienstmöglichkeit. Ich habe eine andere Wohnung gemietet, aber was soll ich essen? Ich bin müde. Meine Kräfte sind erschöpft. Immer hungern kann ich nicht. Sogar Brot, einfach trocken Brot zum Sattessen ist nicht da. Ich bin müde. Ich werde schlafen gehen, mich ausruhen!

Wien, Freitag, den 2. Mai 1913

Gestern bin ich in ein anderes Zimmer umgezogen. Aber zu essen ist nichts da. Ich leide letzthin schrecklichen Hunger. Vor fünf Tagen begann ich Herzschmerzen zu spüren, und ich fürchte, es ist der Anfang einer Tuberkulose. Diese Angst setzt mir sehr zu, viel mehr als der Schmerz. Ich sehe keine Möglichkeit, in diesem Zustand zu leben.

Derselbe Tag. – Schon Viertel sechs, und ich habe heute noch nichts zu mir genommen. Den ganzen Tag über war ich traurig und tief verzweifelt – jetzt ist es mir etwas leichter. Ein Fasttag mitten im Jahr... Ich würde mich über solche Leiden nicht grämen, wenn sie mir nicht langsam die körperliche Gesundheit ruinierten, mir die Keime der Tuberkulose einsäten. Ich will leben! In voller Lautstärke: Ich will leben!! Natürlich: Ein Leben nach meinem Stil – mein Leben. Und wenn sich die Umstände gegen mich erheben und mich zum Sterben zwingen – wie im Leben üblich –, werde ich meine Seele nicht in Jammergeschrei aushauchen... Ich werde das Urteil beherzt annehmen. Ah, meine Kraft ermattet; der Hunger drückt. Auch zu lesen habe ich nichts. Man braucht Geld, um Bücher auszuleihen.

Wien, Donnerstag, den 8. Mai 1913

Die Tage vergehen ohne Essen, ohne Leben und Vergnügen und auch ohne richtiges Lesen. Die Sorge um das Einkommen setzt mir jetzt ständig zu. Es gibt keine Mittel zum Leben. Zum Hungern reichen meine Kräfte nicht. Einen finanziellen Ausweg gibt es nicht. Und vor allem: Ich sehe keine Veränderung – nicht einmal als Möglichkeit – für die Zukunft voraus. Arbeiten. Aber selbst wenn ich Arbeit finde und meine physischen Kräfte mir erlauben zu arbeiten – was nützt ein solches Leben? Mein Mut ist zu Ende. Oft liege ich auf dem Sofa und überlege, auf welche Weise ich mich umbringen soll. Und das Herz tut weh – ein schlechtes Zeichen! Aber was soll ich Unsinn schreiben – alter Kram!

Wien, Samstag, den 24. Mai 1913

Der Hunger hört nicht auf; es gibt keinen Ausweg. Wenn ich bis September hier existieren könnte, würde sich meine Lage vielleicht ändern – wie existieren? Wenn ich einen Bekannten finde, von dem ich ein paar Kreuzer bekommen kann, esse ich... Und schuften – das will ich nicht, selbst dann nicht, wenn ich körperlich dazu imstande wäre. Ich habe gedacht, es wäre gut für mich, in die Bukowina zu fahren – gerade die Bukowina! –, nach Czernowitz oder ein nahe gelegenes Städtchen, und dort einige Zeit zu leben. Unterdessen die deutsche Sprache weiter zu lernen, die deutsche Literatur zu lesen und dann

– dort sogar ein paar Jahre zu leben, solange nur ein Einkommen da wäre. Ich wäre bereit dazu. Wenn ich dann schon gute Kenntnisse in der Sprache und ihrer Literatur und in allgemeinbildenden Fächern hätte und nach Wien zurückkäme, wäre der Hunger nicht mehr so zwingend sicher, weil mir mehr Möglichkeiten offenständen. Außerdem würde ich ja gern meine literarische Begabung fördern und entwickeln, denn schließlich kapituliere ich nicht, will nicht kapitulieren und an meinen Fähigkeiten zweifeln. Ich bin noch nicht richtig zur Entfaltung gelangt, habe mich noch nicht selbst gefunden; mir ist selbst noch nicht klar, wer ich bin. Aber daß ich etwas habe – das steht außer Zweifel.

Merkwürdig, das Herz tut weh – gewiß keine leichtzunehmende Krankheit, aber gerade jetzt will ich leben. Doch ich werde aufhören, über meine Herzschmerzen zu schreiben; es ist nicht gut für mich.

Wien, Freitag, den 6. Juni 1913

Ich weiß nicht, wie es enden wird. Es gibt keine Einnahmequelle. Die Verbindungen zu meinen Freunden, ja sogar die zu meiner Mutter und zu meinen Schwestern sind abgerissen. Sie schreiben mir nicht, und ich – schreibe ihnen nicht. Der Hunger hat sich noch nicht davongemacht – und wie ich ihn hasse! Auch mich selbst hasse ich ja manchmal deswegen. Und zwar, weil alle Gedanken, meine ganze geistige Welt nicht über eine Scheibe Brot hinausgehen, Tag und Nacht – nichts als Geldsorgen! Und vor allem: Daß ich keinen Ausweg sehe. Ich würde ja gern nach Czernowitz fahren, wenn Hoffnung bestände, dort genug zu verdienen. Ich bin des Leidens schon müde. Vorgestern habe ich einen Brief von Chanja erhalten. Sie predigt mir Lebenslust – ich solle nicht an den Tod denken, sondern einen Ausweg suchen – und betont, sie sei schon erwachsen. Haha! Ich bin sicher, daß ich keine

Lehrerin in Lebensfragen brauche, ja, daß niemand in dieser Hinsicht Nachhilfe braucht. Jeder begreift das Leben und dessen Wesen auf seine Weise und bemüht sich bewußt und unbewußt, sein Leben nach eigener Auffassung und eigenem Dafürhalten zu leben. Und was die Lebenslust betrifft: wem sie fehlt, dem soll sie halt fehlen, und wer nun gerade sterben will, soll es unverzüglich tun! Ich werde letzten Endes auf eigene, ‹Davidsche› Weise leben – und ich habe genug Lust zum Leben! Daran besteht kein Zweifel. All das Grübeln und Sinnen kommt mir unwillkürlich, aufgrund meiner materiellen Notlage. Ich weiß sehr wohl, daß ich nicht an den Tod denken sollte, aber der Hunger sät mir solche Gedanken ein. Und wie sehr bin ich dieses Hungerns schon überdrüssig! Nicht, weil ich keine Kraft zum Leiden hätte, sondern einfach, weil mir das armselig erscheint, armselig und erniedrigend! Leid zu ertragen bin ich ausreichend fest und gestählt, aber nicht Hunger zu leiden. Wir werden sehen, was wird!

Wien, Dienstag, den 10. Juni 1913

Ich habe beschlossen, in die Bukowina zu fahren. Habe einem Freund geschrieben, und wenn er schnell Geld schickt, reise ich schon nächste Woche. Ich bin es leid, hier herumzusitzen oder, deutlicher gesagt, zu hungern. Wien selbst gefällt mir – und seit ich angefangen habe, an Abreise zu denken, übt die Stadt eine starke Anziehungskraft auf mich aus. Klar, daß ich mich nach ihr zurücksehnen werde, aber vorerst sehne ich mich ja nach einem ruhigen, einsamen Leben. Ich will mich in irgendeine Kleinstadt oder ein Dorf zurückziehen, in gesicherte materielle Verhältnisse, und ein wenig genesen. Ich bin körperlich und seelisch erkrankt. Aktivität und Lebenslust schwinden in meiner jetzigen Lage dahin. Sterben will ich offensichtlich nicht. Warum also bis auf den Grund verrotten?! Und die Zeit wird lang. Ich würde gern zur Stunde, noch in dieser Minute auf und davon fahren. Man braucht einfach Orts- und Luftveränderung – das wird mir guttun. Was nachher wird? Was soll ich mich mit diesem Unsinn aufhalten?! Wenn ich eine Stellung, einen Lehrerposten finde – gut, und wenn nicht –, aber was habe ich schon in Wien zu verlieren? Hier habe ich doch nichts! Wegfahren – aber wann? Die Zeit wird lang, lang...

Wien, Freitag, den 18. Juli 1913

Das Hauptwunder: Ich lebe noch... Diese ganze Zeit habe ich gelitten, litt auf verschiedene Weisen, ganz anders als zuvor. Ich habe Tage erlebt, die so lang waren wie ein ganzes Jahr... Auf das Geld meines Freundes – für die Fahrkarten – wartete ich vergebens. Er hat nichts geschickt und auch nicht mehr geschrieben. Meine vorige Unterkunft habe ich noch zum Fünfzehnten des letzten Monats verlassen, ohne eine neue zu mieten: Es bestand ja jeden Tag die Möglichkeit, daß ich Geld bekäme und reiste – und so wanderte ich von Bett zu Bett. Ein paar Nächte schlief ich gar nicht – irrte durch die Straßen. Gestern habe ich mir wieder ein Bett gemietet. Ich hatte ein paar Kreuzer verdient und bezahlte die Miete. Von Abreisen kann keine Rede sein. Ich suche eine Einkommensquelle... Mal sehen, was die kommenden Tage bringen werden. Ich stehe jetzt so einsam und verlassen da wie gleich nach meiner Ankunft: habe keine Freunde, niemanden. Alle meine Freunde haben die Korrespondenz eingestellt; ich bin abgeschnitten.

Wien, Sonntag, den 10. August 1913

Neuerdings ist der Hunger von der Tagesordnung gestrichen. In den letzten zwei Wochen habe ich beim Jüdischen Nationalfonds gearbeitet und etwas verdient. Diese wenige Arbeit hat mir nicht nur finanziellen Wohlstand beschert, sondern auch meine gereizten Nerven etwas beruhigt. Die Hungerphilosophie ist ein wenig in den Hintergrund getreten. Und ich hoffe, sie wenigstens diesen Monat loszusein – in den einträglichen Tagen des Zionistenkongresses. Ich lese jetzt wenig; in meiner Freizeit gehe ich spazieren, bis mich Langeweile und Traurigkeit befallen, und danach lege ich mich schlafen. Und jetzt Chanja. Ich hatte den ganzen Sommer keinen Brief von ihr erhalten und ihr auch nicht geschrieben, doch letzte Woche kam ein Brief voll bitterer Klagen darüber, daß ich ihr nicht schreibe – und so schrieb ich ihr.

Mein Leben war in den letzten Wochen einfach und vorausschaubar: arbeiten, essen, schlafen. Nach dem Kongreß werden vielseitige Veränderungen einsetzen. Mein Vater würde sagen: ‹Ich habe die Zügel gelockert...› Ich desgleichen. Soll werden, was will! Ich möchte mich im Lyzeum anmelden und die Gymnasialfächer lernen, und wenn mir das nicht gelingt – ist es mir auch egal. Macht mir nichts aus! Völlige Gleichgültigkeit! Gleichgültigkeit ist wenigstens gut für die Gesundheit – auch das ist Unsinn...! Gesund, ungesund, Studium, Müßiggang usw. – alles eins, alles egal. Natürlich ist es im positiven Fall angenehmer, ja, rundum angenehmer, aber wenn es nicht geht – nicht unnötig aufregen und bedauern! Es wird schon alles werden...

Also, die letzte Zeit war schrecklich mit ihrem Hunger. Ich habe so gehungert, daß mir das Kopfhaar auszufallen begann... Genau wie in dem Roman von Knut Hamsun. Ja, das waren Tage! Aber ich bereue selbst das nicht. Mir ist klar, daß ich auch ohne diese letzte Hungerzeit zermürbt wäre, und ein langes Leben werde ich sowieso nicht haben... Aber Für und Wider verschwimmen bei mir. Das Motto lautet: Soll werden, was will!

Wien, Freitag, den 15. August 1913

Ich arbeite nicht mehr, habe aber vorerst noch Geld. Heute hatte ich eine winzig kleine Freude. Mein Freund G. ist aus der Sommerfrische zurückgekehrt, und ich konnte ihm einen Gefallen tun – ihm Geld leihen. In meinen letzten Hungertagen habe ich nur auf seine Kosten gelebt. Fast all seine Kröten nahm ich ihm ab – worunter ich sehr litt, denn unsere Beziehung wurde rein finanziell, nicht einmal geschäftlich, sondern spendenmäßig. Ich spürte die ganze Bitterkeit dieser Verbindung. Er hatte mich sozusagen am Hals. Sobald er mich damals sah, dachte er gezwungenermaßen an seinen Geldbeutel, an die Summe, die er mir geben konnte und mußte. Etwas anderes konnte ihm gar nicht einfallen – und ich fühlte mich unwillkürlich minderwertig, deprimiert, mit Füßen getreten. Ich konnte mit ihm über nichts anderes sprechen; das Geld störte – und meine Qualen waren grauenhaft. Heute habe ich ihm nun Geld geliehen – sehr gut. Die Freude erfüllt mein ganzes Wesen. Möge es ein wenig den deprimierenden Eindruck löschen, den er seinerzeit gewonnen hat. Ich nähere mich letzthin dem realen Leben. Suche einfach Mädchen, umwerbe junge Damen... Denn die Einsamkeit frißt mich auf. Ich bin es schon leid, immer allein zu leben. Nein, ich muß irgendeinen Partner finden, der meine Zeit und meine Welt teilt. Und sei es nur ein Partner auf Zeit – letzten Endes wird sein zeitweiliges Auftreten in meinem Gedächtnis und meinem Gesichtskreis wachsen und breiteren Raum einnehmen, und das wird wiederum meinen Alltag verändern. Kurz gesagt: Ich wünsche mir Veränderungen.

Wien, Dienstag, den 19. August 1913

Gleichgültigkeit gegenüber allem. Der Hunger kommt wieder, und es gibt keine Zuflucht. Na, zum Teufel! Ist ja egal. Man braucht viel Zeit zum Schlafen. Ein anderes Mittel gibt es nicht. Alles erfüllt einen mit Überdruß, ist ekelerregend, alles, sogar junge Mädchen. Man hat zu nichts Geduld, und in dieser Situation – ist es sehr schwer, den Existenzkampf fortzuführen. Furchtbare Müdigkeit, Brechreiz und Abscheu. Na, was wundert's! Schlafen!!

Wien, Samstag, den 23. August 1913

Prinzip. Prinzipienmenschen. Und das bringt mir Hunger und Not. Ein Bekannter und früherer Schüler von mir drückt sich zum Beispiel folgendermaßen aus: Es verstößt gegen meine Prinzipien, daß du gerade hier in Wien leben willst. Du mußt unverzüglich nach Palästina fahren. Hier hast du nichts zu suchen und zu verlangen, nach meinen Prinzipien. Deshalb unterstütze ich dich nicht und versuche auch nicht, dir irgendeinen Unterhalt zu suchen... Haha, ins Land Israel zu fahren, um den Boden zu bestellen – nicht nach meinem Willen und meinen Körperkräften, sondern nach den Prinzipien eines Mannes, der ein Intelligenzler der obersten Zehn und ein Idealist sein will... Pah, diese Intelligenz und ihre Prinzipien! Dieses komische Gespräch hat vor rund einem Monat stattgefunden. Worauf er noch hinzufügte: Nach meinem Dafürhalten sind all deine Götter längst gestorben, und du hast keinen Gott. Ein neunmalkluger Schlauberger mit durchdringendem Blick ins Allerinnerste... Der Angestellte des Informationsbüros für Palästinafragen ist ein Prinzipienmensch. Schön! Schert mich alles nicht! Aber letzthin schert's mich doch. Das Prinzip lautet: Den Jischuw erweitern und die hebräischen Arbeiter in Erez Israel mehren – und wenn sich ein Bursche findet, der nach Palästina fahren will, aber kein Geld hat, erhält er von nun an all die Gelder, die für mich im Büro bereitgelegen haben – und ich? Fahre ich denn nach Palästina – Prinzip!! So schaffen mich die Prinzipien aus der Welt. Na, jener Angestellte ist bekanntermaßen verrückt und seit langem ein Dummkopf, bloß heißt es ja: ‹Korach war klug, doch was sah er in dieser Torheit?› Allerdings muß man sagen: Rückwirkend betrachtet scheint auch seine Weisheit nicht so großartig gewesen zu sein, wenn sie in solchen Dingen bei den Prinzipien in die Lehre ging. Gegen das Prinzip – ein schönes, prickelndes Wort... Soll sie alle der Teufel holen! Na, der Hunger hat gestern schon wieder angefangen. Geld ist keins da. Haha, mein alter Freund will mich nie lange verlassen; er hat Sehnsucht nach mir. Aber ich beklage mich, Gott behüte, nicht droben, beklage mich nicht...

Wien, Sonntag, den 24. August 1913

Langweilig. Der Tag ist schön und mild, zieht einen nach draußen. Aber es gibt keine Freunde. Chanja – ein vollmundiges Wort, ein Wort mit Seele. Haha! Da wandert ein altjunger Mann in der weiten Welt herum, und in einem Winkel seiner Seele nistet ein kleines Mädchen, ein nettes Mädchen – und zuweilen in dunklen Nachtstunden erstrahlt sie. Schön und interessant! Das kann einen mit sanfter Liebe und Sehnsucht erfüllen bis zum Dahinschmelzen... ‹Ich hatte einst ein Mägdelein...› Aber der Ozean und die verwischende Wirkung von eineinhalb Jahren scheiden zwischen dem Burschen und der Kleinen. Auch ein inhaltsreiches Wörtchen, das bisher nicht gesagt werden konnte und sich noch immer nicht sagen läßt... Chanja... Wilna – noch ein vollmundiges, höchst angenehmes Wort. Damit verbinden sich zwei: Grün und Bros... Es gibt nicht viele Träume in dieser Alltagswelt.

Weiß der Teufel, ob ich noch einmal einen Traum wie diesen Wilnaer träumen werde.

Wien, Donnerstag, den 28. August 1913

Bewegung. Kongreß und Konferenz der Organisation für hebräische Sprache und Kultur. Mir war es vergönnt, ja vergönnt, unsere großen Schriftsteller und Dichter zu treffen... Hahahaha! Auch ich habe eine Dichterseele. Aber noch ist zweifelhaft, ob die Ware zum Verkauf kommt... Ich habe schon... Daran werde ich nie zweifeln, aber vielleicht werde ich mein Vermögen eingrenzen, in einem Winkel versiegeln – und meine Seele nicht entleeren...

Wien, Freitag, den 29. August 1913

Sklaverei. Gestern habe ich etwas eingenommen, aber unter Beschmutzung der Seele: Ich bin Lastträger und Dienstmann geworden, und jeder niederträchtige Grobian hat für die paar Münzen, die er mir bezahlt, Herrschaft über mich. Es gibt einen Toren namens Direktor, der ist mein Herr... Und wehe dem Sklaven, dessen Herr ein Narr und Ignorant ist... ja! Ich hole Pakete vom Bahnhof, für eine Krone zuzüglich Derbheiten und Beleidigungen... Aber die Zeit ist noch nicht gekommen, meinem Herrn einen mächtigen Tritt zu versetzen, es ist noch nicht Zeit, mich in voller Höhe gegen diesen fiesen Direktor zu erheben und meinen aufsässigen Herrschaftswillen zu offenbaren. Noch brauche ich Einkünfte. Es wird der Tag kommen, an dem ich all diese deprimierende Erniedrigung, diese seelenschädigende Sklaverei abschüttle – und wieder frei, mein eigener Herr bin. Mir ist klar, daß meine Seele unter der Last der Pakete und der schmählichen Sklaverei ein wenig gedrückt wird, aber ich will essen, und daher bleibt keine Wahl. Brrr, widerlich, zum Erbrechen. Immer das gleiche: Brot. Der Ausweg aus allen Leiden der Welt – abscheulich! Die Seele degeneriert ein wenig. Aber ich werde überwinden! Der Anfang ist schon gemacht.

Und das weiß ich bereits aus Erfahrung: Wenn ich mich von den Ketten löse, schüttle ich sie eine nach der andern ab, und zum Schluß versetze ich einen schmerzenden Tritt.

Wien, Freitag, den 5. September 1913

Die Tage vergehen ohne erfreuliche Veränderungen. Der Hunger naht, und es besteht keine Aussicht, eine Einkommensquelle zu finden. Auch jetzt bin ich ja oft hungrig. Man muß bis nach dem Kongreß warten. Dann werden sich die Gemüter beruhigen, und man kann vielleicht an eine Verdienstmöglichkeit denken.

Wien, Samstag, den 4. Oktober 1913

Es ist schon ein Monat vergangen, ohne daß ich etwas geschrieben hätte. Hatte keine Lust. Ich bin inzwischen in eine andere Unterkunft umgezogen und habe ein paar Lehrposten ergattert, aber es bleibt noch Raum zum Klagen: Ich kann mich noch immer nicht ruhig hinsetzen und arbeiten. Aber meine Lage ist hervorragend im Vergleich zu vorher; ich habe einen gewissen Halt. Auch diese Bleibe werde ich wechseln müssen, denn ich brauche ein separates Zimmer, kann nicht mit einer Familie zusammenleben.

Wien, Donnerstag, den 20. November 1913

Ich habe lange nicht in mein Tagebuch geschrieben. Habe keinen Drang zum Schreiben. Die materielle Lage ist nicht rühmenswert. Ich bin immer noch hungrig und ziehe jeden Monat oder öfter von Wohnung zu Wohnung, bin noch nicht etabliert. Und die geistige Verfassung ist auch nicht rühmlich. Der größte Teil des Tages vergeht müßig, mit Geplauder und Spaziergang, nur der kleinere mit Lektüre. Haha, ich habe jetzt das Gefühl, einem teuren Freund wiederbegegnet zu sein, den ich lange nicht gesehen hatte: Mein Tagebuch ist mir in bitteren Stunden zum Freund geworden, meine Seele liegt in diesen Buchstaben, besonders im letzten Jahr, in dem all meine Freunde mir untreu geworden sind, allesamt, darunter auch die kleine Chanja. Und mit dem Verblassen ihrer Gestalten, die mir nun seltener in den Sinn kommen, schwindet auch das Gesicht Wilnas mit allem, was dazugehört, aus meinem Gedächtnis. Das geliebte Wilna gerät in Vergessenheit. Die Affäre Wilna mit allem Drum und Dran rückt in die Ferne. Schade! Seelenlabsal, üppigen Seelenreichtum hat mir Wilna geschenkt, was für Wien nicht gilt. In Wien gibt es nur eines: Einkommen. Man kann hier nicht im stillen hungern. Man kann sich nicht einschränken, sich auf sich selbst zurückziehen und weitab von all dem Trubel leben, fern diesem seichten Lärm. Dafür ist kein Raum und keine Gelegenheit. Die Großstadt umbrandet dich. Der Mensch darf hier nicht ohne Einkommen sein. Jetzt beispielsweise ist mein Monatsverdienst höher als seinerzeit in Wilna, und doch bin ich hier ärmer dran.

Wien, Dienstag, den 25. November 1913

Graue Alltage ohne stürmisches Seelenleben. Immer nur Einkommenssorgen auf der Tagesordnung. Brot und nochmals Brot... Ich bin diesen Verdienst und was dazu gehört schon leid, aber man kann sich nicht davon lösen. Ein geschlagenes Jahr sorge ich mich nur um eines. David bleibt beiseite. In Wilna war er so: liebend und Liebesqualen leidend, kühl, skeptisch und ein Clown, um die Lippen stets ein ironisches Lächeln, ein zum Weinen neigender Pessimist – und in Wien ist er so: mit Alltagssorgen beschäftigt, und von Zeit zu Zeit schreibt er ein Gedicht. Ebenfalls Skeptiker und Clown, aber ab und zu verfaßt er ein Gedicht... Ei, ei! Der Bursche altert, seine Kräfte lassen nach, der Hunger frißt ihm das restliche Blut auf, und seine Nerven spannen sich immer dünner und schärfer – und doch gibt es weder wahre, tiefe Freude noch tiefe Traurigkeit. Irgendeine Scheidewand schirmt alles von der Seele ab. Und die Dinge sind langwierig und ermüdend...

Wien, Dienstag, den 2. Dezember 1913

Wieder eine neue Unterkunft – dauernd auf Wanderschaft. Chanja hat aufgehört zu schreiben. Die Geschichte ist zu Ende. Jetzt muß man sich für einige Zeit in die Bücher versenken. Die ganze Dauer meines Aufenthalts in Wien hatte die Seele noch nicht Gelegenheit, vor Leben zu vibrieren. Es hat zwar seelisch belebende Momente gegeben, aber keine Stunden oder längere Intervalle. Keine Erregung hat bis ins Tiefste aufgewühlt, denn es fehlten Stunden der Ruhe, der Freiheit. Ja, einsame Stunden haben gefehlt. Ich habe nachgedacht, und nicht nur über Brot und ähnliches, aber all das war nach außen hin, berührte mich nicht direkt.

Wien, Mittwoch abend, den 14. Januar 1914

Ich schreibe nicht – warum? Die Tage sind öde; sie vergehen in Not und Einsamkeit. Die Verzweiflung ist mit den Herzschmerzen gewachsen, die immer stärker werden. Mein Ende rückt näher. Bisher konnte ich, so ich satt war, dasitzen und ein Buch studieren, doch wenn ich mich jetzt eine halbe Stunde anstrenge, tut mir das Herz weh. Ich verfalle immer mehr. Und selbstverständlich ist der Gedanke an den Freitod ständiger Gast bei mir geworden. Meine Zukunft – ein dunkler Abgrund, ich kann nicht mehr hungern und einsam sein. Mit dem Gefühl meines nahenden Endes denke ich an Heirat. Wenn ich nun wirklich vor meinem Tod eine Frau heiraten würde? Hahaha! Eine Frau! Derzeit genese ich tröpfchenweise. Tropfen auf Tropfen. Nein, abgesehen von meinem wehen Herzen habe ich auch das Gefühl zu altern. Mein ganzer Körper spürt, daß seine Zeit bald vorüber ist... Nein, ich schreibe keine Tagebücher!

Wien, Donnerstag, den 22. Januar 1914

Die Tage sind öde. Der Hunger hat seine Bitterkeit verloren, und das ist der Anfang des Verfalls. Aber das ist eine altbekannte Leier. Ein Bursche steht morgens auf, studiert kurz ein Buch und langweilt sich, nimmt eine dürftige Mahlzeit ein und langweilt sich, langweilt sich, langweilt sich. Vielleicht mangels einer Frau... Vielleicht mangels eines Busenfreunds... Ich habe mich in die Schwarzäugige nicht verliebt, aber ich besuche sie gern täglich. Verlieben kann ich mich wohl nicht mehr. Bestenfalls: zusammensein, zanken. Ganz einfach. Ich möchte, daß man sich in mich verliebt. Unsinn. Und ein Freund. Der bewußte Groß – eine Barriere zwischen ihm und mir. Es gibt keine Barriere – und doch ist sie da. Sie hat keinen Namen, aber sie existiert. Ich kenne ihn von allen Seiten und er mich; ich mag ihn ab und zu, aber wir sind uns noch nicht nähergekommen. Werden es vielleicht niemals tun. Und einen anderen gibt es nicht. Die Geheimnisse sind offenbar, und die Tage folgen einander düster, modrig und leer. Dieser David tritt auf das Grab des vorigen David. Seit gestern gibt es keine Lehrposten mehr... Und ich gehe in den dunklen Abgrund des Chaos, gehe, gehe, gehe. Und allein, ganz allein. Und eines trüben Tages werde ich mich heranschleppen wie jener Hund, der an den Hinterbeinen verwundet war, mit letzten Kräften hinein in mein Zimmer bei irgendeiner Jüdin, einer dreckigen galizischen Ziege, werde mich in meinen vier Wänden ins Bett legen und wie dieser Hund krepieren. Und kein Mensch wird wissen: ‹Irgendein junger Russe ist gestorben...› Oder ich ziehe dann mein Rasiermesser heraus und schneide mir die Gurgel durch. Und meine Zimmerwirtin wird mich sehen und denken: ‹Vielleicht wird eine Woche vergehen, bis ich wieder jemanden für dieses Zimmer finde...› Jetzt lebe ich dafür, Mieter für diese Jüdin und Stammgast in der Armenküche zu sein... Der Abgrund klafft offen.

Wien, Samstag, den 24. Januar 1914

Halb elf. Eben bin ich aufgestanden. Ständige Gewohnheit, nach der Methode ‹Was soll's...›. Kalt. Und kein Interesse. Und wieder: Liebe, Sanftheit und Milde. Ich vergeude ganze und halbe Tage aus Langeweile und Furcht vor meinen vier Wänden. Und eine Zuflucht? Der Sommer naht. Und danach Winter. Ich bin für mich. Und Chanja ist gestorben. Aus. Nein, man muß sich vor übermäßiger Annäherung an diesen Burschen hüten. Eine Barriere – ohne Namen. Und das schwarzäugige Mädchen? Ei, zum Teufel! Unsinn! Habe ich sie denn geliebt? Das tägliche Zusammentreffen hat Nähe geschaffen.

Mehr nicht. Die Tage schleppen sich dahin: trübe Nebelschwaden, garstige Zimmerwirtinnen, widerspenstige Schüler und deren Eltern, die, sobald man vorbeikommt, an die Kronen denken, die schon draufgegangen sind und noch draufgehen werden, Hunger, Bibliothek und deren Besucher. Nein. Ich bin alles satt. Auch das Speiselokal, das ich jeden Tag aufsuche, um mich mit Groß und dem Mädchen zu treffen, und die Typen dort überhaupt. Es geht nicht mehr.

Wien, Sonntag, den 25. Januar 1914

Auf und ab. Einsamkeit. Gestern abend kam mir eine Dummheit in den Sinn: Das Rauchen anfangen. Heute morgen bin ich schnell losgelaufen, Tabak holen, und habe geraucht, bis ich Kopfweh bekam. Jetzt habe ich alles in die Donau geworfen und fertig. Und die Hauptsache, morgen habe ich nichts zu essen. So wird man vor Langeweile verrückt. Ich weiß nicht, wohin mich dieser Zustand noch führen mag. Alle Stricke sind gerissen. Es gibt keinen Halt. Ich wußte vorher, daß ich nicht rauchen kann und darf – und habe doch Tabak gekauft. Ist das nicht – verrückt?

Wien, Samstag, den 31. Januar 1914

Ein Buch und noch ein Buch. Kein Leben. Keine Erschütterung. Und ein bißchen kalt. Die Tage vergehen mit Langeweile und Hunger. Mit zusammengepreßten Lippen. Verfall. Krankheiten. Ich warte auf Erlösung. Warte nicht auf Erlösung. Es treffen auch von keinem Freund Briefe ein. Alles ist mir zuwider. Alles ist mir über. Es gibt nichts, das mich locken würde, gar nichts. Welche Erlösung denn? Eine Frau? Möglich. Unsinn. Da fastet ein Bursche zwei Tage nacheinander und wartet auf eineinhalb Kronen für eine Unterrichtsstunde, und als er sie bekommt, haben sie ihren Wert verloren – und die Langeweile ist wie ehedem. Ein Jude von dreiundzwanzig Jahren, der zu langsamem, schrittweisem Verfall verurteilt ist. Und der Haß ist fürchterlich. Der Haß eines Kranken, dessen Tod gewiß ist, auf alle Lebenden. Und welche Abhilfe? Jeder Augenblick mit seinem Sinnen. Einen Augenblick fügsam und apathisch. Sterben – nichts dabei. Und einen Augenblick in Auflehnung, Zorn und Widerstand. Ich will mich nicht fügen. Jeder Bursche von dreiundzwanzig Jahren hat mindestens eine Zukunft von siebenundzwanzig. Mindestens. Und ich ... ? Selbstverständlich werde ich keine weibischen Tränen vergießen, wenn mein Tag gekommen ist. Ich habe keine Angst.

Wien, Dienstag, den 3. März 1914

Ich bin zu träge, Tagebuch zu schreiben. Gleich, ob es Dinge gibt, die niedergeschrieben werden wollen, oder nicht. Und meine Tage sind noch nicht besser geworden. Entweder ein Buch oder kein Buch. Und Einsamkeit – selbstverständlich. Am Samstag ist etwas Wichtiges passiert. Der schöne Bursche streckt sich in ganzer Länge auf dem Flurboden hin, kriecht in sein Zimmer und fällt in Ohnmacht. Aber in eine richtige, die neunundneunzig Prozent vom Tode hat. Und Frau Wildfeuer erweckt ihn zum Leben. Ich dachte: Nu, Reb David Vogel, dein Ende ist gekommen, und ausgerechnet in Frau Wildfeuers Wohnung. Und als mir die Sinne schwanden, erschien der Moment nicht in seiner vollen Grauenhaftigkeit. Das heißt: Ich bin fertig und bereit. Eine schöne Geschichte: Richte die Augen auf ihn – und weg ist er. Aber ich bin nicht gestorben. Was hätte denn auch aus der Volksküche werden sollen? Und außerdem ... Und Hebräisch. Hihi. Aber der Frühling kommt. Und der Sommer. Wer hätte mir Barmherzigkeit erwiesen, wenn ich gestorben wäre? Ein Eselsbegräbnis. Aber was kümmert es mich eigentlich. Hauptsache, daß ich die Augen noch offenhalte. Und mit dem Einzug des Frühlings gefällt mir meine Einsamkeit manchmal. Unter der Vorbedingung, daß Brot vorhanden ist. Ich gehe allein spazieren und freue mich an mir selber, an meinem abgekapselten Innern. Die Einsamen haben ihre erhabenen Momente. Ich bin mir selbst genug. Ich bin von innerem Licht erleuchtet, brauche nichts. Dann lebe ich in Wien wie im Wald, wie in der Wüste. Und das hat viel Schönes an sich. Ich sehe, ohne gesehen zu werden. Wenn Brot da ist. Und einen Wasserlauf gibt es hier, den Donaukanal, der abends unendlich schön ist. Und es mir leichter macht. Na, endlich eine lyrisch empfindsame Seele. Und ferner: Wien ist mir viel lieber geworden. Wilna, diese Elende, gerät in Vergessenheit. Ganz einfach. Auch Wien beginnt etwas zu geben. Und wächst mir ans Herz. Die Stadt hat mich nicht nur zum Dienstmann gemacht. Obwohl ich nicht weiß, was der Tag bringen wird. Dieser Winter – hat auch hier und da satte Tage gekannt. Und die kamen nicht durch Trübsinn. Im weiteren werden wir sehen. Obwohl ich im Winter nichts Großartiges vollbracht habe, bin ich zufrieden mit ihm.

Am selben Tag. – Ich habe nach halbjährigem Schweigen einen Brief von Chanja erhalten. Auch ein Bild. Mir stürmte die Seele. Endlich ... Fünfzehn Jahre alt. Aber das ist Kinderkram. Sie dort und ich hier. Sie verspricht zu schreiben und zu schreiben. Also wird die Sache ein weiteres Vierteljahr dahinsiechen. Nein. Obwohl Gefühle und Erinnerungen bei mir erwacht sind, als ich ihn erhielt, und ich noch jetzt erregt bin, will ich ihr nicht gleich antworten. Selbst wenn ich mich entschließe, ihr zu erwidern – jedenfalls nicht schnell. Nicht nötig. Kinderkram. Eine Episode, die vorbei ist. Offenbar habe ich sie ein wenig oder sehr geliebt, aber Leben ist Leben. Höchstens erregt mich ihr Brief einen halben Tag lang. Danach geht alles wieder seinen alten Trott. Hier brauche ich eine Affäre. Hier. Aber auch sie ist in guter Erinnerung. Angenehm. Sie ist natürlicher als der Bursche. Sie wollte nicht schreiben. Und ich würde – ehrlich gesagt – gern wollen, aber: Politik. Na. Und wenn ich für immer aufhöre – ebenfalls Politik. Diese ganze Liebe. Aus Z.s Sippschaft. Der Bursche soll sich nicht winden. Die Dinge so, wie sie sind. Und er verspürt bis heute Sehnsucht nach jener Z. – zu seiner Schmach und Schande... Würde ihr gern Grüße ausrichten. Ein Komplott, und klar: Wäre sie hier, würde er seinen Schmerz zu ihr tragen, um ihn in ihrer Leidenschaft zu ertränken. Und würde vergessen, was er vergessen wollte. Soll er sich mal nicht winden! Das ist augenscheinlich Haß. Und die Dinge sind alt. Aber Chanja – Liebe. Ob er es zugibt oder nicht. Und jetzt wieder Politik.

Wien, Freitag, den 26. März 1914

Ich krieche ja noch. Weiter. Und die leeren Tage werden mit Spazierengehen, Plaudern und Rauchen ausgefüllt. Bücher – dritter Klasse. Ich lebe ins Unendliche. Ohne zurück- oder vorauszublicken. Wahrlich nach der Methode ‹Iß und trink, denn...› und so weiter, und so ist es wirklich. Der Tod hat sich bei mir eingenistet. Und ich bemühe mich, vor mir selbst zu fliehen. Denn ich fürchte mich vor mir selbst. Und diese Einsamkeit. Aber nur zuweilen. Ich gewöhne mich daran und beginne sie zu mögen. Denn nach all den Wanderungen, Niederlagen und Zurückweisungen finde ich ja nur in mir selbst Zuflucht. Und mir scheint, das ist die höchste Stufe. Die allerhöchste. Die Selbstgenügsamkeit. Denn auch wenn ich mich einem Freund offenbare, bleibt ein verborgener Winkel. Für mich allein. Und ich weiß nicht, oft erfüllt mich meine Geheimhaltung mit Freude. Ich und ich. Sehen, ohne gesehen zu werden. So, verschiedene Seelenlagen.

Aber eins ist sicher: die höchste Stufe – wenn ich mich mit mir allein begnüge. Ich werde lernen, mich zu begnügen! Denn bis zu meinem letzten Tag werden meine Wege einsam sein. Und im Abseits. Kein Mensch wird sie schauen. Und noch etwas: Manchmal erschreckt mich der Tod nicht. Ganz und gar nicht. Apathie. Obwohl sein Nahen gewiß ist. Der Hauch seines Schwingenschlags weht in meine jetzigen Tage. Ich habe mich damit abgefunden. Ein Zwangskompromiß. Und die mir verbliebenen Tage will ich auskosten. Auf meine Weise. Frauengeschichten werden sich in meiner Zukunft wohl nicht mehr entspinnen. Doch nebenbei: Ein sehnsüchtiges Beben schleicht sich ins Herz. Eine Frau ist noch vonnöten. Und wenn keine Frau – doch im Herzen. Etwas. Denn das Herz begehrt. Voller Sehnsucht. Diese Übergangsphasen. Denn meine Selbstbescheidung – ist noch vorläufig, noch nicht ausgereift. Und das Herz. Torheit liegt hier keine vor. Beim Verfallen in einen Taumel von Schwatzen und Äußerlichkeit ist ein wenig Torheit vorhanden. Aber auch Ernüchterung ist dabei. Und dann ein Schauer der Sehnsucht. Sehnsucht nach etwas. Und auch ein Hund, dessen Augen voll Liebe und unendlicher Hingabe strahlen. Verlangen nach Zuneigung. Und nach Weinen. Nach Jammern um nichts. Dieses Leben! Unerforschlich. Dem Augenschein nach ein Bursche, der satt ist. Und genug geschlafen hat. Das ist die Lebenskunst. Die Hauptsache. Der Extrakt. Das Flattern der Seele. Und es liegt auch einige Schönheit und einige innere Wonne darin. Trauerwonne. Es gibt verschiedene Momente. Aber man muß sie mit dem Netz des Bewußtseins fangen, dann bleibt die Erinnerung erhalten.

Wien, Mittwoch, den 1. April 1914

Hunger steht bevor. Und auch Obdachlosigkeit. Der Sommer. Und dazu – furchtbare Einsamkeit. Ich suche krampfhaft ein wenig Leben. Ein wenig Vergessen. Ich will nicht auf mein Morgen blicken. Und auch mein Gestern rückt in die Ferne. Ich möchte das bißchen Herz, das mir noch geblieben ist, nicht umsonst ruinieren. Und das Herz tut weh. Und sticht. Und die Tage sind gezählt. Doch eigentlich warte ich ungeduldig auf den Sommer und seine Farben. Trotz seines Halbdunkels. Und Chanja antworte ich nicht. Eine Laune. Vielleicht höre ich für immer auf. Wozu schreiben? Und überhaupt lieben. Weil sie dort ist. Ich hoffe, sobald der junge Groß wegfährt, etwas mehr zu arbeiten. Vorausgesetzt, man bekommt was in den Magen.

Wien, Montag, den 6. April 1914

I...hei! Und ein Stechen. Alte Sorgen. Das immer gleiche Stechen. Ohne warum. Und das Bedürfnis nach langem Schlaf. Schlafen macht selbstvergessen. Und Briefe. Der junge Grün liegt dort in irgendeinem entlegenen Städtchen und blickt in deinen grauen Sommer. Mit Atemzügen, die sich in Öde und Wüste zerstreuen. Auf der Liste für den Tod, vor lauter Einsamkeit. Ei – hm. Vor Einsamkeit. Vor lauter... lauter... Und das Ende? In aller Teufel Namen – das Ende? Und diese Kälte. Nein, unmöglich! Solange die Seele im Leib ist. Kälte – eine Phrase. Stein. Nicht richtig! Und gelegentlich – aufgrund des bißchen Trauerns lebe ich. Seelische Erhabenheit ist hier vorhanden. Aber ein Gären. Die Rinde der Seele will platzen. Und wird platzen! Wenn nicht jetzt – in einem halben Jahr. Zur Stunde braucht man Schlaf. Ah, dieses Bett. Die einzige Zuflucht. Vorausgesetzt, es besteht die Möglichkeit zu schlafen. Und Tod? Hihi, ein simpler, humaner

Tod?! Und Wein? Geraucht wird schon. Hi, ein bißchen Eigenwesen gibt es hier. Und sein Zeichen: Trauer. Die netten Burschen möchten sie gern loswerden. Sind keine großen Helden. Keine Kräfte. Na, und so weiter ... Aber was tun? Gebt Ratschläge, Herrschaften. Halbdämmern und Schalheit. Und womöglich – Hand an sich legen? Zerdrückte, ausgewrungene Lumpen. Schlafen. Das einzige Heilmittel.

Wien, Donnerstag, den 16. April 1914

Und wieder beispiellose Leere. Der junge Groß ist schon letzte Woche abgereist... Wodurch weitere Stunden der Langeweile hinzukamen. Jetzt sind Tage des Schweigens angebrochen. Schweigen bis zur Stummheit. Graue Tage. Obwohl ich diesem Burschen in dem ganzen gemeinsam verbrachten Jahr nicht richtig nähergekommen war, mir nur ein paar Stunden meines Tages mit ihm vertrieben hatte, sei es unter Reden oder Schweigen. Ich verarztete die Beule mit dem Verband ‹Was ist dabei›, floh vor mir selbst – und jetzt. Mir kommt gerade in den Sinn: Da die Tage gezählt sind – vielleicht schnell nach Palästina fahren? Die Sache beschleunigen? Man kann unmöglich allein in einer solchen Großstadt umherziehen. Auf keinen Fall. Ganz gewiß – selbst wenn ein Einkommen vorhanden wäre. Denn die Gewißheit, daß du bisher nicht einmal ein Millionstel dessen weißt, was du wissen müßtest, und die klare Erkenntnis, daß weder Kräfte noch Schwung vorhanden sind und auch nichts und niemand, für den oder das es sich zu wissen lohnte, und doch – der Wunsch nach Wissen, das ist mehr als Schmerz. Oder vielleicht: Da die Zukunft höchstens noch zwei Jahre beträgt – amüsier dich. Das heißt, decke die Tage mit allen möglichen Lumpen der Welt ab, die zuhauf vorhanden sind, bloß damit sie bedeckt sind? Doch irgendein verborgener Teufel ruft mir aus der Zehenspitze zu: Man kann dich noch gesund machen, dich wieder auf die Beine bringen. Fände ich irgendeinen Facharzt, würde er mir auf der Stelle die Wahrheit sagen. Denn eins ist sicher: Das Herz tut weh. Und natürlich schlafe ich viel. Das alte Heilmittel. So sterbe ich doch vor Schweigen, Einsamkeit, Langeweile und auch Traurigkeit. Und kein Mensch wird mich in meinem Tod sehen. Und dazu Hunger. Der dickste Strang im Gespinst meiner Tage.

Wien, Sonntag, den 3. Mai 1914

Tage, deren Arznei der Schlaf ist. Und starkes Rauchen. Und ich habe angefangen, mich bei den ‹Direktoren› herumzudrücken. Mehr aus Langeweile als des Verdienstes wegen. Dienstmann, was kann man machen? Die Tage sind mit trübem, dumpfem Schmerz erfüllt. Schmerz ohne Grund. Und ohne ein Mittel, ihn zu vertreiben. Das Leben berührt ihn kaum. Er ist beständig, die Grundfeste. Und so sollen meine Tage vergehen? Das Schicksal hat mich mir selbst überlassen und weiß nicht, was es mit mir machen soll, hat keine Lust, etwas mit mir anzufangen. Es besteht nicht einmal der Wille, den Schmerz zu analysieren. Nur schlafen, ohne aufzuwachen. Wenn die Lehrposten nicht wären, würde ich Tag und Nacht schlafen. Gestern ist ein Brief von Chanja eingetroffen. In Antwort auf das Bild, das ich ihr geschickt hatte. Kühl natürlich. Und ich habe geantwortet. Aber der Brief hat keine Umwälzung in meiner üblichen Stimmung ausgelöst. Ist nicht unter die Haut gegangen. Bei mir zeichnen sich letzthin zwei Gemütslagen ab: Gleichgültigkeit samt Vernebelung des klaren Willens und furchtbarer Schmerz vor dumpfer Verzweiflung. Und jetzt: Ich bin durch die Stadt geschlendert, hier und da spazierengegangen, habe mich mit einem Trinker angefreundet, rund eine halbe Stunde mit ihm geplaudert, habe mich unterwegs mehrmals hingesetzt und bin schließlich nach Hause zurückgekehrt, wo ich mich jetzt zum Schlafen fertig mache. Ich kann mir selbst nicht entfliehen.

Wien, Dienstag, den 30. Juni 1914

Ich schreibe nicht oft. Keine Lust. Trägheit. Und Monotonie. Die ganze Zeit habe ich kaum gehungert – aber gelesen. Die Einsamkeit wird offenbar, sobald man die Augen vom Buch hebt. Ich lerne nichts. Was denn auch lernen außer Deutsch? Und dazu begnüge ich mich allein mit der Lektüre. Hebräisch lese ich fast gar nicht. Erstens mangels hebräischer Bücher und zweitens vor lauter deutsch lesen. Die Freundschaftsbande sind abgerissen. Ich schreibe und erhalte keine Briefe. Rußland gerät mir langsam in Vergessenheit. Nebst Wilna mit seinem Leben und Treiben. Eine Folge der Zeit. Ja, ich träume neuerdings oft von Palästina. Ich male mir ja eine interessante Lebensphase aus. Vielleicht die letzte. Hier ist das Leben öde und einsam und ohne Hoffnung für die Zukunft. Abgesehen von Büchern. Aber nur Bücher und Bücher? Immerzu? Ich bin doch vierundzwanzig Jahre alt, und das graue Alter erwartet mich in ein, zwei Jahren. Wahres Greisenalter mit gebeugtem Rücken, Haarausfall und all den anderen normalen Begleiterscheinungen. Und hier ist eine Ansammlung von Büchern, nicht von Leben, nicht von stürmischem Leben. Und du siehst klar, daß all deine wenigen Lebenstage so sein werden, sonnenklar. Und du träumst doch trotzdem von ein wenig Liebe. Von einem ruhigen, schönen Eckchen, fern all der großartigen Dinge, deren du schon überdrüssig bist. Von ein wenig Veränderung. Auch dieses Wien ... na. Augenscheinlich eine akzeptable Großstadt, gefällt mir. Aber es fehlt mir was. Etwas Namenloses und Unbekanntes. Fehlt. Und klar, daß auch dort und fern von dort etwas fehlen wird. Für immer wird etwas fehlen, für immer und ewig.

Wien, Montag, den 10. August 1914

Ich kehre zu meinem Tagebuch wie zu einem lieben Freund zurück. Die ganze Zeit nur Trägheit. Und ein bißchen Taumel. Jetzt stehe ich ja vor großen, einschneidenden Veränderungen. Der Krieg. Und all das Materielle. Der bewußte Hunger. Und auch Einsamkeit. Auf andere Weise. Und aus eben diesem Grund kehre ich zu meinem Tagebuch zurück. Man muß zu jemandem sprechen. Und wenn es ein Stein ist. Für solche wie mich gerade ein Stein. Gerade. Die Barriere, die ich zwischen mir und jenem Groß spürte, bestand tatsächlich. Die Freundschaft begann von unten nach oben. Ich war der schwache Teil in dieser Beziehung. Ich bin ihm nachgelaufen. Und habe ein Almosen erhalten. Das ist keine beständige Freundschaft. Ich habe ihn gemocht, habe seine Vorzüge mit echtem Gefühl gepriesen, seine Nachteile aber ignoriert – und dafür erhielt ich ein Almosen. Ein Quentchen Freundschaft. Möglicherweise bin ich ihm wegen der quälenden Einsamkeit nachgerannt, aber nachgerannt bin ich. Vom ersten Tag an hatte ich das Gefühl, Almosen zu empfangen. Ein verschwommenes Gefühl natürlich. Denn ich wollte es nicht wahrhaben. Verschloß die Ohren. Aber ob ich wollte oder nicht, es bestand keine ausgewogene beiderseitige Beziehung. Von Anfang an war dieses Band zum Zerreißen verdammt. Denn schließlich ist das keine Freundschaft. Und nun ist das Wort zwischen uns gefallen. Das Wort an sich – kann mich nicht beleidigen, doch es beweist, wie weit die Kleinlichkeit und mangelnde Freundschaft dessen reicht, der es ausgesprochen hat. Wenn ein Bursche wie Groß mich ‹Schnorrer› nennt, ist sein Urteil gefällt. Diese Einsamkeit wird nicht mein ganzes Ehrgefühl und Selbstbewußtsein abtöten. Und wehe einem Burschen wie mir, der sich zwar bereits mit dem Bewußtsein des langsamen Dahinsiechens und des sicheren Todes abgefunden hat, aber doch nicht mit der Einsamkeit fertig wird. Man braucht keinen Menschen, wenn sich kein Freund finden läßt. Kein Freund wie Abraham. Und vielleicht kann ich einen wahren Freund nur in jemandem finden, der mir nachläuft. Denn ich würde seine Hingabe zu mir nicht ausnützen. Ich würde ihn nicht mit Füßen treten. Nein! Ein Bursche wie Groß kann mir nicht wahrer Freund sein. Gut möglich, daß sich diese Kluft mal irgendwie schließt, aber sein Wert ist in meinen Augen geschwunden. Hier ist kein Raum für Freundschaft.

Schloß Karlstein, Samstag, den 22. August 1914

Ein wenig Veränderung in der Monotonie. Mit der Volksküche ist es aus und vorbei. Offenbar für lange Zeit. Am Dreizehnten des Monats wurde ich interniert. Kriegsgefangener. Umwälzende Veränderungen sind in meinem sichtbaren Bereich und erst recht im verborgenen eingetreten: Erstens – die Umgebung: Ich lebe im Verein mit neunundneunzig Mann unterschiedlicher Art und Volkszugehörigkeit. Zweitens – die Internierung. Dieser Zwang, tagtäglich dieselben Menschen zu sehen, die mir fast alle zuwider sind, mit ihnen gemeinsam zu schlafen und zu essen und auch mit ihnen zu reden. Ohne ein eigenes Eckchen für mich selbst. Man kann sich wahrlich selbst verlieren, da man nicht die Möglichkeit hat, sich einen Augenblick zurückzuziehen und in sich zu blicken. Diese geballten Veränderungen regten mich an, milderten ein wenig meine Langeweile. Die Ungewißheit, die Vorläufigkeit, der Wandel: Gefängnishaft, und zwar in einer Kaserne, und die verschiedenen Gesichter, die jeder Tag zeigte. Doch jetzt wird alles langsam feststehend, vertraut und gewiß. Dir ist klar, daß diese derben Visagen mit ihrem boshaften Lachen viele Tage deiner Zukunft ausfüllen werden, ohne daß du ihnen entfliehen könntest. Und wenn du dich auf dem strohgepolsterten Fußboden schlafen legst, spürst du, zum Brechen übel, daß dich Wanzen belauern, die imstande sind, dir übers Gesicht zu krabbeln. Unwillkürlich hörst du die Gespräche der anderen mit, ihr Lachen, ihre Witze. Denn es gibt keine Zuflucht. Kein Eckchen.

Die Natur hier ist grandios. Das Dorf klein und hübsch. In einem Tal gelegen. Wenn du am Fenster stehst und all diese herrliche Schönheit betrachtest, das steile Tal mit seinen weißen Häusern, den gewundenen Bachlauf, der sich teilt und wieder vereint, ehe er dort am Fuß des Berges verschwindet, die blaue Brücke, die beiden Pfade, die sich gabeln und dann einer hier, einer dort den Hang emporschlängeln, die mit schwarzen Bäumen bestückten Berghänge – dann befällt dich das Gefühl, du müßtest dich selbst in jenes Tal hinabstürzen, trotz deines sicheren Zerschellens, nur um – und sei es allein für den Moment des Fallens – all diese Schönheit zu genießen. Und wenn du dich danach wieder den dreckigen Gesichtern deiner Nachbarn zuwendest – befällt dich Verzweiflung bis zum Wahnsinn. Man hat keine einzige Minute, sich zu fangen. Ach, es ließe sich ein hehres Leben in diesem Schloß führen, wenn man nur allein und frei wäre. Ein Hort der Schönheit. Und Ruhe. Aber die Sache hat einen Haken – wie gewöhnlich.

Karlstein, Samstag, den 5. September 1914

Ein komischer Zeitabschnitt. Verloren für mich. In dieser ganzen bunten Menge. Unterkunft und Nahrung, wenn auch schlecht, werden von anderen gestellt, und ich kann über meine Zeit verfügen. Doch die Hauptsache: die fehlende Einsamkeit und Konzentration. Ich bin benommen. Dem Anschein nach könnte ich zufrieden sein, weil dieses Leben meine Nerven ein wenig beruhigt. Eben dieses mangelnde Konzentrationsvermögen. Aber man hat nichts davon. Die Umgebung. Ich lese nichts und denke sogar noch weniger als nichts. Zuweilen sehne ich mich nach Wien, aber nicht nach Groß oder jemand anderem, sondern nach der Einsamkeit dort, aber auch diese Sehnsucht schwindet, wie sie gekommen ist. Ich würde ja gern wissen, was nach meiner Freilassung mit mir wird. Klar, daß dann ein sonderbarer neuer Zeitabschnitt beginnt. Ein neues Leben wird nachher anfangen. Sei es in Wien oder anderswo. Ich werde wieder einsam und aufrecht dastehen, ohne mich auf jemanden zu stützen. Falls Groß und seinesgleichen mir über den Weg laufen sollten, werde ich ihnen erhobenen Blicks begegnen. Ein Bursche wie Groß wird mich nicht mehr ‹Schnorrer› nennen. Ich habe ihm schon gezeigt, daß ich Ehrgefühl besitze.

Großau, Dienstag, Erew Jom Kippur
(29. September 1914)

Also ich bin interniert. Essen, trinken und schlafen. Plus Stumpfsinn. Völliger Stumpfsinn. Denn ich tue nichts. Man räkelt sich einen Tag nach dem anderen auf der Matratze und wartet am Morgen aufs Mittagessen und am Nachmittag aufs Abendbrot. Und die Knochen tun einem weh vor lauter Liegen. Und dort – Krieg. Die Welt versinkt in Chaos. Und hier nur Öde und Stumpfsinn. Und die Verhandlungen mit dem Pöbel! Das erniedrigt. Der einzelne kommt herab, muß von seiner Höhe herabkommen, wenn er mit ihm verhandelt. Ich bin aufrechten Gangs verhaftet worden, doch hier in der Masse mit ihren Sorgen hat sich mein Rücken gebeugt. Hier bin ich ja ein Gefangener wie alle anderen. Von gleichem Wert. Ich leide sehr darunter. Tag und Nacht – mit denen. Und fast völlig bloßgestellt. Ich habe das alles schon gründlich satt, satt bis zur Übelkeit.

Großau, Dienstag, Sukkot (6. Oktober 1914)

Tage vergehen. Auch Nächte. Grau und öde. Man zehrt und hungert zwischen den Mahlzeiten, und um diesen Punkt kreisen die Gedanken dauernd. Und der Stumpfsinn ist furchtbar. Wer weiß, bis wann noch?! Man kann mit niemandem ein Wort reden, das nicht mit Essen zu tun hätte, und das hohle Schweigen bedrückt sehr. Auch schlafen kann man nicht viel. Das ist noch mehr als Haft – weder zu reden noch zu schweigen. Die ganze Welt ist für mich aufgehoben. Es gibt weder Vergangenheit noch Zukunft im Jetzt und im Hiesigen kein Dort – und das sind neunundneunzig Prozent des Todes. Die alterprobte Arznei, der Schlaf, würde helfen, ist aber nicht zu haben. Und meine Herren Stubengenossen! Haha, wieder wird eine neue Phase meines Lebens anbrechen, wenn ich erst befreit bin. ‹Unser Stammvater Jakob bat... und sprang ihn an...› Ich würde mich gern wieder in Wien niederlassen. Ob mir das gelingen wird?! Vorerst nicht gut. Obwohl ich im Gesicht etwas besser aussehe. Ich nütze ja jetzt eine einsame halbe Stunde. Solche dreißig Minuten sind unerwartete und keineswegs häufige Ereignisse.

Drosendorf, Donnerstag, den 3. Dezember 1914

Vorerst sitze ich hier und lebe auf Kosten der österreichischen Regierung. Werde ernährt. Aber vor allem habe ich schon vergessen, als Mensch zu denken. Bin benommen. Kenne mich selbst nicht. Und es ist unmöglich, etwas zu schreiben. Die Tage und Nächte vergehen im Taumel. Die Menge ist groß. Hier befinden sich 700 Mann. Ein Durcheinander. Nicht gut. Ich werde mich Wochen und Monate von diesem Massendreck reinigen und läutern müssen. Vielleicht sogar Jahre. Vorerst hofft man nicht auf Freiheit. Es scheint, als sei ich hier geboren und bliebe für immer da. So liegen die Dinge.

Drosendorf, Samstag, den 2. Januar 1915

Da sitze ich also mit Verlaub immer noch ein, obwohl ich schon genug gereift und fertig zur Freilassung bin. Das Durcheinander bin ich reichlich satt. Denn alles ist bereits klar und bekannt. Ich wünschte, man würde mich an einen neuen Ort schicken. Einen unbekannten. Oder auch einen bekannten. Hauptsache Veränderung. Denn all diese Dinge sind alt und abgedroschen. Und ich bin bereits rechtschaffen müde. Man muß die Monate, die ich in Haft zubringen muß, soweit wie möglich totschlagen und tilgen. Andernfalls muß man sich vor dem Wahnsinn in acht nehmen. Ohnehin bin ich ja schon zum Massenmensch geworden. Und der Tag ist leer. Er enthält viel Schlaf, Essen, Unterhaltung mit der Masse. Sonst nichts. Und das Denken hat völlig aufgehört. Ein paar Monate Haft habe ich dringend gebraucht, um die Nerven ein wenig zu beruhigen und den erschöpften Leib auszukurieren, aber jetzt sind schon über viereinhalb Monate vergangen – und das ist viel. Der junge Groß schreibt Briefe, schickt ein paar Kronen und denkt an meine Freilassung. Na, eine verkehrte Welt. Allerdings werden mir seine guten Gedanken nichts nützen. Es besteht keine Möglichkeit, vor Ende des Krieges freigelassen zu werden, und ich mache mir da keine Hoffnungen, aber allein die Tatsache, daß jemand noch an mich denkt und ich nicht für alle Welt gestorben bin, haben zur Stunde angenehme Gefühle bei mir geweckt. Ihr, Reb David Vogel, lebt noch im Kopf eines Geschöpfs auf der Welt. Ganz einfach, es gibt jemanden, der sich um dich sorgt. Worum geht es denn hier? Es ist ja allseits bekannt, daß du ein dürrer Baum bist, ein einzelner Mensch, und wenn dein Tag gekommen ist, wirst du sterben, ohne auch nur ein Viertel Geschöpf zu haben, von dem du dich nach Art der Welt verabschieden könntest – und hier sorgt man sich tatsächlich so um dich, wie man sich um einen normalen Menschen an deiner Stelle gesorgt hätte –

kann das denn sein? Das – wäre ja ein grundlegender Wandel im Schöpfungsverlauf. Derzeit nicht gut. Ich will ja freikommen! Wenn ich jetzt in die Welt hinausginge, würde man vielleicht einen Wandel bei mir feststellen. In jeder Hinsicht. Doch wenn ich hier noch ein paar weitere Monate sitze – ist nichts Gutes zu erwarten. Jetzt ist die richtige Zeit dafür. Gerade jetzt.

Markl, Dienstag, den 1. Juni 1915

Neue Sorgen. Vor zwei Wochen hat man mich hergeschickt. Aber auch Drosendorf ist in guter Erinnerung. Es hat meine Jahre bereichert. Ganz einfach. Und all diese Leiden und Höllenqualen, die den hübschen Burschen beficlen. Langeweile bis zum Wahnsinn und Wahnsinn bis zur Langeweile! Furchtbare Tage, Stunden, Minuten. Seine Welt verdüsterte sich. Ach, das war Winter! Aber, wie es scheint, bin ich noch nicht gestorben. Der Heilige, gelobt sei er, hat mir noch keinen schönen Tod in Gefangenschaft schenken wollen.

Daß ich hier ein Massenmensch und weniger als das geworden bin, ist sicher. Ich kenne mich selbst nicht mehr. Vogel hat Vogel verloren. Und auch das Schweigen, das erfüllte, trächtige Schweigen, ist abhanden gekommen. Alles ist verloren. Gewiß. Auch die Freiheit ist weg – vielleicht für immer. Es gibt keinen Ausweg. Zwar sind die Haftbedingungen hier besser als in Drosendorf, aber es macht sich schon Sehnsucht nach der dortigen Schönheit der Natur bemerkbar. Jener Grandiosität, die mein geworden war. Nach den Sonnenauf- und -untergängen in Drosendorf. Eine Schönheit, derentgleichen ich nie gesehen hatte. Es waren irrsinnige Tage dort, doch wenn der Bursche hinaustrat, verharrte er ehrfürchtig. Hier ist nichts dergleichen. Man sieht nichts. Dabei hätte das die Last der Leiden ein wenig erleichtern können. Aber nichts damit. Die Freiheit ist schon vom Horizont gelöscht. Ich habe das Gefühl, dieser Krieg wird ewig dauern. Immer und ewig. Und was tun? Es gibt leere Tage, Tage vor dem Wahnsinnigwerden. Und was wird das Ende sein? Eine neue Welt. Die Beziehungen zur Vergangenheit sind schon fast abgerissen, und eine Zukunft hat es nie gegeben. So wälzt man sich tagtäglich auf dem Strohsack ohne jedes Sinnen, unter den Qualen jener grauen, lastenden Langeweile. Sogar graue Haare sprießen schon auf dem Kopf des hübschen Burschen. Weiße Haare. Auch körperlich ein alter Knabe. Na, die fünfundzwanzig Not- und Hungerjahre! Kein Wunder. Und mir ist klar, die *schönen, die wahren* Tage werden nach der Freilassung anbrechen. Wenn man bis dahin nicht wahnsinnig wird. Denn das ist ganz unvermeidlich. Aber um solchen Unsinn schert man sich nicht. Die Hauptsache – ohne Haupt- oder Nebensache. Ich habe die Zügel lockergelassen, wie mein Vater sagte. Nach der Sitte der Welt: Man lebt, bis man stirbt, und wer vor Todesangst schon vor dem Tod abstirbt, ist ein Narr. Über den man nicht redet. Es gibt, Gott sei Dank, ein Herz und eine Seele, und wenn der Todesengel die nimmt, brauchen wir keine anderen zu beschaffen – was soll man sich da sorgen? Es bleibt nur die Langeweile: Die kann man nicht loswerden, weil auch kein Buch vorhanden ist. Langeweile in Potenz. Und dann meine Mithäftlinge! Obwohl ich die schon aufgegeben habe. Oder mich an sie gewöhnt. Alles nach Landessitte.

Markl, Mittwoch, den 6. Oktober 1915

Wir liegen immer noch hier. Notgedrungen. Ich bin sicher, dieser Krieg wird noch Jahre dauern. Eine Sache von Generationen. Man versinkt bis zur Nasenspitze in Dummheit. Und alles fällt dem Vergessen anheim. Meine ganze Vergangenheit und meine angenehme vorherige Lebensweise. Ich sehne mich ja nach dem Hunger und dem Hin und Her. Nach den Einkommenssorgen. Ich habe mich in der Masse verloren. Meine Geistesart ist verlorengegangen. Doch was tun?! All diese idiotischen, ekelerregenden Fratzen! Ein Tag vergeht nach dem anderen, wieder Morgenkaffee und wieder Mittagessen – bis in alle Ewigkeit. Bin ich denn jemals ein freier Mann gewesen? Das bezweifle ich. Allerdings ist der Hunger von der Tagesordnung gestrichen. Aber was gibt mir die Nahrung, die sichere Lage? Ich brauche Leiden, eine ungesicherte Lage, ein ungeregeltes Leben. Völlige Freiheit. Was tun? Wir stecken doch schon in herbstlicher Trübe, in seelischer Schwermut angesichts des monotonen Regens. Ein furchtbarer Winter, in graue Langeweile gehüllt, rückt ständig näher. Schreckliche Tage, die auch Epidemien bringen. Ein wenig Einsamkeit – wo findet man sie? Mein ganzes Wesen sehnt sich nach Einsamkeit, nach Zurückgezogenheit. Ein Jahr und zwei Monate Haft! Man hat keine Lust mehr zu schreiben. Keine Lust.

Markl, Donnerstag, den 15. März 1916

Tage der Langeweile. Und des völligen Stumpfsinns. Der Frühling naht. Mit seiner ganzen Schönheit und Pracht. Und zuweilen sinnst du: Schau alles an, was es zu schauen gibt, denn die Tage sind gezählt, die Tage, in denen man schauen kann. Die Tage vergehen ohne Leben und ohne Gedanken an das Leben. Die Farben der Freiheit sind verschwommen. Auch ihre Sprache hat sich verwirrt. Und es besteht keinerlei Band und Beziehung zu ihr. Haft – ein Kapitel für sich, das man später begehrt, doch während seiner Dauer schwer erträgt. Zwei Jahre. Zwei Jahre und gewiß noch erheblich mehr. Und was wird werden? Manchmal möchtest du dir den Schädel an einem Fels zerschmettern. Und es gibt auch Momente des totalen Vergessens. Dann fällt das Leid deiner Fünfundzwanzig von dir ab – und du bist ein Jüngling, leicht manchmal. Aber der Dauerzustand ist im wesentlichen Stumpfsinn. Ohne jegliches Beobachten und Denken. Nur ein matter, dumpfer Schmerz, daß einem schier das Hirn platzen will, bis zum Wahnsinn. Die meisten Tage läufst du, rennst wie ein verwundeter Löwe im Käfig herum, die übrigen liegst du auf der Matratze. Du läufst, bis dir die Kräfte ausgehen. In den letzten Tagen, seit Alkoholika hergebracht wurden, haben sich auch Tage des Rausches eingeflochten. Wirklichen Rausches. Aber wenige.

        Wien, Montag, den 17. Juli 1916

Wieder in Wien. Das hätte ich überhaupt nicht erwartet. Ich dachte, ich würde dort sterben. In Haft. In Markl. Das war eine sonderbare Überraschung. Nach dreiundzwanzig Monaten Unfreiheit. Gestern früh bin ich in Wien angekommen. Doch die Haft lastet mir noch immer in Kopf und Beinen. Wird noch Tage und Monate weiter drücken. Man hat mir viel geraubt. Und das läßt sich nicht wiedergutmachen. Jetzt bin ich ja verwirrt. Alles, was ich sehe, ist mir neu und lieb. Alles genieße ich. Doch schon blitzen Tupfer der Verzweiflung auf. Eben die Verzweiflung, die während der Haft geschlummert hatte, nicht zu spüren gewesen war wegen der anderen Last. Nach und nach wird Gleichgültigkeit gegenüber allem bei mir Wurzeln fassen, und die Frage nach dem Wozu. Wieder wird man ziellos umherwandern bis zur Übelkeit. Wie soll es mit mir enden? Auch Einkommenssorgen tauchen wieder auf. Und ich bin so müde. Würde gern liegen und liegen. Es gibt keinen Ausweg. Na, dasselbe Leben! Groß ist zum Militär gegangen. Eingezogen worden. Und auch er hat es schwer. Vorerst habe ich mir ein separates Zimmer gemietet. Und ich kann schweigen. Aber – bis wann? Mal sehen, wie sich die Dinge entwickeln.

Wien, Freitag, den 11. August 1916

Fast einen Monat bin ich nun frei. Und habe mich immer noch nicht gefunden. Ich stecke ja in einem Chaos. Obwohl es auch völlig einsame Tage gibt. Nach allen Regeln der Einsamkeit, zu denen auch entschiedenes Schweigen gehört, absolute Stummheit mit lebhaften Grimassen. Aber es kommt keine rechte Konzentration zustande. Es gibt keine schöpferischen Momente. Und die Haftjahre schwinden aus dem Gedächtnis. Tauchen kaum in der Erinnerung auf. Als seien sie nie gewesen. Und wenn sie dir doch mal in den Sinn kommen, auf deinem Nachtlager, sehnst du dich insgeheim auch nach ihnen. Nach den Sonnenuntergängen in Markl. Nach dem Freiheitsstreben und ähnlichem. Damals bestimmte ein starkes Streben dein ganzes Sein – und fort ist es. Du bist doch leer, wie du vor dem Krieg gewesen bist. Leer, leer. Und man kann auf nichts hoffen. Nur auf den Tod zuschreiten. Langsam schreiten, unter anhaltendem Gähnen. Jetzt hat sich ein komisches Fräulein an mich gehängt. Ilka. Schwindsüchtig und kränklich. Sie mag mich. Und sie tut mir sehr leid. Denn was bin ich schon?! Ein gebrochener Mann, dessen Lebenskraft geschwunden ist. Und ich bin gar nicht fähig zu lieben. Auch sie im besonderen nicht. Ich mache längere und kürzere Spaziergänge mit ihr, fühle mich ihr seelisch nahe und mag ihre kindliche Sprechweise. Doch wenn sie nicht bei mir ist, habe ich insgeheim Angst vor ihr. Eine mir unklare Furcht. Vielleicht rührt das von ihrer Tuberkulose her. Ich spüre den Tod in ihr. Aus Mitleid suche ich ihre Nähe und bringe ihr auch Anzeichen der Zuneigung entgegen. Ist das alles? Das Leben ist mir ein Rätsel. Ich stehe ihm staunend und verständnislos gegenüber. Als wäre ich gerade eben von einem anderen Stern gelandet. Ich begreife nichts. Gehen... stehen... laufen. Unterhaltung mit anderen Menschen usw. – ich verstehe gar nichts. Wie ein Säugling. Warum und wieso??? Nicht einmal Grauen befällt mich. Ein schwindsüchtiges Fräulein liebt mich. Schwarzhaarig. Nicht hübsch. Nicht häßlich. Liebt und leidet und leidet. Und ich liebe nicht und leide und leide. Ich kapiere nichts. Mir ist der Faden gerissen, der sich durch die Jahre eines Menschen zieht. Seine Enden sind entglitten. Es kommen noch Tage. Tage mit der Schmach von ‹das ist ein Tisch› und grauer Langeweile in den engen Kabinetten und langsamem, schrittweisem Verfall. Und auch darüber werde ich nicht traurig sein. Gleichgültigkeit wird herrschen. Und seelische Abstumpfung. Und komisch, jetzt brauche ich keine Freunde mehr. Wie früher noch. Ist mir egal. Ja, oft belasten sie mich. Ich wünsche mir Einsamkeit. Völlige. Ilka. Sie ist angenehm. Und durch Leiden niedergedrückt. Und schwarze Augen hat sie. Funkelnde. Und Trauerfalten um den Mund. Wir werden sterben. Beide. Ich bin fertig.

Wien, Freitag, den 24. August 1916

Das Leben geht seinen Weg. Ein Tag gleicht dem andern. Und es gibt Momente furchtbarer Verzweiflung. Und keinen Ausweg daraus. Aber ich werde in Leidenschaft versinken, und Ilka wird dazu nützen. Wir sind eine Beziehung eingegangen. Das war vorauszusehen. Sie liebt mich sehr. Das tut ein bißchen gut. Und manchmal ist ihre Gesellschaft schwer für mich. Wie die anderer Menschenkinder. Aber jene Angst, die ich vor ihr hatte, wenn ich an sie dachte, hat sich verwischt. Ich brauche ihre Gesellschaft nicht, aber ich freue mich, sie zu sehen. Oft. Denn was soll ein Bursche wie ich machen? Ohne wahnsinnig zu werden? Ich gehe wenig spazieren. Vor lauter Trägheit. Und das Wenige – mit ihr. Sie ist mir höchst angenehm. Seelenverwandt. Und ich bemitleide sie sehr. Die Ärmste! Wir Männer haben Rücken und Schultern, da kann man Lasten aufladen. Packesel sind wir. Vielleicht wächst der Genuß sogar mit der Schwere der

Bürde. Aber sie. So zart! Ich werde helfen. Zuweilen befällt mich furchtbare Wehmut, wenn ich in ihrer Nähe bin. So sehr, daß ich die ganze Welt umarmen möchte. Bis zum grundlosen Weinen. Einfach so. Weinen um seiner selbst willen. Und sie staunt. Hat eine aufnahmefähige Seele. Offen für Eindrücke. Und sie schafft mir auch freudige Momente. Doch der Herbst wartet schon hinter dem Zaun. Und er wird meine Seele niederdrücken und sie in furchtbare Finsternis stürzen. Wenn ich zu mir zurückkehre und niemanden vor den niedergeschlagenen Augen habe, spüre ich sofort den Druck der endlosen Öde und Verzweiflung. Wohin wird der Weg mich führen? Ich bin sehr erschöpft.

Wien, Dienstag, den 3. Oktober 1916

Die Tage vergehen. Zur einen Hälfte sind sie langweilig und zur andern – ebenfalls langweilig. Und der Herbst lauert hinter der Tür. Dieses Wien wird mir langsam leid. Ich würde gern fliehen. Mich erholen. Die Leiden der zweijährigen Haft lasten mir noch auf der Seele. Und furchtbare Müdigkeit. Dann diese Ilka! Sie ernüchtert mich zuweilen. Sie ist eine schöne Seele. Und liebt mich mit Todesliebe. Aber ich werde nach und nach in die Grube gelockt. Sie ist schlau. Aus Mitleid. Manchmal winde ich mich ja wie eine Schlange. In Qualen. Sie quält mich. Ohne es zu wollen. Aber ich werde mich in acht nehmen. Sie will mich heiraten. Hihi, mich heiraten. Ich werde auf der Hut sein. Ich bewege mich ja geschlagene Tage in ihrem Kreis, in Gedanken. Obwohl ich nur ein paar Stunden am Tag mit ihr verbringe, besteht einige Lebensgefahr. Was?! Werde ich gegen meinen Willen in ihr Netz gezogen?! Schließlich habe ich mich nicht in sie verliebt. Aber trotzdem ist mir die Freiheit in gewisser Weise genommen. Mein Mitleid bewirkt all das. Paß auf, Vogel! Laß dein Herz nicht zu weich werden. Sonst wirst du ein bitteres Ende nehmen. Ich verliere mich an sie. Und zwar offenen Auges. Und das Zeichen dafür: Ich leide. Man müßte gleichgültig sein. Was will sie von mir? Ich muß ein freier Mensch sein. Das ist mein ganzes Streben. Ein völlig freier Mensch. Allein durch Beobachten genießen oder nicht genießen. Was will sie. Man wird aufhören müssen. Mit einem Schlag. Aber wie kann ich das? Sie wird vor Qualen sterben. Schließlich ist sie gefährlich krank. Was tun? Es gibt keinen Ausweg. Und manchmal liebe ich sie ja auch. Was tun?

Wien, Sonntag, den 10. Dezember 1916

Ich bin ja gefangen hier. In Wien. Mit Brotsorgen. Ganz einfach. Ich treffe mich mit keinem Bekannten. Häufige Langeweile bedrückt mich. In freien Stunden lese ich ein wenig, aber nicht mit voller innerer Konzentration. Dazu bin ich außerstande. Ich würde gern hier herauskommen. Meine Langeweile und mein Herzstechen in unendlicher Wanderschaft ertränken. Auch die Großstadt und ihre Bewohner sind mir fremd geworden. Ich brauche richtige Einsamkeit. Irgendwo in Wald und Wüste. Aber das ist unmöglich. Eine auswegslose Lage. Doch in den letzten Wochen bin ich auch körperlich krank. Eine langwierige Erkrankung. Und es ist mir unmöglich, meine Seele gebührend zu berücksichtigen. Ich lebe in einer Art Stumpfsinn von Herz und Gemüt. Und Ilka. Unwissentlich fliehe ich vor mir zu ihr. In ihre Liebe und Leidenschaft. Und manchmal wird mir ihre Gesellschaft schwer. Ich lechze ja nach völliger Einsamkeit. Möchte die Leiden bis zum Schluß auskosten. Den Becher leeren. In tiefstem Wesen spüren. Und sie. Die Ärmste! Sie hat Armut kennengelernt. Doch auch mich betrübt sie manchmal. Die einzige Freundschaft. Was soll aus mir werden? Und wenn ich mich von ihr lösen möchte, mit einem Schlag aufhören, erfüllt mich Mitleid mit ihr. So vergehen meine Tage und

Nächte. Ohne erschütternde Ereignisse. Ohne Katastrophen. Alles leer. Nichts rüttelt mich auf. Und es gibt keinerlei Veränderung. Ich pflege Umgang, bis ich mich besudle. Und all die Dinge und Menschen, mit denen ich irgendwie in Kontakt komme – berühren kaum meine Seele. Es gibt nichts für mich. Wie kann man in die Welt hinausgehen? Ich bin doch eingesperrt. Eingesperrt. Zwischen Myriaden von Menschen.

Wien, Mittwoch, den 14. März 1917

Lange habe ich nicht geschrieben. Aus Trägheit. Und aus einer gewissen Selbstvergessenheit. Denn mich belasteten das winterliche Gefühl, gelegentlich der Hunger, die Liebeskonflikte mit Ilka und anderes mehr. Überhaupt bin ich diesen Winter aus mir herausgekommen. Habe mich verloren. Gute Momente, solche der eingehenden Selbstprüfung, der tiefschürfenden Betrachtung der drei Zeiten, hat es nicht gegeben. Ilka hat das bewirkt. Diejenigen Stunden, die ihrem Wesen nach geeignet sind, den Menschen zu sich selbst zu führen, waren mit ihr ausgefüllt. Eigentlich hatte ich mich vor der Langeweile dieses Winters gefürchtet. Vorher. Oft befinden wir uns in diesem Teufelskreis. In Zeiten des Vergessens willst du dich nun gerade erinnern – erinnern bis zu Wahnsinn und Sinnverwirrung vor Schmerz und Ausweglosigkeit. Und zur Stunde des Erinnerns bist du gezwungen, Mittel zu suchen, um zu vergessen. Diesen Winter habe ich in Stumpfsinn verbracht. In gewissem Umfang. Es gab weder Freunde noch Bekannte. Keine großen Gemütswallungen. Aber Ilka. Und der lastende Druck des Krieges. Nein, ich habe kein starkes Leben geführt. Habe auch nicht viel gelesen. Aber jetzt beginnt der Frühling. Was wird er bringen? Die häufige Langeweile saugt einen aus. Könnte ich mich doch von diesem Wien lösen und in die Welt hinausgehen! Auch diese

Stundengeberei! Ich muß die Umgebung wechseln. Mich aufraffen.

Wien, Donnerstag, den 10. Mai 1917

Endlich hat unsere Beziehung aufgehört. Das Grauen, das mir Ilkas grandiose Erkenntnis unwissentlich, im Innersten, verursachte, hat mich heute in voller Größe und Tragweite überfallen. Sie selbst betrachtet sich als Genie, auch wenn das ein wenig lächerlich erscheint. Danach hätte ich mich bis zum Bersten aufblasen müssen, wenn ich in ihrer Gesellschaft bestehen wollte – und das ist mir unmöglich. Ich persönlich habe in all den Tagen unserer Freundschaft keinen Genius bei ihr entdeckt. Ich spürte ungeheure Geisteskraft bei ihr. Über das gewöhnliche Maß der meisten Frauen und auch vieler Männer hinaus. Von der ersten Stunde unserer Bekanntschaft an witterte ich bei ihr ein hohes Maß an Männlichkeit und große Begabungen, aber Genie war da nicht vorhanden. Heute nun hat sie mir offenbart, daß sie sich für ein Genie hält – und eine Kluft ist zwischen uns aufgebrochen. Ich kann nicht mit ihr gehen. Da fühle ich meine Männlichkeit beleidigt. Ich kann nicht mit einer Frau befreundet sein, die ihre geistigen Fähigkeiten über meine stellt. Weswegen sollte sie mich lieben? Wegen meiner körperlichen Schönheit? Nein! Das ist nicht nach meinem Geschmack. Und überhaupt, wenn ich das wirklich glaubte, könnte diese Überzeugung mich zum Selbstmord treiben. Dieses Bewußtsein kann ich unmöglich ertragen. Man wird doch nicht die Weltordnung auf den Kopf stellen: daß sie mich wegen meiner Schönheit liebt und ich sie wegen ihres Geistes. Etwas in mir ist gestorben. Abgetötet. Ich empfinde auch ein wenig Haß auf sie. Eine Frau stärker als ich! Obwohl klar ist, daß sie mich noch liebt. Trotzdem, was heute zwischen uns vorgefallen ist. Ich habe ihr die Dinge rundheraus gesagt. Ohne jede Beschönigung.

Denn was ist passiert? Eigentlich glaube ich nicht an den Wahrheitsgehalt ihrer Worte, aber ich kann es nicht ertragen, daß sie daran glaubt. Und ich hege Zweifel. Den ganzen Tag habe ich Höllenqualen gelitten. Mit einer solchen Tatsache kann ich mich nicht abfinden. Soll ich denn auf Ilkas Geist angewiesen sein?! Wenn sie mich wirklich übertrifft, habe ich nichts auf dieser Welt zu suchen. Und in Gesellschaft einer solchen Frau leben kann man nicht. Auf keinen Fall. Aber ich wollte ja schon lange mit ihr Schluß machen. Wollte zu meiner Einsamkeit zurückkehren. Konnte ihr jedoch nicht weh tun. Ihr die Welt zugrunde richten. Jetzt ist die Zeit gekommen. Abgesehen davon hing ich an hier. Liebte sie in gewisser Hinsicht. Oder liebte ihre Liebe zu mir. Ich selbst habe mich nicht geliebt. Wußte nicht, für wen oder was ich lebe. Ich liebte es, daß sie mich liebte. Und vielleicht wollte ich, unwissentlich, durch sie an mich glauben. Doch jetzt ist das Gebäude zerstört. Wenn sie nicht meine geistige Überlegenheit eingesteht. Und warum wollte ich, daß gerade sie das eingestand? Weil sich alles um diese Achse dreht. Um die Achse der Liebe. Ich übertreffe also nicht eine Frau, die über dem normalen Niveau steht. Das tut weh. Denn was bin ich wert? Damit kann man sich nicht abfinden. Entweder ist ihr Gebäude wahr, dann bin ich zum Tode verurteilt, oder es steht auf unsicherm Grund – und auch dann muß ich ja Schluß machen. Die Frau muß klar erkennen – nein, das nicht unbedingt. Ich wollte sagen – muß instinktiv die Überlegenheit des Mannes über sich spüren und diese Überlegenheit bewundern. Nur dadurch kann sie ihn lieben.

Wien, Mittwoch, den 22. Mai 1917

Wir haben uns nicht getrennt. Sie hat ihre Worte dementiert. Das heißt, sie anders ausgelegt. Und das ist ein schlagender Beweis. Sie liebt mich. Andernfalls wäre es unmöglich. Oder Selbstbetrug. Aber trotzdem bin ich erschöpft. Im einfachen Sinne des Wortes. Meine physischen Kräfte schwinden von Stunde zu Stunde. Und damit – die psychischen. Völlige Gleichgültigkeit gegenüber allem. Furchtbare Schwäche sickert mir in die Glieder und macht sie zittern. Ich kann nicht gehen. Schlicht und einfach. Vor Blutarmut. Mangels nahrhaftem Essen. Wegen recht viel Liebe angesichts der jetzigen Bedingungen. Und die Folge: absolute Schwäche. In jeder Hinsicht. Und es gibt keinen Ausweg. Derselbe Krieg! Ich sehne mich nach Einsamkeit. Und nach Veränderung der Lage. Oft wird mir Ilkas Gesellschaft schwer. Wien habe ich zum Brechen satt. Wenn Ilka nicht bei mir ist, sehne ich mich gelegentlich nach ihr, doch wenn sie da ist – leide ich. Ich quäle sie. Und sie quält mich. Das wird häufig passieren. Ich verspüre ja den inneren Drang, ihr weh zu tun, sie zu schlagen, mit Füßen zu treten. Denn meine Nerven sind erregt. Vor lauter Körperschwäche. Und ich brause leicht auf. Auch Schmerzen spüre ich häufig. An den Schläfen, in der Brust, am Herzen und auch im Bein. Ich bin erschlagen. Sehe keine Existenzmöglichkeit, wenn ich nicht die Umgebung wechsle. Manchmal sehne ich mich auch nach der Haft. Nach Markl. Furchtbare Eintönigkeit. Der ganze Schwung auf Null. Keine Lust zu irgendwas. Alles geschieht routinemäßig. Auch die Last des Hungers ist nicht spürbar genug. Völlige Apathie. Nicht einmal Freunde braucht man. Man braucht gar nichts. Im Gegenteil. Jegliche Gesellschaft belastet mich. Ich bin ja verloren. Der Krieg wird nicht aufhören. Wäre er zu Ende, könnte ich vielleicht nach Rußland fahren und mich im Haus meiner Schwester ein paar Monate erholen. Diese Ilka! Klar, daß auch ich sie liebe. Aber nicht immer. Zuweilen. Und die ganze Affäre hat mit einem Scherz angefangen. Mir wurde leichtsinnig zumute, und als wir am zweiten Tag unserer Bekanntschaft in ihrem Büro allein waren, habe ich sie geküßt. Nur zum Spaß. Weil ich ihr anmerkte, daß sie es gern wollte. So wurde ich in die Falle gelockt. Sie läßt nicht von mir ab. Und ich möchte ihr oft Leid bereiten. Vielleicht – weil ich im tiefsten Innern ihre geistige Überlegenheit mir gegenüber spüre und mich an ihr rächen will. Oder es drückt sich in meinem diesbezüglichen Verlangen mein Haß auf Frauen allgemein aus. Ich ertrage keinerlei Beeinträchtigung meiner Ehre, keinen Stich ihrerseits. Ich muß mich rächen. Und zuweilen hasse ich sie tödlich. Ich wäre in solchen Momenten fähig, sie zu schlagen. Auch zu töten. Meine Nerven sind gereizt. Ich hätte gern, daß sie mich liebt, aber ohne mir meine Ruhe zu rauben. Daß sie mir ihre Seele hingibt, ohne jedwede Gegenleistung zu verlangen. Ich – ich bin nicht imstande, irgendwelche Opfer zu bringen. Mir fällt es schwer, auch nur ein Haarbreit meines Eigenwesens, meiner Gewohnheiten aufzugeben. Und die Dinge sind lang und ermüdend.

Wien, Mittwoch, den 18. Juli 1917

Wien existiert noch für mich. Man kommt nicht aus diesem Morast heraus. Und meine Kräfte schwinden. Von Stunde zu Stunde. Ich kann keine zehn Schritte mehr gehen. Die Schwäche in den Knien. Und in allen Gliedern. Auch Schlaflosigkeit, Kopfschmerzen. Die Beschwerden hören nicht auf. All das rührt vom Hunger her. Dem von jetzt und dem von früher. Es gibt keinen Ausweg. Derselbe Krieg. Wäre er nicht, würde ich ans Ende der Welt gehen. Ich will nicht dahinsiechen. Leben oder sterben. So ein Stumpfsinn! Ich bin zu nichts fähig. Mein Hirn arbeitet nicht mehr. Haft in Neuauflage. Oder in ‹moderner›, wie die Leute in Erez Israel sagen. Welches Ende werde ich nehmen? Es fehlen die Kräfte. Die Konzentration. Sogar lesen, etwas Leichtes, gar nicht Tiefschürfendes lesen ist unmöglich. Und Hunger. Im wahrsten Sinne des Wortes. Ach, dieses verfluchte Siechtum! Nur ein bißchen Ruhe. Ein paar Monate zum Ausruhen. Ohne all die schönen Dinge, all die Mühen und Sorgen, die Freundschaft und Kameradschaft – kurz: Ruhe. Die Ilka ist für einen Monat verreist. In die Sommerfrische. Eigentlich kann ich ohne sie leben. Habe es immer gekonnt. Doch es verletzt mein Selbstwertgefühl, wenn ich sie in Verdacht habe, daß ihre Liebe ein wenig abkühlt. Heute beispielsweise schäume ich vor Wut auf sie, weil sie keinen Brief geschickt hat. Ich hege dauernd Verdacht. Und die Dinge sind langwierig. Ich fürchte ja, daß sie dort ein Techtelmechtel mit einem anderen beginnt. Sie wäre dazu fähig. Wie jede dazu fähig ist. Es gibt ein einziges Mittel, und zwar: Wenn man nicht auf sie aufpassen kann – sie für immer verlassen. Möglicherweise gibt es ein paar, die treu sind. Überhaupt weggehen und fertig.

Wien, Samstag abend, den 23. Februar 1918

Ich schreibe nicht. Jedoch nicht, weil ich im Lauf der Zeit weiser geworden wäre. Vielleicht, weil ich törichter geworden bin. Es hat sich nichts verändert. Auch nicht der häufige Hunger. Er hat nur die Form gewechselt. Alles ist mir überdrüssig. Wie zuvor. Obwohl ich zum Dichter gekrönt worden bin. Gottbegnadet. Es ist nichts Wahres an all diesen großartigen Worten, wie schon früher nicht. Und Ilka. Sie will mich heiraten, das heißt, meine Frau werden. Nach jüdischem Gesetz. Bitteschön. Sie kennt mich noch nicht. Trotz der vielen Streitigkeiten und Versöhnungen im Laufe unserer Freundschaft. Sie hält mich für einen beständigen Burschen. Die Ärmste. Auch Krankheiten habe ich durchgemacht. Eine Krankheit, die alle anderen einschließt. Diese Gliederschwäche und geistige Mattigkeit. Unablässige Kopfschmerzen. Und die Lebenslust, die trotz aller Windungen und Grimassen in mir steckte, versiegt mehr und mehr. Apathie gegenüber allem. Und dieser Krieg! Ohne ihn wäre man vielleicht etwas beweglicher. Könnte reisen. Ich sehne mich ja auch nach ein wenig Einsamkeit. Menschliche Gesellschaft fällt mir schwer. Manchmal auch Ilkas Gesellschaft. Obwohl ich sie gern habe. Sie ist mir lieb geworden, diese Frau. Viele Wege führen zu Gott. Anfangs hatte ich Mitleid mit ihr. Auch jetzt. Doch ich liebe sie. Aber ein wenig Einsamkeit brauche ich trotzdem. Begriffsverwirrung – mir ist seit meiner Freilassung kein Haarbreit klargeworden. Gar nichts. Ich stehe immer noch so dumm vor der Welt wie zuvor. Begreife nichts. Auch nicht mich selbst. Dabei bin ich achtundzwanzig Jahre alt. Oder sollen wir uns bemühen, die Zeit soweit wie möglich zu genießen, trotz Ausweglosigkeit. Und wieder dieses Hand-an-sich-Legen. Ich begreife diesen ganzen ‹Jubel› nicht usw. Selbst nachdem ich Schopenhauers Philosophie gelesen habe.

Wien, Samstag, den 6. März 1918

Jetzt bin ich auch noch ein bißchen krank. Und der Hunger. Der Frühling ist bereits in voller Pracht eingekehrt. Aber das Alter erblüht nicht zu neuer Jugend. Und ich bin ja praktisch ein alter Mann. Es gibt kein staunendes Erwachen. Alles nur äußerlich. Ohne Beteiligung des ganzen Wesens, wie es in der Jugend der Fall ist. Man verkommt. Und diese furchtbare Müdigkeit! Die fehlende Lust auf irgendwas. Und das Stechen im Herzen. Wo kann man sich ausruhen? Alles ermüdet mich. Sogar zuviel reden mit jemandem im allgemeinen. Und zuviel gehen erst recht. Altbekannte Dinge. Es gibt keinen Ausweg.

Wien, Dienstag, den 13. August 1918

Ich habe alles satt wie zuvor. Jegliche Berührung mit Menschen ärgert mich sehr. Besonders widerwärtig und wuterregend ist mir die Berührung mit jenen vortrefflichen Menschen, die die Welt erlösen wollen. Diese Weltverbesserer – wieviel Falschheit und Unnatürlichkeit liegt in ihrem Wesen. Unsympathisch vom Scheitel bis zur Sohle. Besser sind da die einfachen Leute, die geistig Unbedarften, die nichts als einen Magen haben. Ihre Gesellschaft ist gewiß langweilig, verursacht aber keinen Brechreiz. Nein! Ich gehöre nicht zu ihnen. Sobald ich sie los bin, habe ich das Gefühl, mich in der Gosse gesuhlt zu haben. Und all die vermeintlichen Genies. Ilka hat recht. Sie hat ausdrücklich verlangt, daß ich mich von ihnen fernhalte. Obwohl ich ihnen nie nahegestanden habe, traf ich früher doch des öfteren mit ihnen zusammen und nahm an ihren Gesprächen und Affären Anteil. Und das ist schädlich. Ihre Wege sind nicht meine Wege. Kein Beseelter darf ihnen im geringsten nahekommen. Weil er sich sonst an ihnen besudelt. Sie sind doch ausgelutschte Feigen. Haben weder die Unschuld der Gerechten noch die Bosheit der Schlechten. Nur schmählichen Kleinmut.

Wien, Montag, den 25. Mai 1919

Es ist ein Jahr her, seit ich aufgehört habe zu schreiben. Wegen des Vorhandenseins einer beichtehörenden Seele. Und wegen – wegen Trägheit und Zerstreutheit. Ich bin aus mir herausgegangen. Indem ich mich in einen anderen versetzt habe. Bin äußerlich geworden. Und im Innern ist nichts. Daher ist die Schreibpause natürlich. Und wieder warte ich auf Veränderungen. Auf jeden Fall. Obwohl ich ihr ja treu ergeben bin, der Ilka. Habe sie sogar fürsorglich zur Frau genommen. Ordnungsgemäß... hihi. Wegen des Geschlechtstriebs, der sich bei Gebrauch entwickelt, und weil man eine Menschenseele braucht, und weil ich sie liebe, und weil – sie es möchte. Denn bei meinem Anblick brach sie zusammen, und die Schwermut nahm überhand. Man kann nicht atmen. Kann nicht. Und man braucht eine Menschenseele. Sie sind alt geworden, Herr Vogel, wirklich alt! Legen sie die Totenkleider bereit! Wien wirkt erstickend. Man bekommt keine Luft. Und mein ganzes Leben verlangt nach Auszug aus der Großstadt. Einzug in ein einsames, dürftiges Zelt an entlegenem Waldesrand, um in Ruhe zu leben. Fern dieser ganzen Rotte, dieser Bande von vermeintlichen Schriftstellern, die die ganze Umgebung mit Fäulnis und Gestank überziehen. Auch wenn ich nicht häufig mit ihnen in Berührung komme. Fern aller Menschenwesen, ohne jede Ausnahme. Und wenn Ilka mitkommt, kommt sie mit. Alles, was den Stempel der Großstadt trägt, regt mich auf. Verursacht mir Brechreiz. Der Zwang, wie ein gewöhnlicher Mensch auszusehen, schleift die Eigenart ab. Das Leben zu mehreren, auch zu zweit, verringert die Eigenarten des einzelnen.

Wien, Sonntag, den 14. Dezember 1919

Seit einem halben Jahr bin ich ordnungsgemäß verheiratet – und schon mußte ich ein Sechsmonatskind, eine Tochter, begraben, wegen Ilkas Krankheit. Auch Liebe habe ich für diese Fehlgeburt empfunden. Und es tat mir leid um sie. Aber man mußte die Mutter retten, und so haben wir die Tochter umgebracht. Und ich bin ihr schon verbunden, der Ilka, mit Wagenseilen. Doch jetzt ist sie nicht hier. Seit eineinhalb Monaten. Und ich verfalle von einem Zustand der Verzweiflung in den nächsten. Und die Ruhe hat sich noch nicht eingestellt. Im Gegenteil, die letzten Monate, Ilkas Krankheit, die Operation, die man an ihr vorgenommen hat, und die Geldsorgen haben meine Nerven zugrunde gerichtet. Jetzt bin ich ein Scherbenhaufen. Die Ehe an sich macht nichts aus. Obwohl die Sorge für zwei schwerer ist als für einen. Und die Verantwortung ist groß. Ilka liebe ich jetzt ja siebenmal mehr als vor der Hochzeit, weil sie mir vorbehalten ist, zu meiner Hilfe. Und nicht von mir gehen wird. Und selbst, wenn sie geht – eigentlich sind mir Leiden lieb. Allerdings Leiden, die etwas Schönes an sich haben. Nicht die verächtliche Sorge ums Brot. Ich würde gern weit von hier weggehen, mit Ilka, meiner Gefährtin, um mich in einem abgelegenen Wald zu erholen. Wir können uns ja sowieso nicht ernähren. Und auch diese Marktgänge! Die Besucher aller Arten schreien sich die Lunge aus dem Leib. Einer preist an, der andere rügt, und es herrscht kein Frieden. Diese Dinge ärgern mich – und meine Seele findet keine Ruhe. Obwohl es doch alles äußerliches Gerede ist – reiner Unsinn: Ich werde weder wachsen, wenn man mich in den Himmel hebt, noch schrumpfen, wenn man mich erniedrigt – was also interessiert mich das?! Letztlich bin ich jeden Inhalts entleert. Ich habe keine Gedanken und Gefühle mehr, nur Stumpfsinn und Langeweile – und daher die Jagd nach Mitteln zum Vergessen und Berauschen. Ich bin mir selbst zur Last. Die Einsamkeit fällt mir schwer. Allein mit mir. Und das ist mir ein schlechtes Zeichen. Ich erinnere mich noch an den kranken, nervösen Czernjawsky. Ich habe mich immer gewundert, daß er menschlicher Gesellschaft nachjagt und keine Einsamkeit verträgt. Ein schlechtes Zeichen! Ein Zeichen dafür, daß der Mensch keine Erinnerungen und Gedanken mehr hat – gar nichts. Auch mein Gesundheitszustand ist nicht einwandfrei. Und es kehren keine schöpferischen Momente mehr wieder, was mich zur Verzweiflung bringt. Die alten Dinge gefallen mir nicht mehr, und neue entstehen nicht – summa summarum: weder Mehl noch Tora, und gar nichts. Wäre die süße, kleine Ilka hier – würde ich mich vielleicht wieder aufraffen.

Mittwoch, den 2. Februar 1921

Jetzt habe ich also Tuberkulose. Rund ein Jahr. Auch Ilka. Ich liege nun hier in einem Krankenhaus außerhalb der Stadt. Und ich – mein Seelenleben ist fast erloschen. Den ganzen Winter über hat Ilka auf dem Krankenlager zu Hause gelegen. Und ich wurde in meinem Eigenleben gestört. Meine Nerven sind geschwächt. Letzte Woche ist sie weggefahren. Doch ich freue mich nicht darüber. Ich bin sehr erschöpft. Der Dichtergeist beseelt mich nicht mehr. Auch das löst große Trauer und Verzweiflung aus. Das ist die einzige Stütze. Und wenn die zerbricht – aber ich begehre gar nicht zu sterben. Nicht wie früher. Wenn meine Zeit gekommen ist, werde ich mich natürlich droben nicht beschweren. Das ist nicht meine Art. Auch die physische Schwäche und die häufigen Erkältungen deprimieren mich. Ich habe keine Hoffnung. Stumpfsinn und nichts als Stumpfsinn.

Mittwoch, den 2. August 1922

Welche Neuerung ist bei mir eingetreten? Gar keine. Ich bin nicht gestorben. Bin nicht genesen. Ilka ist nicht gesund geworden und zieht von einem Kurort zum anderen, weil sie in Wien nicht sein darf. Und die ewige Sorge ums tägliche Brot. Und die Unzufriedenheit mit mir selbst. Und das Alter. Und die häufigen körperlichen Schwächezustände. Was soll aus uns werden? Denn wir sind zwei, ob ich will oder nicht. Ein Gedanke erfüllt ständig mein ganzes Dasein: Geld. Denn diese Sorte ist nicht vorhanden. Habe ich nie gehabt und werde ich nie haben. Woher denn? Ich brauche es, mehr als in früheren Jahren. Wegen Ilkas Krankheit. Und Ilkas Herz ist mir gegenüber abgekühlt. Naturgemäß. Oder nicht naturgemäß. Es fehlt jetzt der Schmerz, der der Liebe innewohnt. Vielleicht auch die ganze Liebe. Wer kennt des Menschen

Herz? Und man braucht ein treu ergebenes Herz, denn die Bürde ist schwer. Und der Rücken ist längst schon gebeugt. Zweiunddreißig Jahre Mühsal und Schmerz darfst du nicht geringachten! Es sind manche darunter, die einen stärkeren Rücken als meinen zu beugen vermöchten. Und die Momente der Einkehr sind selten, denn die Mühe ist groß. Und die Sorgenlast drückt. Ich warte nicht mehr auf eine Veränderung zum Guten. Der Verfall hat längst bei mir eingesetzt. Und ich lebe in völliger Einsamkeit. Es ist alles egal. Auch wenn Ilkas Herz von mir abrückt. Ein leidgeprüfter Esel. Erfahren in Leiden jeglicher Art. Und wenn der Tod kommt – der Mensch sehnt sich ja nach ein wenig Ruhe. Sämtliche Glieder schreien nach Ruhe. Es fehlen die Kräfte! Auch die geistigen. Und es gibt keine Lebensfreude. Ich bin des Tragens müde. Wozu das Ganze? Aber solange Seele in mir ist – besteht das Verlangen nach einer Frau, nach vielen Frauen. Wäre nur Ilka hier! Auch die Langeweile ist furchtbar. Wie werde ich enden? Ein Mensch lebt und quält sich all seine Tage – und weiß nicht, warum und wofür. Allerdings, versäumt hat er nichts. Denn der Tod – ist eben Tod und geht nicht verloren. Doch die Sache ist sehr schwierig und kompliziert. Und wo soll man Ruhe finden? Ein wenig Ruhe für Körper und Seele. Denn es gibt keine Kräfte. Auf keinen Fall.

Alle zogen in den Kampf

Stampfende Truppen in der ganzen Welt,
Alle zogen in den Kampf.

Mordeswind wütet unterm Himmelszelt –
Doch ich bin im Moment noch hier...

       Hauteville, 10. 12. 1941

Am 3. September 1939 hat Frankreich Hitler den Krieg erklärt. Am 4. des Monats klebten schon im ganzen Land, in jeder Stadt und noch dem entlegensten Dorf, Anschläge an den Wänden, die besagten, daß jeder, der aus dem Deutschen Reich stamme (mit dem handschriftlich hinzugefügten Vermerk: *aus dem heutigen Großdeutschen Reich*), im Alter von siebzehn bis fünfzig Jahren (einen Tag später wurde die Anordnung geändert: auch von fünfzig bis fünfundsechzig) sich innerhalb von vierundzwanzig Stunden auf eigene Rechnung in Sammellagern für Ausländer einzufinden habe. Andernfalls werde er von der Polizei festgenommen. Mitzubringen seien Verpflegung für zwei Tage, Wolldecken – zwei kleine oder eine große –, Wäsche, Kleidung, Schuhe usw. Jeder dieser Anschläge verzeichnete ein bestimmtes Sammellager, nach Departements getrennt, zumeist in der jeweiligen Hauptstadt, dem Sitz der Departementsgendarmerie.

Am 2. September habe ich noch den letzten Zug erreicht: Paris–Bourg–Chambéry. Um siebzehn Uhr war ich mit meiner zehnjährigen Tochter schon auf dem überfüllten Bahnhof, inmitten von Männern, Frauen, Kindern, Gepäckstücken aller Größen, Erwachsenenrufen, Säuglingsgeschrei, Stimmengewirr, Tumult. Ich saß mit dem Kind zwischen Bergen von Koffern eingekeilt, eigenen und fremden, die Beine eingeschlafen, und vermochte um keinen Preis sicher festzustellen, ob dieser Zug nun an meinem Bestimmungsort halten würde oder nicht. Kein Mensch wußte das. Jeder Bahnbeamte gab eine andere Auskunft, die der vorherigen widersprach. Von Zeit zu Zeit bat ich einen der zahlreichen Pfadfinder, Mädchen und Jungen, die in der großen, glasüberdachten Halle des Gare de Lyon den Reisenden behilflich sein wollten, etwas für mich zu erfragen. Die Angesprochenen liefen auch bereitwillig los, kehrten jedoch jeder mit einer anderen Auskunft zurück, und ich blieb im ungewissen. Um 18 Uhr 30 setzte sich die tausendköpfige Menge schiebend und drängelnd in Bewegung, mit Koffern, Bündeln, schreienden Kindern und Pfadfindern als Gepäckträger. Langsam wurden wir mitgetrieben, mehr in der Luft schwebend als gehend, bis es mir schließlich gelang, mich in irgendeinen Waggon zu zwängen. Und Gott sei Dank: alles war da. Die Kleine war heil mitgekommen, und kein Gepäckstück fehlte. Sogar ein Plätzchen zum Sitzen fand sich. Gegen zwanzig Uhr fuhr der Zug ab, und nach dreizehn Fahrstunden, statt sieben, mit einmal Umsteigen (noch gnädig abgegangen!) kamen wir am Vormittag doch noch an – aufgelöst, schmutzig, hungrig, durstig, ohne Schlaf.

Sofort ging ich zum Rathaus und zur Gendarmerie. Daß die Anordnungen auch mich betreffen sollten, konnte ich nicht glauben. Ich als früherer Österreicher und seit langem in Frankreich lebender Jude war gewiß kein Freund Hitlers, ausgelöscht sei sein Name, sondern ganz im Gegenteil ein Freund Frankreichs, das dem Unmenschen jetzt ein Ende bereiten, ihn für immer aus der Welt schaffen würde. Ich fragte mehr als einmal nach. Denn in Zeiten wie diesen muß man sichergehen, schließlich herrscht Krieg auf der Welt. Auf dem Bürgermeisteramt wie auf der Gendarmerie antwortete man mir jedesmal, ich sei nicht gemeint, nein, ich doch nicht – ehemaliger Österreicher, Jude, die Österreicher sind schließlich keine Deutschen, die Österreicher werden wir befreien, werden ihnen ihre Souveränität zurückgeben, wir werden alle kleinen Nationen befreien, wir kämpfen für die Freiheit und Gleichheit aller.

Jedesmal kam ich äußerlich beruhigter zurück. Die Sache war logisch. Ich bin Ex-Österreicher, bin Jude, gegen uns kämpft Frankreich nicht, wir sind keine Angehörigen einer Feindnation. Aber irgendwo im Innern gärte die Unruhe weiter. Es herrscht Krieg, und man kann nie wissen!

Noch Ende August, nachdem die Generalmobilmachung ausgerufen worden war, hatten die Zeitungen gemeldet, alle Staatenlosen – ehemalige Österreicher usw. – müßten sich zur ‹Registrierung› bei den Gemeindeämtern melden, und zwar jeweils an bestimmten Tagen nach dem Anfangsbuchstaben ihrer Familiennamen, angefangen bei A, B, C und so fort, andernfalls sie das Aufenthaltsrecht in Frankreich verlieren würden. Mit meinem Namen, Weichert, sollte ich mich erst am 4. Oktober auf dem Ordnungsamt des 15. Arrondissements, meines Wohnbezirks, einfinden. Vorsichtshalber hatte ich Paris jedoch am 2. September mit dem letzten noch für Zivilisten zugelassenen Zug verlassen, um meine Tochter zu ihrer Mutter nach Hauteville zu bringen. In Kriegszeiten kann man nie wissen, da sollte das Kind lieber bei seiner Mutter sein, damit die Familie für alle Fälle nicht völlig auseinandergerissen wurde, ohne Nachricht voneinander zu haben. Und jetzt, Ende September bereits, mußte ich nach Paris zurückfahren, um an dem bestimmten Termin im Amt zu erscheinen, doch es gelang mir partout nicht, die (auch für Franzosen, Männer wie Frauen) erforderliche Reisegenehmigung zu erwirken. Auf Bürgermeisteramt und Gendarmerie hieß es, ich sei nicht verpflichtet, nach Paris zu fahren. Es sei denn, ich hätte private Dinge zu erledigen. Andernfalls, nur des Meldens wegen, sei die Reise überflüssig, schade um vierhundert Francs für nichts und wieder nichts. Melden – das hatte ich ja hier schon getan. ‹Sie sind bei der hiesigen Gemeinde gemeldet? Das genügt! Eine Reisegenehmigung kann durchaus erteilt werden, aber erst in vierzehn Tagen. Am 4. Oktober können Sie unmöglich in Paris sein. Bis zum Zehnten oder Fünfzehnten des Monats – das schon, aber am Vierten – nein!› So sagte man mir auf dem Bürgermeisteramt und auch bei der Gendarmerie.

Na, sie hatten ja recht. Es war wirklich nicht notwendig, das schöne Geld für eine Parisfahrt zu verpulvern.

Am Nachmittag des 3. Oktober saß ich in meinem Pensionszimmer über einem Buch. Gegen vier Uhr sollte ich meine Frau besuchen, die sich nicht wohl fühlte. Aber jetzt war es erst drei. Wie angenehm, in aller Ruhe zu lesen. Die Tage waren noch mild und schön. Durchs offene Fenster wehte der friedliche Geruch von Heu und Kühen, und aus der Ferne schallten die lachenden Stimmen spielender Kinder herüber. Irgendwo im Innern nistete sogar Hoffnung, daß alles gut werden würde, wie früher, alles. Die Frau würde wieder zu Kräften kommen, gewiß. Und ‹wir› würden den Feind besiegen, und zwar schnellstens...

Plötzlich drangen Männerstimmen von draußen herein. Offenbar riefen sie meinen Namen. Sogleich antwortete die kratzige Stimme der molligen Pensionswirtin, Mme. Marie: ‹Gewiß ist er oben. Um diese Zeit ist er gewöhnlich auf seinem Zimmer. – M. Wescheer!›, rief sie lauter (sie sprach meinen Namen französisch aus), ‹Gendarmen fragen nach Ihnen!› Aha, durchzuckte es mich. ‹Ich komm sofort runter!› rief ich. Da war das Unheil! Ich schnappte Hut und Regenmantel (wozu der Mantel? Es war ja noch schön warm, und von Regen keine Spur) und ging hinunter.

Gleich zwei Gendarmen warteten unten. Wir kannten uns, der Ort war ja klein. Fast täglich waren wir uns beim Spaziergang auf der Straße begegnet, hatten *bonjour* gesagt. Und außerdem war ich ja häufig zu ihnen gelaufen, um in meiner Angelegenheit nachzufragen. Aber jetzt taten sie auf einmal fremd, als sähen wir uns zum erstenmal im Leben. Mit starrer Amtsmiene erklärten sie mir kühl: ‹Sie kommen mit auf die Gendarmerie! Wir haben Anweisung von der Bezirkswache in Bourg, Sie ins Sammellager zu überführen!› Ich kam mit. Hatte ja auch keine Wahl! Mit gesenktem Kopf und plötzlicher Schwere in den Beinen trottete ich zwischen den beiden Gendarmen durch die stillen Gassen des Dorfes...

In dem schmalen Hausflur standen meistens mehrere Fahrräder und ein Motorrad an die Wand gelehnt. Auf der rechten Seite des Gangs, neben der Tür zur Gendarmenstube, baumelte das dicke Seil einer großen Glocke an der Wand, und darunter prangte ein kleines Schild in Druckbuchstaben: *Wenn niemand im Büro ist – bitte laut klingeln.*

Die Wachstube war ein schmuddeliger kleiner Raum, erfüllt von scharfem Zigarettengeruch, der in Augen und Rachen brannte und Hustenreiz auslöste. Zwei Tische, mehrere Stühle, an der Wand zwei verstaubte Aktenschränke bildeten das Mobiliar. An einer Wand, nahe der Tür, hingen dunkle Uniformmäntel auf Kleiderbügeln; daneben baumelten ein paar kurze Gewehre an ihren Riemen und zwei, drei Pistolen in beigen Ledertaschen. Außer den beiden Gendarmen, die mich abgeholt hatten, befanden sich noch drei weitere in dem stickig heißen Raum, dessen vergittertes Fenster geschlossen war. Der dichte Qualm billiger französischer Zigaretten mischte sich mit penetrantem Schweiß- und Ledergeruch. ‹Bitte nehmen Sie Platz›, einer der Gendarmen wies auf einen Stuhl, ‹der Chef kommt gleich.› Ich setzte mich, den Hut auf den Knien. Ich war schlapp, der Kopf wurde mir schwer, drohte zu bersten, und nur ein Gedanke bedrängte mich hartnäckig: Jetzt ist es aus... Ich bin in ihren Händen, bin ihnen ausgeliefert... die Frau ist krank, allein, das Kind bei Fremden – und ich bin ihnen hier ausgeliefert...

Wohl eine halbe Stunde später trat der Chef ein. ‹Aha, da sind Sie ja!› rief er, als hätte es sie viel Mühe gekostet, mich herzubringen. Über seinen mächtigen schwarzen Schnauzbart hinweg fixierte er mich lange streng mit seinen kleinen dunklen Augen. Der Bart beherrschte sein ganzes Gesicht. Ich stand schlaff und verloren vor ihm, im Regenmantel, den Hut in der Hand, ohne zu wissen, was ich sagen sollte. Fast verdächtigte ich mich selbst schon eines nie begangenen Verbrechens. ‹Sie müssen ins Sammellager für Ausländer gehen›, sagte er nach einer Weile, und wie mir schien, mit Bedauern, ‹Befehl von der

Bezirkswache. Hier, sehen Sie›, er zeigte mir sogar einen maschinengeschriebenen Bogen. Wahrhaftig! Übrigens hätte ich ihm auch so geglaubt. Dann fügte er in humanem Ton hinzu: ‹Aber lassen Sie sich nicht beunruhigen. Nur für zwei Tage, höchstens drei. Bis die Untersuchungskommission Ihren Fall überprüft hat.› Er zeigte mir ein weiteres Papier. ‹Danach kommen Sie wieder.› Ich wandte ein, ich könne nicht einfach so mir nichts, dir nichts auf und davon fahren. Müsse doch wenigstens einen Koffer packen, mich von Frau und Kind verabschieden, ein paar Dinge regeln. Denn ehrlich gesagt glaubte ich nicht, nach drei Tagen wieder zurück zu sein; sogar bei drei Monaten konnte man noch von Glück reden. Ich ahnte schon, daß es eine lange Geschichte werden würde. Das Arbeitstempo französischer Behörden, so sie überhaupt tätig wurden, war mir hinreichend bekannt; braucht man sie, ist das eine Geschichte ohne Ende. Jede unwichtige Kleinigkeit dauert eine Ewigkeit. Nach viel Wenn und Aber ließ der Gendarmeriechef sich erweichen. Er nahm den Telefonhörer auf, um die Abfahrtszeit des Zuges nach Bourg zu erfragen. Zum Glück ging der früheste Zug erst am nächsten Morgen um halb acht. ‹Gut›, sagte er schließlich, ‹wir dürfen Sie nicht freilassen. Aber da der Fall ungewöhnlich ist, die Frau krank, werden wir ein Auge zudrücken. Doch Sie müssen uns Ihren Personalausweis aushändigen und uns Ihr Ehrenwort geben, daß Sie zurückkommen. Ich vertraue Ihnen, aber Sie müssen auch verstehen, wir tragen die Verantwortung. Dem Gesetz zufolge dürfen wir Sie nicht allein ausgehen lassen. Gut, Sie dürfen jetzt gehen. Aber um Punkt halb sechs müssen Sie wieder hier sein. Punkt 17 Uhr 30! Wir müssen ein Protokoll anfertigen. Danach können Sie die Zeit bis sechs Uhr morgen zu Hause verbringen. Um sechs werden Sie an der Bushaltestelle den Gendarmen treffen, der Sie nach Bourg begleiten wird. Ich vertraue Ihnen!› fügte er mit unvermittelter Strenge hinzu. ‹Hören Sie? Abgemacht!› Und als ich schon halb draußen war, rief er mir nach: ‹Und erschrekken Sie Ihre Frau nicht. In zwei, höchstens drei Tagen sind Sie wieder da. Richten Sie ihr das von mir aus. Eine reine Formalität. Bis die Kommission alles überprüft hat. Sie haben die Anweisungen ja selbst gelesen.›

Ich ging zu meiner Frau, der Kopf schwirrte mir ... Sie lag mit geröteten Wangen und fieberglänzenden Augen im Bett. ‹Du bist heute spät dran›, sagte sie, ‹und ganz außer Atem. Bist du gerannt?›

‹Gerannt bin ich nicht›, entgegnete ich, und nach einer Pause: ‹Ich war auf der Gendarmerie. Sie haben mich abgeholt.› Meine Frau blickte mich ruhig und fragend an. ‹Ich muß nach Bourg gehen›, erläuterte ich ihr, ‹für zwei, höchstens drei Tage, ins Sammellager. Morgen früh um sechs. Der Gendarmeriechef hat mir ausdrücklich versichert, daß ich nach Ablauf von zwei, drei Tagen, sobald die Kommission meine Papiere überprüft und meinen Tätigkeiten nachgeforscht hat, wiederkommen werde. Trotzdem glaube ich, daß wir mit mehreren Wochen rechnen müssen›, fuhr ich gezwungen ruhig fort. ‹Ein paar Wochen wird's wohl dauern.›

Meine Frau lehnte sich im Bett zurück und schluchzte leise vor sich hin. Tränen rannen ihr über die geröteten Wangen. Ich versuchte ihr gut zuzureden, sie mit Argumenten aufzumuntern, die mir selbst hohl und unsinnig erschienen ... ‹Es ist Krieg›, preßte sie hervor, ‹wer weiß, wann wir uns wiedersehen.›

‹Es ist doch nicht so schlimm›, sagte ich, ohne meinen eigenen Worten Glauben zu schenken, ‹in ein paar Wochen bin ich wieder da. Vielleicht auch schon in ein paar Tagen, wie der Gendarmeriechef gesagt hat.›

Einen Moment später erwachte die gute, tüchtige Hausfrau in ihr. Besorgt erinnerte sie mich daran, ja nicht die warme Unterwäsche zu vergessen, sie läge im Schrank, zweites Fach rechts, Taschentücher auf der linken Seite und so weiter.

‹Jetzt muß ich in die Gendarmerie zurück. Danach komme ich wieder.›

Erneut saß ich in dem stickigen, verrauchten Zimmer, während das Protokoll aufgesetzt wurde. Der Gendarm mir gegenüber stellte die ewigen Polizeifragen: Vor- und Nachname, wann und wo geboren, Nationalität, Beruf, ob ich verheiratet sei (als wisse er es nicht), ob ich Kinder hätte, Name von Frau und Tochter, wann und wo geboren und so fort – ein langer Schwanz. Alles wurde in ein Notizbuch eingetragen. Der Gendarmeriechef saß die ganze Zeit am andern Tisch, rauchte und schrieb etwas. Weiter war jetzt niemand anwesend. Als das Protokoll fertig war, wurde ich aufgefordert, es durchzulesen und zu unterschreiben. Und wieder versicherte man mir, in zwei, drei Tagen sei ich gewiß zurück. Ich solle mir nur keine Sorgen machen. Und um die Wahrheit des Gesagten zu bestätigen, legte der Chef mir erneut die kopierte Verordnung vor und deutete mit dem Finger auf den Paragraphen für ehemalige Österreicher, deren Freilassung ‹möglich war›, nachdem die Kommission in jedem Einzelfall geprüft hatte, ob der Betreffende seine Loyalität gegenüber Frankreich – das heißt seine politische Unbedenklichkeit und seine offene Sympathie zum Gastland – hinlänglich nachgewiesen hatte, und zwar mittels eines ‹Loyalitätszeugnisses›, ausgestellt von einer wichtigen französischen Persönlichkeit oder einer bekannten und beim französischen Staat zugelassenen Vereinigung, oder daß sein Arbeitgeber ihn zur Sicherstellung der nationalen Verteidigung brauchte und sich für ihn verbürgte. Der Gendarmeriechef empfahl mir abschließend, noch heute abend Dr. Bonnefoi, den behandelnden Arzt meiner Frau, aufzusuchen, der auch als Gemeinderatsvorsitzender fungierte, und ihn um ein derartiges Loyalitätszeugnis zu bitten. ‹Besser, Sie nehmen gleich so was mit, statt hinterher lange darauf zu warten›, riet er mir freundschaftlich.

Durch die verdunkelten Straßen machte ich mich auf den Weg zu meiner Frau. Aus Furcht vor feindlichen Flugzeugen durften die Straßen nicht beleuchtet werden.

In den Häusern hatte man die Glühbirnen dunkelblau angemalt und die Fenster mit dicken Stoffen verhängt, damit kein Lichtschein ins Freie drang. Ich konnte nicht lange bei meiner Frau verweilen. ‹Nachher komme ich wieder›, versprach ich ihr und ging unverzüglich durch das stockfinstere Dorf zu Dr. Bonnefoi. Ich hatte Glück. Er war zu Hause. Nach einem anstrengenden Arbeitstag mit zahlreichen Hausbesuchen in den Privatpensionen und Sanatorien saß er nun in seinem stillen Wohnzimmer gemütlich in einem weichen Polstersessel, in Hemdsärmeln und Hausschuhen, und lauschte den Kriegsnachrichten, die in tiefem, stark gestörtem Baß aus dem großen Rundfunkapparat dröhnten. Sofort schaltete er das Radiogerät aus, und nachdem ich ihm den Zweck meines Besuchs erklärt hatte, setzte er sich an seinen kleinen Mahagonitisch und schrieb mir das bewußte Zeugnis. Dazu beruhigte er mich wärmstens: Ich solle es mir nicht zu Herzen nehmen, gewiß würde ich schnell wieder zu Hause sein, wir seien ja in Frankreich: ‹Die Franzosen sind nicht so ...› Mir flackerte der Gedanke auf, in genau demselben Ton beruhige er gewiß seine unheilbar kranken Patienten.

Weiter lief ich zum anderen Dorfende, zu meiner Tochter, die ich bei einer französischen Kleinbürgerfamilie untergebracht hatte. Das blonde Kind war schon im langen Nachthemd, kurz vorm Schlafengehen. Ich verabschiedete mich von ihr, sagte, ich müßte für einige Zeit verreisen, aber sie hatte schon sehr wohl verstanden, daß die Welt im Krieg war, und was das bedeutete. Sie dachte, auch ich sei zum Militär einberufen und würde Soldat. Schon verzog sie das Gesicht zum Weinen, aber ich ließ ihr keine Zeit dazu, ging vielmehr augenblicklich und hastete zurück zu meiner Frau ins Sanatorium. Alles lief schlafwandlerisch ab, wie im Traum, ohne Hunger oder Müdigkeit zu verspüren, von angespannter Nervosität getrieben. Es ging schon auf neun Uhr. Wieder konnte ich nicht lange im Sanatorium bleiben, um neun mußte man das Licht löschen und schlafen gehen. Wir unterhielten uns noch leise ein Weilchen, mit gespielter Gleichgültigkeit, ich erteilte meiner Frau ein paar Anweisungen hinsichtlich meiner Privatgeschäfte, und schließlich nahmen wir schweren Herzens Abschied. Schon vor der Tür, schien mir, sie schluchze dort drinnen, allein, im Dunkel des Hauses. Ich hätte schwören können, daß sie jetzt dalag und weinte. Na, was konnte ich machen?

Vor zehn Uhr war ich zurück in meiner Pension. Ich beglich die Rechnung bei der molligen Mme. Marie. Essen konnte ich nichts, der Appetit war mir vergangen. Bald ging ich in mein Zimmer hinauf und machte mich ans Kofferpacken. Es war schon Mitternacht, als ich fertig wurde. Jetzt verspürte ich furchtbare Müdigkeit, vermochte mich kaum noch auf den Beinen zu halten, aber schlafen konnte ich in dieser Nacht auch nicht. Ich legte mich hin, rauchte, und durch den Kopf schwirrten mir sämtliche Ereignisse, Gesichter, Worte des Tages. Wenn ich einnickte, schreckte ich gleich wieder hoch – da, es war Zeit. Ich zündete Streichhölzer an, blickte auf meine Taschenuhr: genau zehn Minuten später als vorher. So quälte ich mich bis gegen vier. Dann stand ich auf. Es lag immer noch Dunkelheit über dem Dorf, als ich mich mit meinem schweren Gepäck Schritt für Schritt, hin und wieder eine Ruhepause einlegend, zur Bushaltestelle schleppte. Um halb sechs kam ich an. Mein Gendarm war offensichtlich noch nicht da. Überhaupt kein Mensch. Die Luft war scharf und kühl, die Sterne blinkten noch. Mutterseelenallein stand ich in dem toten Dorf, schwitzend vom Schleppen, zitternd. Wartete auf einen Polizisten. Wozu? Wem sollte das dienen? Was hatte meinesgleichen mit Polizisten zu schaffen? Die schwarzen Bergsilhouetten mit ihren hochaufragenden Nadelbäumen zeichneten sich ringsum als massive, stumme Wand gegen den Himmel ab. Auch Katzen, Hunde, Kühe und Schafe schliefen noch. Nur ich wartete einsam auf einen Gendarmen.

Das Sammellager in Bourg

Der Soldat erhob sich und führte mich den kurzen, schmalen Gang entlang, der vor einer geschlossenen Tür endete. Er schloß auf, ließ mich mit meinem Gepäck eintreten und sperrte hinter mir wieder ab.

Ich blieb wie festgenagelt an der Tür stehen. In meinem Innern riß irgendwas entzwei. Das war das Ende – eingesperrt, in Gefangenschaft. Jetzt wurde mir zum ersten Mal bewußt, daß es kein Scherz, sondern bitterer Ernst war. Als hätte man mir mitten auf offener Straße vor aller Augen eine Ohrfeige versetzt, zutiefst beschämt, wie vom Donner getroffen. Vor mir lag ein großer Heuhaufen, notdürftig mit ein paar Decken abgedeckt, und zur Seite türmte sich – fast in der ganzen Länge von der Tür, zu der ich eben hereingekommen war, bis zur dunklen Ecke – eine Wand achtlos übereinandergestapelter Koffer und Taschen. In dem schummrig erleuchteten Raum hing der Kochdunst von Kraut und anderen Gemüsen, die in einem immensen Topf über zwei Spirituskochern auf der Fensterbank brodelten. Daneben reihten sich Teller, Töpfe, Brot, Tomaten, Käse und derlei mehr. Um den Tisch nahe am Fenster saßen ein paar Männer in fortgeschrittenem Alter, äußerst ehrwürdig, manche bereits mit graumeliertem Haar, und brüteten über einem Kartenspiel, als hielten sie eine höchst wichtige Sitzung in Wirtschafts- oder Staatsgeschäften ab.

Bei meinem Eintreten waren sie aufgesprungen, und von weitem musterten wir uns nun einen Augenblick stumm, beschnupperten einander wie fremde Hunde. ‹Treten Sie näher, fühlen Sie sich wie zu Hause!› Ich schlängelte mich zwischen Gepäck und Stroh bis zum

Tisch durch und stellte mich vor. Sie taten das gleiche. Es waren sechs Männer, mir drangen nur ein paar Doktortitel ans Ohr, Dr. Sowieso und Dr. Sowieso, ohne die Namen wieder mal. Sie boten mir einen Stuhl zum Sitzen an, als sei ich ihr Gast. Dann zeigten sie auf einen Mann am Kopf des Tisches, einen älteren Herrn mit schneeweißem Kopfhaar und Schnurrbart und breitem, noch jugendlich offenem Gesicht: ‹Herr Meinart ist unser Stubenältester, und wir schulden ihm alle Gehorsam›, scherzten sie lachend, ‹außerdem ist er tatsächlich der Älteste unter uns, vierundsechzig Jahre.›

‹Ich werde gehorchen›, lachte ich gezwungen mit, ‹bin ja eigens zum Gehorchen hergekommen.› Wir unterhielten uns noch ein wenig, tasteten uns höflich aneinander heran. Sie alle waren Deutsche, Flüchtlinge. Auch ihnen hatte man versprochen: ‹Nur für zwei, drei Tage›, und inzwischen saßen sie schon zehn Tage hier, ohne daß von der besagten Untersuchungskommission etwas zu hören oder zu sehen gewesen wäre. Kein Mensch wußte, ob sie herkommen oder man uns ihr vorführen würde, nichts wußte man, weder ihren Sitz noch wer sie aufgestellt hatte. Die einen sagten, sie befinde sich in Lyon, andere meinten, in Paris, wieder andere sagten, sie reise von Departement zu Departement, und noch andere, jedes Departement habe seine eigene Kommission. Nicht einmal der hiesige Major, ‹unser› Major, wisse etwas. Oder vielleicht wolle er nichts sagen. Eine geheimnisvolle Kommission war das. Schöne Aussichten, dachte ich bei mir, offenbar eine Geschichte ohne Ende. ‹Entschuldigen Sie›, sagte der Mann mir gegenüber lächelnd – zwei sorgfältig gekämmte Haarsträhnen über der großen Glatze, die klugen dunklen kleinen Augen wach und rege, Johann nannten sie ihn –, ‹wir sind mitten in der Skatrunde, Sie bleiben doch noch ein wenig bei uns, nicht wahr?›

‹Ja, ich werde noch ein wenig bleiben.›

‹Jochen, du bist dran!› sagte er zu seinem Nachbarn, über dessen linke Wange sich eine tiefe rote Narbe vom

Ohr bis zu den schmalen, verkniffenen Lippen zog, und zu mir: ‹Sie spielen doch gewiß auch Skat.›

‹Nein, ich kann nicht Skat spielen.›

‹Na, das macht nichts. Wir werden es Ihnen schon beibringen. Sie werden noch Skat spielen! Wie wollen Sie denn ohne Skat bei uns bleiben?›

Ich wußte tatsächlich nicht, wie ich ohne Skat dableiben sollte.

Jochen teilte die Karten aus. Sie spielten. Johann mit seinen feingeäderten roten Wangen, den zwei über die Glatze gekämmten Haarsträhnen, den klugen, lebhaften Augen und dem dunklen, englisch gestutzten Schnurrbart war zweifellos Jude. Wahrscheinlich sogar ein wohlhabender Jude. Haltung und Gestik verrieten den weltgewandten Mann, der gewohnt ist, mit großen Summen umzugehen und Befehle zu erteilen. Er wirkte weder übermäßig sympathisch noch unsympathisch, strahlte aber milde Wärme aus. Mit ihm würde sich leicht auskommen lassen, ohne viel Reibereien. Der andere, Jochen, mit seinem Schmiß über der Wange, dem asketisch vertieften, glattrasierten Gesicht, in dem unnatürlich große blaue Basedowaugen hinter der Brille rollten, und dem graumelierten Haar, das unter seiner Schirmmütze hervorlugte, sah überhaupt nicht jüdisch aus. Möglicherweise war er auch kein Jude. Der typische deutsche Intellektuelle – betrachtet alles mit abgrundtiefem Ernst und geht jeder Sache konsequent auf den Grund. Auf ihn konnte man sich verlassen. Gegenüber saß Richard, den mächtigen Schädel glattrasiert, das Gesicht breit, typisch deutsch, die Augensäcke verquollen wie bei jemand, der gern zur Flasche greift, ein Mann um die Sechzig, dessen Bewegungen immer noch nervös und fahrig waren. An dem dampfenden Topf auf dem Fensterbrett machte sich ein magerer Graukopf mit Nickelbrille zu schaffen. Er rührte mit einem Löffel um, probierte, streute Salz dazu, bröselte etwas hinein. Gewiß ein Typ, der sich überall dünn zu machen versucht, um ja nicht zu stören, am liebsten unbemerkt bleibt, einfach Luft, und daher immer bereit ist, jede Arbeit zu übernehmen, alle zufriedenzustellen, glücklich, daß sich auf dieser Welt leben läßt, daß man nicht umgebracht wird. Neben mir saß Karlchen, eingemummelt in drei Wollpullover übereinander, um den Hals einen Schal und an den Füßen dicke Filzhausschuhe, obwohl es stickig heiß im Raum war. Karlchen hatte ein plattgedrücktes Gesicht, einen großen Mund und eine Stimme, die dauernd ins Falsett abglitt, wie bei einem pubertierenden Knaben, vor allem wenn er lachte. Er lutschte ununterbrochen kleine dunkelgraue Pastillen, die er einer flachen Blechdose entnahm. Zunge, Zähne und Lippen waren von einem widerwärtigen gelbgrünen Belag überzogen. Außerdem hustete und prustete er dauernd und hatte alle Augenblick einen Kloß im Hals, so daß man versucht war, ihm auf den Rücken zu klopfen, wie jemandem, der an einer Gräte zu ersticken droht. Er beteiligte sich nicht an der Partie, guckte nur zu und ermahnte die anderen, die wie im Wirtshaus Zigaretten und Pfeife pafften, weniger zu rauchen. Schließlich litt er an chronischer Bronchitis, wie er mir alsbald in aller Länge und Breite auseinandersetzte, in einem hastigen, komplizierten deutschen Redestrom, der kaum zu verstehen war. Die Worte sprudelten ihm gequetscht, verflacht und ramponiert aus dem gelbgrünen Mund, fast ohne je abzusetzen, wie ein Gewirr nasser Lappen... Diese Tabletten, die ich hier sähe, seien die beste Medizin, das einzige Mittel, zu einem teuren Preis. Sein Schwager Richard habe sie ihm verschrieben, hier, Dr. Fried, ein hervorragender Arzt. Ohne sie könne er nicht existieren. Ein wahres Lebenselixier für ihn. ‹Möchten Sie eine?› fragte er, als er mich husten hörte, und öffnete mir die Dose. ‹Nehmen Sie! Sie werden sehen, wie gut sie sind. Das einzige Mittel!› Ich griff nicht zu. ‹Hätten Sie nicht noch ein paar weitere Nägel?› fragte ich, seinen Redefluß unterbrechend, mit einem Blick auf die Mäntel und Hüte, die überall an den Wänden hingen. Nägel hatten sie im Überfluß. Karlchen stand sogar auf, suchte und fand ein freies Plätzchen neben der verschlossenen Tür und half mir, drei Nägel mit einem eigens für derartige Zwecke reservierten Stein einzuschlagen. Er war gar nicht so klein, wie er im Sitzen aussah, dieses Karlchen, hatte im Gegenteil mehr als Mittelmaß. Trotz seines plattgedrückten Gesichts wirkte er wie vierzig – ohne den geringsten Ansatz von Glatze und ohne ein einziges graues Haar –, doch tatsächlich war er bereits dreiundfünfzig, wie er mir selbst erzählte. Offenbar schont und verwöhnt sich dieses Karlchen, dachte ich bei mir, liebt sich selbst über alle Maßen und fürchtet um sein bißchen hustengeplagtes Leben.

Schräg gegenüber der verschlossenen Tür, nahe dem einzigen großen Fenster, das auf einen kleinen rechteckigen Hof von fünf mal sechs Meter hinausging, befand sich eine weitere Tür, die nicht abgesperrt war. Sie führte auf einen kurzen, schmalen Gang, links davon ein kleiner düsterer Waschraum mit Wasserhähnen und einem großen quadratischen Spülstein – eine frühere Küche. Weiter längs war die Toilette. Gegenüber lag die Tür zu einem ziemlich kleinen, tiefer gelegenen Zimmer, zu dem mehrere Stufen hinabführten, eine Art Kellerraum. Dort waren gegenwärtig drei Spanier untergebracht, Internierte wie wir, vermutlich Kommunisten. Zur Rechten des zwei Meter langen und einen Meter breiten Gangs war ein Fenster. Daneben die Tür zum Hof, der fünf, sechs Stufen tiefer lag. Auf der Gegenseite des Hofs, unserem Fenster gegenüber, befand sich eine ehemalige Werkstatt, die jetzt als Kaserne für die fünfzig bis sechzig Soldaten diente, die auch uns zu bewachen hatten. Sie waren allerdings freundlich zu uns und bei jeder Gelegenheit zu einem längeren Schwatz aufgelegt.

Auf drei Seiten von Gebäuden gesäumt und auf der vierten von einer hohen Mauer abgeschlossen, über die nur selten ein Sonnenstrahl kletterte, der einen Augenblick auf dem Dach gegenüber innehielt, aber niemals den Boden erreichte, erinnerte der Hof an einen tiefen, rechteckigen, stets kühlen Minenschacht. An der Mauer standen drei Mülleimer, randvoll mit Essensresten, Strohbündeln, leeren Konservendosen, und daneben ein länglicher weißer Waschtisch vor einem starkstrahligen Wasserhahn an der Wand.

An diesem Waschtisch wurden unsere und der Soldaten Wäschestücke gewaschen, die Kochkessel und Töpfe mit Strohbündeln gescheuert und die harten Bärte mit Rasiermessern abgeschabt. Den ganzen Tag über durften wir auf dem Hof und in der Vorhalle, an deren Ende das große verschlossene Tor zur Straße lag, spazierengehen. Nachts wurde unsere Hoftür abgeschlossen. Über der Vorhalle und unseren Zimmern lagen Privatwohnungen von armen Leuten, zu denen seitlich der Vorhalle schmale Steintreppen hinaufführten. Von den oberen Fenstern baumelten ständig Wäschestücke und Windeln zum Trocknen herunter. Gelegentlich erschienen am Fenster kurz die verhärmten, faltigen Züge einer Frau oder das Gesicht eines jungen Mädchens, mit dem die Soldaten schäkerten.

Unterdessen hörte man geschäftiges Rennen: ‹À la soupe! À la joie!› Schwere Stiefel hämmerten über den Beton des Hofes. Der bebrillte junge Soldat, der mich hergeführt hatte, kam vom Hof herein, nahm meinen Napf und kam mit etwas Linsensalat mit viel Zwiebel und einem halben Laib Brot zurück. ‹Essen Sie das erst, es gibt noch was!› Danach brachte er eine Portion Reis, die in einer rötlichgelben Soße schwamm, ein Stück Rindfleisch und ein flaches Dreieck Käse, in Stanniolpapier gewickelt. Er erbot sich, mir auch Wein zu bringen, aber ich entließ ihn, ohne zu wissen, warum. Meine Leidensgenossen hatten ihr Skatspiel beendet und interessierten sich nun für die Qualität des Essens, das die Soldaten zubereitet hatten. ‹Offenbar gar nicht schlecht›, urteilte Dr. Richard Fried mit wäßrigem Mund. Beim Zuschauen, wie ich da am Tischende aus meinem Napf aß, wuchs ihr Appetit. Der große Topf auf den Spirituskochern brodelte noch immer und verströmte seinen Duft von Suppenfleisch, Sellerie und Gemüse. ‹Ist es noch nicht fertig, Herr Mai?› fragte Johann aus dem Hintergrund den mageren Mann.

‹In zehn Minuten kann gegessen werden›, antwortete der Angesprochene beflissen, ‹das Fleisch muß noch ein paar Minuten kochen.›

‹Na, dann heben wir unterdessen ein Gläschen. Was trinken wir heute, Portwein?›

Erst jetzt sah ich, daß auf dem Kaminsims Wein- und Branntweinflaschen aufgereiht standen. Sie lebten hier nicht schlecht! Der Portwein wurde aus Gefäßen aller Art getrunken: Kaffeetassen, Aluminiumbechern, Wassergläsern. Sie schlürften ihn genüßlich in kleinen Schlukken, wie auf einer französischen Café-Terrasse, und wünschten einander schnelle Befreiung. ‹Na, was ist, Herr Mai, nehmen Sie nichts?› Herr Mai drehte sich beflissen um, blickte zum Tisch hinüber und wischte sich automatisch die Hände an der Hose ab wie eine Hausfrau an der Schürze. ‹Nur ein ganz klein wenig, Herr Sternheimer›, beschwor er mit matter Stimme Johann, der ihm in Dr. Frieds leergetrunkene Tasse einschenkte, ‹nur einen Tropfen, Sie wissen ja, ich kann nicht viel vertragen.› Auch Karlchen trank mit, genoß jeden Schluck kennerhaft auf seiner gelbgrünen Zunge und leckte sich ab und zu die Lippen. ‹Weit besser als der vorige, den wir vor zwei Tagen hatten›, krähte er in seinem wirren Tonfall, ‹nur den muß man kaufen.›

Ich ließ mich mitreißen, obwohl ich schon mit dem Essen fertig war und auch sonst keinerlei Veranlassung hatte, plötzlich Portwein zu trinken. ‹Wir müssen es ‹begießen››, sagte Dr. Jochen Seligson mit ernster Miene und ließ die Basedowaugen Zustimmung heischend in die Runde schweifen. Was genau ‹begossen› werden sollte, wußte ich nicht. ‹Laßt uns trinken›, schmetterte er nun mit dem Elan eines Berufsredners, ‹laßt uns trinken auf den schnellen Sturz Hitlers, auf die Befreiung des versklavten deutschen Volkes, auf die Rettung der Menschheit!›

‹Und auf den Sturz der Kommunisten!› fügte Johann Sternheimer hinzu. ‹Auf den Sturz der Kommunisten!›

Nach dem Essen gingen Herr Meinart und Herr Mai zum Geschirrspülen in den kleinen Waschraum am Gang. Johann Sternheimer und Dr. Richard Fried, die ihre Zigaretten fertig geraucht hatten, kletterten auf den Strohhaufen, der Staub und Modergeruch aufwirbelte, und begannen gleich darauf zu schnarchen. Die Pfeife im Mund, machte Dr. Jochen Seligson sich mit Hilfe eines Wörterbuchs an die Lektüre der französischen Tageszeitung. Karlchen Ambach ging mit mir auf den Hof hinaus, wo er mir beim Schlendern und Pillenlutschen detailliert seine Familiengeschichte auseinandersetzte – rasch, monoton, halbe Worte verschluckend, in epischer Breite. Er, Karlchen, und Johann Sternheimer seien Vettern. Dr. Richard Fried sei sein Schwager, der Mann seiner Schwester. Und Dr. Jochen Seligson, vormals Richter in Preußen, Landgerichtsrat, Historiker, bekannter sozialdemokratischer Parteifunktionär und hervorragender Redner, sei Johann Sternheimers Schwager, der Mann seiner Schwester. Johann Sternheimer selbst wiederum, ehemaliger Großunternehmer in Zigaretten und Kartonagen, sei in Deutschland schwerer Millionär gewesen, habe durch Hitler zwar viel verloren, sei aber auch jetzt nicht arm. Er selbst, Karl Ambach, habe sich von seinen Geschäften als Tabakgroßhändler mit Fernhandelsbeziehungen bis nach Holland und Belgien zurückgezogen und lebe von einer monatlichen Rente. Herr Meinart und Herr Mai, beide Arier, hätten lange Jahre in Herrn Sternheimers Kartonagenfabrik gearbeitet; ersterer, ein ehemaliger Kunstmaler, sei Zeichner und Lithograph bei ihm gewesen, Herr Mai dagegen Drucker. In solch einer

Kartonagenfabrik würden alle möglichen Kartons und Schachteln gestanzt und gefalzt, erklärte er auf meine Frage, für Arzneimittel zum Beispiel, für die Apotheken. Und die verschiedenfarbigen Etiketten würden dort sorgfältig gedruckt und aufgeklebt. Fertige Schachteln in allen Formen und Ausführungen. Im letzten Sommer hätten sie alle in Montluel, einem Dorf kurz vor Lyon, gewohnt, in dem Sternheimer sich um seine neue Kartonagenfabrik gekümmert habe, ein großes, geräumiges, hochmodernes Werksgebäude nach deutschem Stil, nicht wie diese französischen Schuppen, in die man keinen Hund sperren würde. Er, Ambach, und sein Schwager, Dr. Fried, die bis vor kurzem in Nizza gelebt hätten, seien nur für die Sommersaison mit ihren Familien nach Montluel gezogen, zur Erholung, denn in Nizza sei der Sommer zu heiß. Und dann sei plötzlich der Krieg ausgebrochen, und sie hätten nicht nach Nizza heimkehren können. Aber der Krieg, meinte er, Karlchen, würde nicht lange dauern, könne gar nicht andauern. Hitler würde man schnell beseitigen. Alles nur Bluff! Die Deutschen hätten nicht mal zu essen. Das Volk hungere seit Jahren. Die Wirtschaft sei durch die Kriegsproduktion zugrunde gerichtet, da solle man ihn nur fragen! Er sei Kaufmann und verstehe was von diesen Dingen! Und die Rohstoffe? Woher sollten sie wohl Rohstoffe nehmen, sollte ich ihm doch bitte mal sagen? Rußland? Dort brauche man sie selber. Und außerdem fehlten dort die Beförderungsmittel. Rußland würde ihnen was pfeifen, würde ihnen den Vogel zeigen, Rußland! ‹Rußland soll ich nicht kennen›, sagte er, als kenne er es nur zu gut, ‹Rußland gibt nichts her! Nehmen – ja, aber geben – nein! Deshalb›, resümierte er, ‹haben wir's hier ja schwarz auf weiß! Lebensmittel – nein, Rohstoffe – nein, womit also sollten sie Krieg führen? Und vergessen Sie nicht, daß wir es hier mit den Engländern zu tun haben! Eine Weltmacht, dieses Großbritannien! Das reichste Land der Erde! England hat Geld, alles! Und dann, wo bleiben die

Franzosen? Sind die Franzosen etwa schon nichts mehr wert? Das sind keine Polen, die man in drei Wochen fertigmachen kann! Sie haben die beste Armee der Welt. Und die Maginot-Linie? Da kommt keine Maus durch! Das ist in meinen Augen keine Kleinigkeit, die französische Armee und die Maginot-Linie!›

Wir tranken gemütlich starken, aromatischen schwarzen Kaffee und aßen hausgemachten Butterkuchen dazu. Was also fehlte uns, bitteschön? Wir waren wie ein Trupp Individuen, die in einem stehenden Wagen einer ungewissen, unsicheren, fremdbestimmten Zukunft entgegensahen. Beim Kaffeetrinken unterhielten wir uns in Ruhe über Belanglosigkeiten. Danach zogen alle Mann zum Spaziergang auf den Hof, bis zur nächsten Skatpartie. Im Gänsemarsch, einer nach dem andern, drehten wir unsere Runden um Hof und Eingangshalle, Johann Sternheimer an der Spitze, die vielbeinige Marschschlange hinterher, hämmerten im Gleichschritt zügig über den Betonfußboden. Ein paar Soldaten traten aus der Werkstattür und guckten uns schweigend zu...

Allerdings fiel Herr Meinart bald schnaufend zurück. Dr. Jochen Seligson mit seinem schwachen Herzen konnte gleichfalls nicht mehr. ‹Ja›, sagte er bleich zu Herrn Meinart, ‹vor zwei, drei Jahren konnte ich auch noch zwei Stunden ohne Pause so marschieren, hat mir nichts ausgemacht. Jetzt bringe ich's nicht mehr fertig.› Die anderen, außer Karlchen, übten sich noch im Laufschritt und schlossen mit Kniebeugen.

In der Abenddämmerung ging die Hintertür auf, und herein trat ein langer, schlanker Bursche mit Koffern, der sogleich befremdet an der Tür stehenblieb und verloren in die Runde blickte – wegen seiner Kurzsichtigkeit durch ein Monokel, das ihm im rechten Auge klemmte. Er trug ein verblichenes braunes Jägerhütchen, eine karierte Sportjacke, Handschuhe und kurze Golfhosen. Seine

Beine, die in grauen Kniestrümpfen steckten, waren unten und oben gleich dünn, wie Stelzen. Mit seiner Aufmachung, dem schmalen, müden, glattrasierten Knabengesicht und der gelblichen Hautfarbe wirkte er wie ein Engländer. Und erst jetzt bemerkten wir, daß hinter ihm auch eine Frau eingetreten war. Sie ließ einen schnellen Blick rundum schweifen und sank dann wie ein leerer Sack auf dem Strohhaufen zusammen, von heftigem Zukken geschüttelt. Den Rücken uns zugewandt, schluchzte sie laut und abgerissen, den Kopf in den behandschuhten Händen vergraben, die Schultern bebend. Wir bestürmten sie, sich zu beruhigen: ‹Aber gnädige Frau, es ist nicht so schlimm. Man lebt hier recht gut.› Und der neue Bursche beugte sich ebenfalls zu ihr nieder. ‹Ach, Suse, es ist doch wirklich nichts dabei. Die Herren leben ja auch hier›, wiederholte er hastig ein ums andere Mal. Wir halfen ihr wieder auf die Beine, geleiteten sie zum Tisch und setzten sie auf einen Stuhl. Herr Meinart zündete eine Kerze an und klebte sie auf den Tisch. Johann Sternheimer bemühte sich mit höflicher Zuvorkommenheit um sie, holte ihre Handtasche aus dem Stroh und beruhigte sie unermüdlich. ‹Furchtbar, entsetzlich!› rief sie, während sie sich mit dem Taschentuch die Augen wischte. ‹Wie leben Sie denn hier? So viele auf derart kleinem Raum! Wo waschen Sie sich? Wer wäscht Ihnen die Hemden, die Taschentücher? Können Sie ein wenig zum Spazierengehen hinaus?› sprudelte sie in einem Schwall all ihre Fragen hervor. Sie war um die Vierzig, klein und mager, mit länglichem Gesicht, weder hübsch noch häßlich. Plötzlich sprang sie gewandt und energisch auf und nahm dem Burschen mit Monokel, der immer noch lang und verloren dastand, ohne zu wissen, was er tun sollte, die Jacke ab. Dann suchte sie mit den Augen irgendeinen Nagel an der Wand. Dr. Fried nahm ihr Jacke nebst Jägerhut ab und hängte sie über einen anderen Mantel. Erst jetzt stellte der Bursche sich höflich und in aller Form vor: ‹Baron von Malachowsky›, dabei reichte er jedem von uns seine lange schmale Hand. Die Frau setzte sich resolut wieder hin: ‹Ich werde noch schnell in die Stadt laufen, um etwas einzukaufen, bevor die Geschäfte schließen.› Sie zog einen Notizblock aus der Handtasche und begann zu notieren: ‹Obst hast du. Ich werde noch ein wenig mehr mitbringen. Mineralwasser. Butter. Käse. Eine Flasche Rum. Tee. Zucker. Spiritus. Und was ist mit Rasiercreme? Hast du? Gut, für alle Fälle werde ich eine weitere Tube holen. Was brauchst du noch? Tabak hast du genug? Na, Tabak, Zigarettenpapier, Streichhölzer. Ich komme morgen früh wieder – falls ich was vergessen habe, bring ich's morgen. Wer von den Herren braucht heute nacht etwas aus der Stadt?› Johann Sternheimer dankte ihr in unser aller Namen. Jeden Morgen käme ein Soldat, nähme einen Zettel entgegen und hole alles. Doch wenn die gnädige Frau so gütig sein wolle, könne sie ein paar Kerzen mitbringen, zwei Glühbirnen, ein paar Meter schwarzen Stoff zum Verhängen der Fenster bei Nacht und dazu Nägel oder Haken. Die Frau erhob sich eilig, ging zur verschlossenen Hintertür, die auf ihr Klopfen von der anderen Seite geöffnet wurde, und entschwand.

Erst jetzt setzte sich Baron von Malachowsky an den Tisch und begann per Apparat eine Zigarette zu drehen. Mit seinem kahlen Gesicht und dem glatt zurückgekämmten aschblonden Haar wirkte er wie ein mageres, gerupftes Huhn. Sein Alter war nicht zu erkennen. Er hätte ebensogut vierzig wie sechzig sein können. Nachdem er sich die Zigarette in der langen Zigarettenspitze angezündet hatte, erklärte er: ‹Wir sind schon den ganzen Nachmittag gefahren, verstehen Sie. Von Gex aus. Unterwegs hatten wir viele Pannen. Es ist ein neuer Wagen, aber er hat ein bißchen verrückt gespielt. Wir sind Hals über Kopf losgefahren – plötzlich war der Befehl von der Gendarmerie da. Deshalb ist Suse, das heißt, meine Tochter, so nervös.› Er begann mit dem Taschentuch das Monokel zu putzen, wobei seine blaßblauen Fischaugen mit hohlem Blick in die Luft starrten. ‹Ich fürchtete bloß, sie könnten mich zu den Nazis setzen›, sagte er, ‹das wäre schrecklich gewesen!›

Die Hintertür ging auf, und Mme. Suse Rollo rauschte wie ein Sturmwind herein, beladen mit zwanzig Tüten und Päckchen, die sie auf den Tisch warf. Schon war sie wieder draußen und zurück mit einer zweiten Ladung. Ungeduldig zählte sie bunt durcheinander alles auf, was sie da eingekauft hatte, wobei sie jedes Päckchen forsch öffnete und den Inhalt ihrem Vater übergab, von allerlei Ratschlägen und Warnungen begleitet, wie bei einem Kleinkind. Für all diese Sachen war nicht mehr das geringste Plätzchen vorhanden, und so häuften sich vorläufig in wirrem Chaos auf Tisch und Stuhl Tabak, Kerzen, Äpfel, Trauben, Zucker, Seife, Käse, Streichhölzer, Rasiercreme, Haken und schwarzer Stoff. Kaum war sie fertig, fuhr sie sich rasch und mechanisch zwei, drei Mal mit einem orangeroten Lippenstift über die Lippen, ruckzuck, als sei durch das Auspacken und Reden ihr Lippenrot verwischt worden, malte ohne Spiegel, so daß sie ein wenig über die Konturen hinausging, und zündete sich eine Zigarette an. Saugend und Rauchwölkchen ausstoßend, redete sie immer noch schnell, zu uns, zu ihrem Vater, zählte alles auf, was getan werden mußte, wohin man gehen und fahren sollte, um Beziehungen spielen zu lassen, sich lang und breit zu bemühen... Uns schwirrten die Köpfe vor lauter Betriebsamkeit und geplanter Lauferei und Redekunst. Und als sei ihr plötzlich noch was eingefallen, sprang sie auf, verabschiedete sich mit dem Versprechen, am nächsten Morgen wiederzukommen, und sauste davon.

Die Leute machten, soweit möglich, ein wenig Platz auf dem Tisch frei und setzten sich zu einem kalten Essen mit heißem Kaffee. Da es nicht genug Stühle gab, standen der Baron und ich vorerst, jeder in seinem Winkel. Danach wurden die Glühbirnen eingeschraubt, und die andern versuchten den schwarzen Stoff so aufzuhängen, daß er sich tagsüber leicht zur Seite schieben lassen würde. Sie überlegten hin und her, probierten es so und anders, zerrten nach oben und nach unten, hielten mit Stecknadeln zusammen, schlugen Nägel und Haken ein. Jeder kam mit einem anderen Ratschlag, und schließlich gelang das Werk, die Sache hing. Gut ausgeheckt, Johann Sternheimer! Jetzt konnten sie bedenkenlos das elektrische Licht einschalten, das den Plunderhaufen im ganzen Raum beleuchtete.

‹Nun könnte man ja wieder Skat spielen›, schlug Dr. Fried lachend vor. ‹Spielen Sie Skat, Herr Baron?› Herr Baron hatte einmal spielen können, es aber seit Jahren nicht mehr getan. Er brauche nur zwei, drei Mal zuzuschauen, um seine Erinnerung zu beleben. ‹Aber Herr Weichert, scheint mir, wird wohl nie Skat spielen können›, sagte Dr. Fried. ‹Wenn der gute Wille fehlt... Ein verlorener Mann!› Ja, mir fehlte der gute Wille. Ein hoffnungsloser Fall! Ich würde das Skatspiel nicht mehr lernen.

Sie setzten sich um den Tisch, und diesmal machte auch Karlchen Ambach mit. Er stellte ein Glas Rotwein neben sich und nahm ab und zu einen Schluck. ‹Und jetzt Gesang›, ordnete Johann Sternheimer an, und alle sangen vierstimmig im Chor den Refrain eines alten deutschen Liedes:

> Woran ich meine
> Und ganz alleine
> Woran ich meine
> Freude hab,
> Und küß ihr ihre
> Schönheit ab, ab, ab,
> Und küß ihr ihre
> Schönheit ab.

Dieses Lied aus ihren fernen Jugendtagen, das sie als Studenten gesungen hatten, vor riesigen Bierhumpen, in den schmucken, verträumten alten deutschen Universitätsstädten, war ihnen hier im Sammellager von Bourg plötzlich wieder eingefallen, und nun schmetterten sie es dauernd im Chor – wohl zum fünfzigsten Mal seit meiner Ankunft an diesem Tag –, sangen es, glaube ich, unbewußt, um sich Mut zu machen, die innere Stimme der Verzweiflung zum Schweigen zu bringen, sie zu ersticken, nicht hochkommen zu lassen. Daher erklärte Johann Sternheimer dem Baron jetzt lachend: ‹Das ist unser Schlachtruf›, und zu mir gewandt: ‹Aber dieses Lied, Herr Weichert, müssen Sie mitsingen – unbedingt! Wenn Sie schon keine Karten spielen!›

‹Das Lied werde ich singen. Hier, ich sing's ja schon.›

Johann Sternheimer reckte sich: ‹He, Kinder, das war eine heiße Partie! Karlchen hat gut gespielt.› Und kurz darauf: ‹Wir müssen wohl bald die Betten bauen. Nehmen wir wieder einen Schluck Schnaps? Dann schlafen wir besser.› Keiner verschmähte ein Schlückchen Schnaps mit Kuchen dazu. Eine neue Geschichte! Ich hätte mich liebend gern entschuldigt! Bloß liegen, irgendwo hinlegen. Mir war alles egal. Der Kopf war wirr und leer – und dazu schwer wie ein Felsbrocken, die Augen fielen mir zu. Und wenn jetzt die Welt kopfgestanden oder die Erde gebebt hätte, mir wäre es egal gewesen. Eine Müdigkeit, die erdrückend auf dir lastet wie ein Wolkenkratzer. Das Schnäpschen schlug ich selbstredend aus. Ich saß nur weiter auf meinem Koffer und wartete. Zu meinem Glück hielten sie sich diesmal nicht lange auf. Bald machten sie sich ans Bettenbauen. Jeder packte mit an. Der Tisch wurde an die Wand gerückt, dann schleiften sie Koffer und Taschen an die gegenüberliegende Zimmerwand und stapelten sie zu einem hohen Berg, schleppten Decken, Kissen und Schlafsäcke zum Strohhaufen, lockerten das Stroh auf, verteilten es über das halbe Zimmer, streuten es hier und da hin, zupften Ballen auseinander, glätteten alles und wirbelten dabei eine Staubwolke auf, daß man kaum noch atmen konnte. Karlchen trat auf den Gang hinaus, um Luft zu schöpfen und sich die Kehle zu räuspern. Die sechs breiteten ihr Bettzeug wie gewöhnlich über die ganze Zimmerbreite aus, von der verschlossenen hinteren zur vorderen Tür, die Köpfe zur Wand, ohne Zwischenraum zusammengedrängt, sechzig bis achtzig Zentimeter pro Mann. Jeder richtete sich mit Decken, Kissen und Schlafsäcken auf seinem Platz ein. Der Baron und ich breiteten unser Stroh zu ihren Füßen aus, zwischen Fenster und Tür, die Köpfe zur Wand. (Am Nachmittag hatte der Major einen weiteren Strohballen genehmigt.) Fenster und Tür wurden geöffnet, um den Staub abziehen zu lassen, und wir standen alle Schlange auf dem Gang vor der einzigen Toilette. Danach staffierte sich Karlchen wie zu einer Nordpolexpedition aus: Flanellunterhemd und -hose, zwei Pullover übereinander, darüber der Schlafanzug, darüber wiederum ein Blaumann und auf dem Kopf eine dunkelblaue Wollmütze, die bis über die Ohren reichte, so daß von dem ganzen Karlchen nur noch ein kleines Stück Gesicht hervorlugte. Mühsam zwängte er sich in seinen zitronengelben Schlafsack und wickelte sich damit in ein paar Decken, bis das Ganze wie eine sonderbare runde Wurst aussah. Jetzt war er schlafbereit. Fertig! Karlchen segelte ab!

Auch die anderen zogen sich aus und legten sich nieder. Ich konnte nichts ausziehen, denn ich hatte nichts außer der Decke und dem Häufchen Stroh. Ich sank auf das nackte Stroh, zog die Decke hoch und breitete den Mantel darüber. Der Baron neben mir hingegen war ausgerüstet mit zwei Wolldecken, einem schottischen Plaid und zwei Kissen. Das Stroh kitzelte und stach an Hals und Gesicht. Der muffige Geruch verursachte Hustenreiz. Den liegenden Gestalten, die im dichten Schwarz mehr zu ahnen als zu sehen waren, entfleuchten schamlos vereinzelte Furze. Schnarchen verbreitete sich im Raum, erst leise, zögernd, abgehackt, verhalten, gewissermaßen glanzlos, später energisch, dauerhaft, hartnäckig. Aus der Kaserne dröhnten heisere Marschklänge herüber, die aus einem Rundfunkgerät kamen. Dann nahmen die Sinne nichts mehr auf. Der Tag war zu Ende.

Gegen sieben Uhr morgens brachte der Soldat schwarzen Kaffee, den er aus einer großen Blechkanne in unsere Tassen ausschenkte. Ein neuer Tag war im Sammellager von Bourg angebrochen.

Gegen neun Uhr kam der alte Major herein, begrüßte uns mit freundlichem Lächeln und erkundigte sich wärmstens, ob wir, die beiden Neuen, gut geschlafen hätten, ob uns das Soldatenessen schmeckte und ob wir satt geworden seien ... Er hielt sich ein paar Minuten auf, sog an seiner Zigarette, sprach von der gestrigen Rede des englischen Premierministers, die er im Radio gehört hatte, über den Mörder Hitler, dem man ein schnelles Ende bereiten werde, und erzählte von seinen drei Jahren in deutscher Kriegsgefangenschaft während des Weltkriegs – ehrlich gesagt, seien sie dort nicht schlecht behandelt worden, aber ‹zum Schlemmen› hätten sie nichts bekommen, ‹nicht wie bei uns in Frankreich›. Dann sprach er von seiner Frau und den halbwüchsigen Töchtern in Grenoble, der Stadt, aus der er stammte und die er jetzt, im Alter von einundsechzig Jahren, in dem er ‹schon ein wenig Ruhe im Kreis der Familie verdient› hätte, erneut hatte verlassen müssen, um Uniform anzulegen. Alles wegen dieses Verbrechers Hitler. Sein Leben lang hatte er in den französischen Kolonien gedient, in den afrikanischen Corps, und wie die meisten Franzosen war er gern zu einem gemütlichen Schwatz aufgelegt, wenn sich die Gelegenheit bot. Zum Schluß teilte er mit, die drei Spanier würden noch heute weggeschickt, worauf der Baron und ich in ihre Kammer umziehen sollten – dann hätten wir alle mehr Platz. Ferner erlaubte er, noch zwei Stühle und einen neuen Strohballen für uns beide hereinzubringen.

Karlchen Ambach, dessen französisches Geschnatter noch unverständlicher war als sein deutsches, mußte sich partout zu unser aller Wortführer aufschwingen. Schließlich hatte er nicht umsonst eine französische Frau! Auch wenn sie nur aus dem Elsaß war, Französin allemal! Johann Sternheimer konnte sich noch am besten im Französischen ausdrücken, wenn auch mit starkem deutschem Akzent. Er war gebildet, ein Mann von Welt, und nicht auf den Kopf gefallen. Dr. Seligson und Dr. Fried brachten außer *oui* und *non* kein Wort heraus, obwohl sie ein wenig lesen konnten. Sie standen die ganze Zeit militärisch stramm nach deutscher Manier, Hände an der Hosennaht, und Dr. Fried schickte mir dauernd wütende Blicke herüber, die mir bedeuten sollten, die Zigarette aus dem Mund und die Hand aus der Tasche zu nehmen, kurz, mich menschlich zu benehmen, wie es sich in Anwesenheit eines Offiziers gehörte – als ob er hier für mich verantwortlich wäre, dieser Dr. Fried. Ich rauchte weiter, als sähe ich nichts, doch sobald der Major draußen war, fuhr er mich auch schon an: ‹Wie benehmen Sie sich denn vor einem Offizier?!›

‹Bin ich etwa ein deutscher Soldat?›

‹Das ist überall gleich, Offizier ist Offizier, man hat ihm Respekt zu zollen.›

‹Für mich ist er einfach ein Mensch wie ich.› Da hatte ich wohl einen neuen Vormund auf dem Hals – Dr. Fried! Bezüglich der Untersuchungskommission hatte der Major noch nichts eruieren können. Bisher war kein Befehl eingetroffen. ‹Was wollen Sie, Sie haben es hier doch nicht schlecht!› scherzte er beim Hinausgehen. Wir standen vor ihm aufgereiht und wiederholten seine letzen Worte echohaft.

Bald darauf holte der Soldat die drei Spanier tatsächlich ab und geleitete sie, jeder mit einem nur sehr kleinen Bündel unterm Arm, über den Hof zum Tor. Später brachten zwei Soldaten einen großen, fest gepreßten, drahtumwickelten Strohballen. Der Baron und ich gingen daran, unsere neue Behausung einzurichten. Wir schoben das alte Stroh der Spanier in eine Ecke, fegten, so gut es ging, räumten den Abfall beiseite und breiteten das neue Stroh aus, das wir mit unseren Decken abdeckten. Zu der Kammer führten zwei steinerne Stufen hinab, nahe der Toilettentür, und der ganze Raum maß zwei mal drei Meter. An der niedrigen grauen Zimmerdecke prangte ein großer feuchter Fleck noch vom letzten Regen. Aber im Vergleich zu dem Gedränge im vorigen Raum war dies für zwei Personen ein wahrer Palast. Und noch einen großen Vorteil besaß die Kammer: Sie hatte früher wohl als Büro gedient, denn ein großer, tiefer Einbauschrank zog sich die gesamte eine Wand entlang, mit einem langen Brett oben und noch weiteren Brettern im Innern hinter Schiebetüren. Man konnte also die Koffer und Taschen darin verstauen und sie der Sicht entziehen. Wahrhaftig ein Luxus. Der eine Schrankflügel für mich, der andere für den Baron. Der Major vergaß auch nicht, die beiden Stühle zu schicken, und sogar ein kleiner Tisch fand sich irgendwo für uns.

Alsbald rauschte Mme. Suse Rollo wie der Wirbelwind herein, war aber ruhiger als am Vortag. Sie begrüßte uns freundschaftlich als alte Bekannte mit der Spitze ihrer behandschuhten Rechten, musterte unsere neue Kammer von allen Seiten, spazierte ein wenig von Raum zu Raum, warf einen Blick auf den Hof und setzte sich schließlich ins große Zimmer, um mit dem Baron erneut die Lage zu besprechen, wobei sie eine Zigarette nach der anderen rauchte. Sie war gut und sportlich, aber nicht besonders geschmackvoll gekleidet – zu grellfarbig, eine Mischung aus deutschem und englischem Stil, dem man meilenweit die Ausländerin ansah. In ihrem sachlich geschäftsmäßigen Auftreten wirkte sie völlig unweiblich, bar jeglichen Gefühlsüberschwangs, nüchtern bestimmt, energisch, vor keinem Hindernis zurückschreckend. Ein Unmöglich existierte für Mme. Rollo nicht. Jetzt mußte sie schnellstens nach Lyon fahren, Krach schlagen, Welten auf den

Kopf stellen, allen die Türen einrennen. Mit Johann Sternheimer verabredete sie, über Montluel zu fahren, dort sein Haus aufzusuchen und eine Angelegenheit für ihn zu regeln. Auf ein Stück Papier zeichnete er ihr die genaue Wegstrecke. Dann hielt sie sich nicht weiter auf, versprach am Freitag oder Samstag wiederzukommen, und ging.

Das Stück Himmel über dem Hof hatte sich unterdessen bewölkt, und feiner Sprühregen begann zu fallen. Die Feuchtigkeit ging einem in die Knochen. Draußen roch es bereits richtig nach Herbst. Mit dem ließ sich nicht spaßen. Jetzt blieb einem nur noch die Vorhalle zum Spazierengehen. Ich trottete dort – immer im Quadrat, wie in einer Mausefalle – mit dem alten Herrn Meinart, der mich in ein Gespräch über Malerei verwickelte, genauer über die französischen Impressionisten und die Postimpressionisten. All das erreichte mich matt, wie von einem anderen Planeten. Der Tag dehnte sich endlos dahin. Drinnen wurden wieder Karten gespielt. Über allem lag tiefe, unentrinnbare Trübsal und Hoffnungslosigkeit.

Später kam der bebrillte Soldat, um uns, einer nach dem anderen, ins Büro zu rufen. Aha! dachte jeder bei sich, da kommt etwas in Bewegung. An Stelle des Majors saß dort jetzt ein blutjunger Leutnant mit feinem, klugem Gesicht, der einige von uns erneut sehr höflich fragte, wann und wo wir geboren seien und so weiter. Die ganze Geschichte von vorne, und außerdem wurden wir nun, zum ersten Mal, gefragt, wer ‹Israelit› und wer ‹Arier› sei. Den Zweck seiner Fragen konnte der Leutnant nicht erklären. War ihm unbekannt. Er hatte entsprechenden Befehl erhalten, mehr wußte er nicht.

Draußen war der Regen stärker geworden, rieselte ununterbrochen in feuchten Schnüren herab. Nasse Kälte breitete sich aus, ging einem in Mark und Bein. Abgrundtiefe Verzweiflung durchtränkte alles. Der Regen troff von dem feuchten Stück Zimmerdecke an unserem Fenster ins Stroh, Tropfen für Tropfen, mit grimmiger Hartnäckigkeit. Der Baron und ich stöberten eine leere Konservendose auf, die wir mit viel Mühe mittels eines Bindfadens unter die Decke hängten. Aber uns zum Trotz begann es nun ein Stück weiter längs zu tropfen. Schließlich gaben wir es auf und begnügten uns damit, Zeitungspapier über das Stroh zu breiten.

Schon drei leere, langweilige, drückende Tage sitze ich hier. Im anderen Zimmer machen sie es sich gemütlich, halten Festmähler, kippen ein Gläschen, spielen Skat, führen hin und wieder lange Gespräche über Politik, Wirtschaft, Strategie und so weiter, erzählen einander seichte Witze, gehen spazieren, marschieren zackig auf dem kleinen Hof und singen im Chor das dumme Lied. Sogar ein kleines Rundfunkgerät haben sie jetzt auf dem Kaminsims stehen. Nach langem Bitten hat der Major seine Erlaubnis erteilt, und Sabine Ambach hat es gestern aus Montluel mitgebracht. Der österreichische Sprecher in Paris beendet seine Rede Abend für Abend mit dem Aufruf: ‹Österreicher, haltet stand! Die Befreiung ist nah!› Baron von Malachowsky hält sich nur selten in unserer Stube auf. Alle Tage und Abende, manchmal bis Mitternacht, verbringt er im andern Zimmer, wo man gutes Essen, eine Tasse Kaffee, ein Gläschen Schnaps abbekommen kann. Zwar läßt er sich immer lange nötigen, zögert, macht eine Grimasse, als habe er es absolut nicht darauf angelegt, verteilt ‹tausend Dank›, widersteht aber nie der Verlockung. Selbst beim Hofspaziergang spüren seine feinen Sinne sofort, wenn sich im Zimmer was tut, man drauf und dran ist, eine Kleinigkeit zu essen oder zu trinken, und schon taucht er bei ihnen auf.

Gelegentlich ergibt sich ein kurzes Gespräch mit dem einen oder anderen Soldaten, die zumeist keine große Kriegsbegeisterung an den Tag legen. Einer, ein Arbeiter aus Paris, offenbar kommunistisch angehaucht, schimpft offen darüber, daß er hier festsitzt, während Frau und

Kinder zu Hause Hunger leiden. Ein anderer, den ich gar nicht kannte, brachte mir sogar einmal, als ich zufällig auf den Stufen zum Hof stand, ein wenig Pflaumenschnaps, den ich annehmen mußte, um den Soldaten nicht zu kränken. ‹Der ist gut›, sagte er, ‹bei mir daheim auf dem Hof gebrannt. Probieren Sie.›

Um die Mittagszeit brachten sie einen jungen Mann ohne Gepäck, führten ihn vom großen Tor aus geradewegs in unsere Kammer. Seine rechte Gesichtshälfte, von der Stirn bis zur halben Höhe des Halses, war purpurrot und leicht eingefallen, bis auf den Knochen von Lupus zerfressen. Stellenweise blätterte die Haut ab. Er wirkte abstoßend. Der Major, der nach ihm eintrat, wandte sich ab und flüsterte uns ins Ohr, damit der Neue es nicht hörte: ‹Er ist offensichtlich krank, wird aber nicht lange bleiben, übermorgen schicke ich ihn hier weg.› Dr. Richard Fried, der von weitem einen fachmännischen Blick auf ihn warf, erklärte uns im anderen Zimmer, der Lupus ruhe derzeit, wie man sähe, sei ein wenig verschorft, was die Ansteckungsgefahr sehr verringere. Trotzdem müsse man sich in acht nehmen, dürfe dem Mann nicht zu nahe kommen. Der Bursche stand hilflos und verstört allein auf den Stufen zum Hof, die Hände in den Manteltaschen, ohne zu wissen, was er machen sollte. Man sah ihm an, daß er zudem noch sehr schüchtern war. Auf der gesunden Gesichtsseite sproß ein spärlicher aschblonder Achttagebart, der Schnurrbart reichte bis zur Mitte der Oberlippe. Mit seinen guten, treuen wäßrigblauen Augen, die mehr schmerzlich erschrocken als dumm dreinschauten, hätte er, ohne die abstoßende Hälfte, nicht übel ausgesehen. Er trug eine zerdrückte, metallgrau karierte gojische Mütze und dreckverkrustete billige alte Lackschuhe. Ich ging zu ihm, um ein Gespräch anzuknüpfen. Erst zurückhaltend, dann nach und nach zutraulicher erzählte er mir mit brüchiger, überlauter Stimme stückchenweise seine Geschichte.

Er hieß Otto Stocker, war dreißig Jahre alt und stammte aus dem Badischen. In Frankreich hatte er die letzten sieben Jahre nahe der Schweizer Grenze als Landarbeiter und Melker auf einem Bauernhof gelebt. Die Gendarmen hatten ihn schon zwei Tage vor der Kriegserklärung festgenommen, ohne ihm auch nur einen Moment Zeit zu lassen, seine Sachen zu packen, und ihn dann gefesselt ins Gefängnis nach Bourg befördert, wo er mit Dieben und anderen Verbrechern einsaß, bis jetzt. In der Gefängnisdirektion hatte man ihm seine gesamte mitgebrachte Habe abgenommen: Armbanduhr, goldenen Füllfederhalter, dreitausend Francs in bar, Rasierzeug, Taschenmesser, Bleistift, seine sämtlichen Papiere, und nichts hatte er wiederbekommen. Jetzt hatte man ihn hierher verlegt. Er war glücklich, daß er dort raus war. Zu essen hatte er bekommen, was es eben in den Gefängnissen gibt, und dann erst in den französischen, die bekanntermaßen am schlechtesten sind, da sich seit dem Mittelalter dort nichts geändert hat: dünne, übelriechende Wassersuppe ohne jeden Geschmack und ein Stück schlechtes Brot. Tatsächlich sah er aus wie ein halbverhungerter Köter, dieser Otto Stocker.

Ich bot ihm Brot und Käse an, die ich übrigbehalten hatte. Zuerst zögerte er verschämt, doch dann gewann der Hunger die Oberhand, und im Nu hatte er im Stehen einen halben Laib Brot weggeputzt. Im anderen Zimmer trieb ich Tomaten und ein weiteres Stück Käse für ihn auf. Einen Augenblick später kam unser Mittagessen. Wir liehen ihm Teller und Löffel, eine leere Konservendose diente ihm als Kaffeebecher. Wir erhielten von den Soldaten üppige Portionen, die wir gar nicht aufessen konnten. Ihre gesamten Reste brachten sie uns. Unsere reichen Genossen vom anderen Zimmer beschlossen ab und zu, auch das Soldatenessen zu probieren. Und der alte Major kümmerte sich wie ein Vater um uns, kam öfter zur Essenszeit herein, um nachzusehen, ob wir auch nicht zu wenig erhalten hatten, ob genug Käse dabei war… Jetzt füllten wir Stocker enorme Portionen auf, und er schlang alles hinunter, in Mantel und Mütze dasitzend wie ein Augenblicksgast. Wir wiesen ihm seinen Schlafplatz dort an, wo noch das Stroh der Spanier lag, so weit wie möglich von unserem entfernt. Ehrlich gesagt, war es ekelerregend, mit ihm an einem Tisch zu essen, seine lupuszerfressene Wange direkt vor Augen und dann noch so eng gedrängt an dem kleinen Tisch, an dem man sich nicht regen konnte, ohne einander anzustoßen. All das raubte einem den Appetit. Vergebens senkte ich den Blick auf den Teller. Der purpurrote Fleck schwebte mir unaufhörlich vor Augen, losgelöst von dem übrigen Gesicht. Schließlich stand ich auf, ließ das Essen stehen und ging hinaus.

Mit der Zeit gewöhnten wir uns natürlich ein wenig daran – wie an alles im Leben. Trotzdem blieb auch ich von nun an so weit wie möglich unserer Stube fern, lief länger als mir lieb war im Hof herum oder hielt mich mehr im anderen Zimmer auf. Kam man um elf Uhr nachts in die Kammer, schlief er bereits, ins Stroh gedrückt, bis übers Gesicht mit dem Mantel zugedeckt. Man sah von ihm nur die hellblonde deutsche Tolle, die sich kaum vom Stroh abhob, und seine dreckigen Lackschuhe. Die Mütze legte er neben sich. Den ganzen Tag über schlenderte er allein für sich im Hof umher oder blieb als einziger in der Kammer. Von Zeit zu Zeit wechselte ich ein paar belanglose Worte mit ihm oder las ihm aus der Zeitung vor. Die anderen redeten noch seltener mit ihm, abgesehen von Dr. Fried, der sich verpflichtet fühlte, ihn näher anzusehen und verschiedene Einzelheiten über seine Krankheit zu erfragen.

Otto Stocker blieb allerdings nur zwei Tage bei uns. Am Montag morgen brachten sie ihn in das Lager Chambaran. Von Chambaran hatten wir schon gehört. Dort befanden sich Dr. Frieds Sohn, zwei Cousins von Sternheimer und noch ein paar entferntere Verwandte der beiden, und wir fürchteten dauernd, man könnte auch uns dorthin verlegen. Es gab bereits an die siebenhundert Internierte dort, und die Nachrichten, die auf verschlungenen Wegen von dort eintrafen, waren keineswegs rosig.

Wenn wir das Stroh für unser Lager ausstreuten, nahm es die gesamte Raumgröße ein. Ich lag an der Tür. Meine Füße reichten bis an die Stufen. Beim Aufwachen fand ich sie oft unter dem Tisch, der neben den Stufen an der Wand stand. Der Baron schlief näher am Fenster. Aus Blaupapier hatten wir Verschalungen für das Fenster angefertigt, damit kein Licht nach draußen drang. Abends hängten wir sie auf, morgens nahmen wir sie wieder ab. Die Füße des Barons stießen in den Strohhaufen der Spanier und Otto Stocker in den Rücken. Baron von Malachowsky baute sein Lager mit einer Meisterschaft, als hätte er es sein Leben lang getan. Er verteilte das Stroh gleichmäßig, zupfte hier ein wenig weg, streute dort ein wenig hinzu, prüfte und glättete mit seinen schmalen Händen, damit keine Hügel und Täler entstanden. Sobald alles ordentlich war, breitete er ein dunkelblaues Laken darüber, das seine Tochter mitgebracht hatte, und legte ans Kopfende zwei Kissen übereinander. Eines seiner Beine war bis zur Kniekehle mit einer weißen Binde umwickelt, was an die gewickelten Fesseln von Rennpferden erinnerte. Vor dem Schlafen rollte er die lange Binde ab, und am nächsten Morgen legte er sie erneut an. Er habe sich einmal bei einem Sturz vom Pferd den Knöchel verrenkt, erklärte er mir, und seither sei das Gelenk labil. Legte er das Hemd ab, blinkte auf seiner schmalen, flachen Brust ein großes silbernes Kreuz an schwarzem Band. Offenbar war der Baron, der eine Jüdin geheiratet hatte, gläubiger Christ. Dieses Kreuz stach mir jedesmal von neuem in die Augen. Unter eben diesem Zeichen hat man uns Juden allerorten und zu allen Zeiten niedergemetzelt, gefoltert und verbrannt – es war das Symbol aller Inquisationsverfahren und Pogrome. Übermäßiges Vertrauen in die Judenfreundlichkeit eines Menschen, der das Kreuz auf der Brust trug, schien unangebracht.

Sosehr ich mich auch anstrengte, ein derart kunstvolles Lager wie seins brachte ich nicht zuwege. Ich lag unweigerlich auf einem steilen Abhang oder mit dem Kopf in einer Mulde oder mit dem Bein auf dem nackten Betonfußboden. Ein hoffnungsloser Fall! Morgens schoben wir das Stroh erneut zur Wand. Der Baron häufte es dort sorgfältig auf, so daß es, mit den Wolldecken abgedeckt, wie ein langes, breites Sofa wirkte, auf dem der Baron sich ab und zu scheinbar gemütlich niederließ, um Zeitung zu lesen oder etwas auf lange Papierbögen zu schreiben, die er auf den Knien hielt. Wenn dieses Sofa fertig war, blieb ein schmaler Durchgang von zehn Zentimetern Breite quer durch die Kammer zum Fenster frei. Nun wurde der struppige, verdreckte Besen vom Hof geholt, und abwechselnd fegte einer von uns den Bodenstreifen, Strohhalme mitzerrend, und der andere trug den Abfall auf einem Stück Zeitung hinaus. Danach war die Kammer aufgeräumt, die Arbeit beendet, und wieder lag der Tag vor einem, lang und leer wie der gestrige und der vorgestrige.

Ich sitze schon geschlagene acht Tage hier, und noch hat sich nichts getan. Man weiß weiterhin nichts. Der Regen hat aufgehört, man kann wieder ziellos auf dem kleinen Hof umherschlendern. Aber an dem Stück Himmel über dem Hof flitzen dicke Wolken, schneeweiße und graue, jagen einander in die Ferne nach.

Gegen Abend betrat der Major den Hof, hielt inne, um mit Sternheimer zu sprechen, der gerade mit Dr. Fried in der Eingangshalle stand. Sternheimer lief danach sofort erregt los, um die Kunde zu verbreiten. Der Major bereite unsere Papiere vor. Morgen vormittag kämen wir hier weg. Aber zum Packen sei morgen noch Zeit. Morgen früh würde man uns genauer instruieren. Wer und was, habe der Major nicht verlauten lassen, aber Sternheimer war sicher, daß wir morgen freikommen würden. Sein Gesicht strahlte. Ich selbst glaubte es irgendwie nicht recht. Die Sache war zu simpel. Konnte nicht angehen. Wir fingen an, die wenigen Sätze des Majors auseinanderzunehmen, sie hin und her zu wenden, von unten und oben zu betrachten, kauten sie immer aufs neue durch – nein, sie enthielten keinen Hinweis auf Freilassung. Wo steckte denn jetzt diese Untersuchungskommission? Was sollte wohl daraus werden! Dazu meinte Sternheimer, möglicherweise sei die Kommission unsere Papiere bereits ohne uns durchgegangen. Sie hatten ja Zeit genug gehabt. ‹Wie lange kann so was denn dauern? Die Angelegenheit ist doch völlig klar! Was sind wir denn – Verbrecher?› Aber auch sein Optimismus hatte sich schon ein wenig abgekühlt. Es tat ihm bloß leid, daß man nicht eine Stunde früher davon erfahren hatte, als Sabine Ambach und sein Bruder Fritz da waren. Wie sollten wir jetzt zu Hause ausrichten, daß sie uns morgen Autos herschikken sollten? Er werde sich beim Major einsetzen, seine Genehmigung zum Telefonieren erwirken. Und vielleicht würde er dabei auch was Genaueres erfahren. Sternheimer pochte an die verschlossene Hintertür. Der bebrillte Soldat öffnete von der anderen Seite und ließ ihn ins Büro ein.

Wir warteten aufgeregt. Nach einer halben Stunde kam Sternheimer zurück. Der Soldat hatte ihn in ein Café begleitet, von dem er anrufen konnte. Morgen vormittag würden sie von Montluel drei Wagen schicken. Nach seiner Rechnung müßten sie für alle reichen. Wie es scheine, würden wir in drei Gruppen aufgeteilt, von denen jede woandershin fahre. Wir alle samt Gepäck und Begleitsoldaten. Fünf, fünf und zwei. Die Kommission würde an unserem Bstimmungsort schon auf uns warten oder dort hinkommen. Wer mit wem führe, habe man nicht verraten. Morgen um neun würden wir es erfahren.

Bald darauf wurden wir einzeln ins Büro gerufen. Der junge Leutnant notierte erneut Namen, Nationalität, Religion.

An jenem Abend war die Lust auf Skat verflogen. Jeder

war aufgeregt, von Reisefieber befallen. Auf einmal bedauerten wir, diesen Ort, an den wir uns doch schon ein wenig gewöhnt hatten, verlassen und von den mittlerweile bekannten Menschen Abschied nehmen zu müssen. Die feuchtkalte Kammer wurde plötzlich lieb und vertraut, der rechteckige Hof – alles. Unwillkürlich hatte man das Gefühl, wenn die Kommission überhaupt was nützen konnte, dann nur hier, solange wir noch in Bourg saßen. Woanders konnte man nicht wissen. Der Appetit aufs Abendbrot war vergangen. Nach ein paar Löffelvoll, die uns fad schmeckten, kippten wir alles in den Mülleimer. Bis zu später Nachtstunde tranken wir im großen Zimmer Wein und Schnaps als eine Art Abschiedsfeier.

Am nächsten Morgen teilte uns der Major gegen neun Uhr mit, daß wir erst am folgenden Tag um sieben Uhr früh abfahren würden. Jetzt eröffnete er uns auch, daß wir fünf Juden nach Arandon in ein jüdisches Lager kämen, Herr Meinart und Herr Mai, die als Flüchtlinge galten, nach Vezeronce und der Baron nach Bourgoin. All diese Orte lägen nicht weit voneinander. ‹Und nur keine Sorge›, ermunterte der Major, ‹dort werden Sie es besser haben als hier.› Die Kommission sei schon dort oder werde bald eintreffen. Keiner von uns hatte je von diesen Orten gehört. Zufällig hatte Sternheimer eine detaillierte Landkarte dabei. Eng an eng beugten wir uns darüber und suchten lange fieberhaft die genannten Namen, und schließlich fanden wir sie auch: Es waren entlegende Ortschaften, außer Bourgoin, das etwas größer sein mochte. Aber wir Juden kamen ja nach Arandon! Warum gerade wir dorthin? Warum nicht umgekehrt? All das war unklar. Und gleich würden die drei Wagen eintreffen – dabei fuhren wir doch erst morgen!

Johann Sternheimer hatte schnell einen Ausweg parat: Heute würden wir all unsere Sachen mit dem Wagen nach Arandon schicken und dort bis morgen in einem Hotel deponieren. Und morgen früh würden die Wagen wiederkommen, um uns abzuholen. Ohne das Gepäck hätten wir mehr Platz. Kurz vor zehn kamen die Wagen, mit Sabine Ambach und Sternheimers Bruder. Wir luden alle Habseligkeiten ein und schickten sie auf den Weg.

Diesen ganzen Tag liefen wir wie irre im Kreis herum, vom Zimmer auf den Hof und vom Hof ins Zimmer, und sangen lustlos das bewußte Lied, ‹Woran ich meine Freude hab›, im Chor, um uns aufzumuntern. Abends tranken wir sämtliche Weinreste aus, und die anderen spielten eine letzte Skatpartie mit dem Baron, zum Abschied.

Am nächsten Morgen standen wir schon gegen sechs Uhr auf. Um sieben Uhr waren wir fix und fertig in Hut und Mantel. Draußen war es noch dunkel. Es nieselte mit Unterbrechungen. Alle wirkten übernächtigt und trübsinnig. Der Major lief schon mit Uniformrock und Käppi umher. Die vier Wachsoldaten, mit Gewehr, waren ebenfalls angetreten, um uns zu begleiten. Johann Sternheimer trat sofort zu dem befehlshabenden Sergeanten, einem etwa dreißigjährigen Mann von kleinem Wuchs mit energischen, offenen Zügen, und tuschelte mit ihm. Der Sergeant ließ sich nicht lange bitten, willigte vielmehr auf der Stelle ein. Er selbst und seine Leute hatten bis morgen Urlaub und wollten bei ihren Familien in Grenoble übernachten. Aber da es kein großer Umweg sei, würde er uns erlauben, über Montluel zu fahren und in Sternheimers großem, geräumigem Haus Station zu machen, dort zu frühstücken, sich die zwanzig Tage Bourg vom Leib zu waschen und vielleicht auch das Mittagessen dort einzunehmen, zusammen mit der ganzen Familie – Großmüttern, Müttern, Frauen, Kindern, Schwiegermüttern und Schwägerinnen, die dort schon auf uns warteten, an die dreißig Personen.

Arandon

Durch das von einem Soldaten mit aufgestecktem Seitengewehr bewachte Tor fuhren wir in einen großen Hof ein, der von einem hohen doppelten Stacheldrahtzaun umgeben war. Zur Rechten zog sich ein langgestrecktes, einstöckiges graues Gebäude hin – in der Mitte ein offener Torbogen, zu beiden Seiten je eine Reihe hoher Fenster, deren Scheiben dunkelblau gestrichen beziehungsweise hier und da durch Bretter und Pappe ersetzt worden waren. Links standen zwei kleinere Gebäude, eins hinter dem anderen aufgereiht, ebenfalls mit blau gestrichenen Fensterscheiben. Rechts im Hintergrund erhob sich ein weiterer Bau, von dem nur die graue Front und das geschlossene Tor zu sehen waren. Alles wirkte grau, öde und verlassen, wie ein Ruinengrundstück. Am fernen Horizont zeichnete sich verschwommen die Silhouette einer Bergkette ab. Es goß jetzt wie mit Eimern. Der riesige Hof dehnte sich leer, lehmverschmiert und voller Pfützen. Man hätte heulen mögen. Wir fünf stiegen aus. Der Baron und Sternheimers Bruder durften die Wagen nicht verlassen. Ein Soldat mit geschultertem Gewehr führte uns alle zusammen in die düstere Wachstube zur Linken, in der sich schon der schwarzuniformierte Hauptmann befand. ‹Durchsuchen!› befahl er knapp. Der Korporal suchte einem nach dem anderen die Manteltaschen ab, befahl, die Mäntel abzulegen, klopfte uns Stück für Stück die Brust ab, griff jedem erst in die Brusttasche, dann in die Gesäßtaschen der Hose, kontrollierte, ob wir keine Waffen dabei hatten. Nein, Waffen hatten wir keine.

‹Wer sind Sie?› fragte der Hauptmann grimmig, als

wüßte er es nicht. Offenbar hegte er eine tiefverwurzelte Wut auf uns, wie gegenüber alten Feinden. Breit und ungerührt stand er da und musterte uns in Ruhe mit mörderischen Blicken seiner kalten blauen Augen. ‹Wir sind Juden, Flüchtlinge›, antwortete Karlchen Ambach für uns alle in seinem hastigen, holprigen Französisch. Wir standen militärisch stramm und aufrecht, ohne ein Glied zu rühren. ‹Abtreten! Raus!› zischte der Hauptmann mit starrem Blick und wedelte mit der Hand, als wolle er Hunde verscheuchen.

Der Soldat führte uns in eine große, hohe Halle mit offenen Balken und Ziegeldach. Er selbst blieb am Tor stehen, um uns zu überwachen. Der lange, breite Saal stand leer bis auf einen langen, fleckigen weißen Holztisch mit passenden Bänken davor und ein paar weiteren Bänken an den unverputzten Wänden, deren schwarzgrau verfärbte Quader von Staub und Spinnweben überzogen waren. Auf ein paar rohen Wandbrettern reihten sich Brot, andere Lebensmittel, ein paar Töpfe, an vereinzelt eingeschlagenen Nägeln hingen alte, abgetragene Kleidungsstücke und verfranste karierte Wolldecken. Weit hinten in der Ecke stand schließlich noch ein niedriges, schmales Eisenbett mit löchrigen grauen Decken. Quer über die ganze Halle spannte sich eine Leine, auf der Wäsche zum Trocknen hing. Eine alte und zwei jüngere Frauen liefen im Raum umher. Eine trug einen Säugling auf den Armen. Wir blieben entgeistert mittendrin stehen, brachten keinen Ton heraus, sprachlos. Die Frauen warfen uns mitfühlende Blicke zu. Der Hauptmann trat gleich darauf ein und fragte uns streng, ob wir schon gegessen hätten. Keinem von uns war jetzt nach Essen zumute. Auch ohne die gute Mahlzeit in Montluel hätten wir nichts hinuntergebracht. Wir hatten einen bitteren Geschmack im Mund, und die Kehle war ausgedörrt. Doch in unserer Verstörung murmelten wir zutiefst verzweifelt: ‹Nein, wir haben nicht gegessen.›

Er befahl den Frauen, uns Brot, Ölsardinen und Schokolade auszuteilen, und ging hinaus. In gebrochenem Französisch und mit beredten Gesten bedeuteten uns die Frauen, am Tisch Platz zu nehmen. Sie legten einen Laib Brot in die Mitte und gaben jedem eine kleine Dose Sardinen und einen Riegel Schokolade. Wir baten um Wasser. Schweigend, in Hut und Mantel, an jedem Bissen schier erstickend, kauten wir unser trockenes Brot mit Ölsardinen und tranken vor allem Wasser. Karlchen fragte leise eine der Frauen, die uns rührend umsorgten, ob sie keine Französinnen seien. Sie waren Spanierinnen, Flüchtlinge.

Bald kam der Hauptmann wieder. Wir sprangen auf und nahmen Haltung an. ‹Näher treten!› befahl er, mit dem Finger auf sich selbst zeigend. Wir traten näher heran, standen schweigend einen Schritt vor ihm, Hüte in der Hand. Einen Augenblick fixierte er uns stumm, musterte jeden einzeln. ‹Warum haben Sie sich nicht freiwillig zur Fremdenlegion gemeldet?› Diese Frage traf uns unvorbereitet. Wir wußten nicht, was wir antworten sollten. Aber Karlchen Ambach fand gleich eine passende Antwort: ‹Wir sind zu alt›, stammelte er erschrocken, ‹ich persönlich bin dreiundfünfzig.› – ‹Und Sie?› wandte sich der Hauptmann an Dr. Jochen Seligson. ‹Vierundfünfzig.› – ‹Und Sie?› Dr. Richard Fried war zweiundsechzig, Johann Sternheimer einundfünfzig und ich, der Jüngste, achtundvierzig. ‹An die Arbeit!›

Der Soldat mit dem aufgesteckten Seitengewehr führte uns zu dem Riesengebäude gegenüber und befahl uns, Schaufeln und Strohgabeln zu fassen, die im offenen Torgang an der Wand lehnten.

In dem Lager, einer ehemaligen Automobilfabrik, waren Flüchtlinge aus dem Spanischen Bürgerkrieg untergebracht gewesen, rund fünfzehnhundert Frauen und Kinder. Das Gebäude mit seinen drei Flügeln hatte ihnen als Schlafquartier gedient. An allen Wänden entlang zogen sich zweistöckige hölzerne Galerien von zwei Meter Breite. Über die volle Länge des breiteren Mittelstücks erstreckte sich ein weitres Gestell ähnlicher Bauart. Der

Zwischenraum von der unteren Galerie zur oberen betrug nur etwa achtzig Zentimeter. Nach oben führten schmale Holzleitern, die in weiten Abständen angebracht waren.

Die drei endlos langen Flügel waren vollgestreut mit dem dreckigen, zerdrückten Stroh der Spanierinnen und übersät mit Abfall und Gerümpel: zerbrochenes Geschirr, Säuglingskörbe, Schachteln, Konservendosen, Blecheimer, große Kübel randvoll mit übelriechender Brühe, schimmlige Brotkanten, alte Bindfäden, abgetragene Kleidung, zerschlissene Laken, Beutel, schiefgelaufene, zerrissene, dreckverklebte Schuhe und Galoschen, Alteisen, Blechnäpfe, Holzstücke und Bretter aller Formen und Größen, roh gezimmerte Tische, Hocker und Schränkchen, ramponierte Körbe und Säcke, Drahtenden, Töpfe, Pfannen, zerbrochene Puppen... Staub und Gestank raubten einem den Atem, obwohl der Raum bis zu den offenen Balken und Ziegeln hinauf gut zwölf Meter hoch war.

Diesen Saal sollten wir nun säubern. Der Regen hatte inzwischen aufgehört, aber es war kalt und trübe. Wegen der blau gestrichenen Fenster lag der Raum im Halbdämmern. Hustend und keuchend rechten wir das Stroh der Spanierinnen zusammen, böse auf die ganze Welt, gedemütigt, zum Brechen angeekelt, unter der Aufsicht des bewaffneten Soldaten, der keinen Moment von uns wich. Johann Sternheimer, der Mann von Welt, war schweigsam geworden, schaufelte grimmig mit voller Schippe, schleifte fremde, verlauste Lumpen davon, schleppte uringefüllte Blechkübel und sang schon nicht mehr ‹Woran ich meine Freude hab›. Dr. Seligson schuftete, Dr. Fried schuftete, also schuftete auch ich, und sogar Karlchen schlurfte hinter uns her. Doch bald erstickte er fast vor Husten und ersuchte den Soldaten, ihn von der Arbeit freizustellen, wobei er uns und besonders Dr. Fried als Zeugen dafür anführte, daß er schwer krank sei. Völlig freigestellt werden konnte er nicht. Der Soldat hatte seinen Befehl, und den mußte er befolgen. Ihm persönlich sei es gleich. Er pfeife auf alles. Aber Befehl sei Befehl. Und wenn der Sergeant komme, werde er ihn persönlich zur Rechenschaft ziehen. Aber Karlchen könne eine andere, staubfreie Arbeit verrichten. Dort ständen große Wassereimer und in dem Kübel sei Chlor. Karlchen solle eben etwas Chlor ins Wasser geben und mit jenem Scheuerbesen dort die leergeräumten Galerien gut schrubben, um sie einigermaßen zu desinfizieren.

So arbeiteten wir bis gegen sechs Uhr. Dann gingen wir daran, unser Lager herzurichten. Wir suchten uns eine beliebige Ecke, nahe dem verschlossenen Tor am Fenster. Wir schleiften frische Strohballen heran und polsterten uns damit ein Stück Galerie, eng nebeneinander wie eine verängstigte Schafherde. In dem riesigen, hohen, leeren Flügel, in dem man mühelos dreihundert und mehr Menschen hätte unterbringen können, schimmerte das schwache Licht einer einzigen blau gestrichenen Glühbirne in der Mitte. Pausenlos begleitet von dem bajonettbewaffneten Soldaten, der uns keinen Moment aus den Augen ließ, holten wir unser Gepäck aus der Wachstube, sammelten schiefe Hocker zusammen und zimmerten aus Brettern, Kisten und Stäben, die wir auf der anderen Seite gefunden hatten, Möbel für unser neues ‹Heim›. Mit einem Stück Eisen schlugen wir Nägel in die Wand, die jedoch oft auf Stein stießen, in den sie nicht hineingingen beziehungsweise, wenn wir doch in den Mörtel dazwischen getroffen hatten, nicht halten wollten. Letzten Endes saßen doch ein paar fest. Die größte Kunstfertigkeit legte dabei Johann Sternheimer an den Tag – wie dazu geboren. Ich durfte drei Nägel über meinem Lager mein eigen nennen.

Die Wache wurde abgelöst. Jetzt waren es schon zwei Soldaten mit Gewehr. Wir waren zu Schwerverbrechern avanciert. Die Wache instruierte uns, daß es nachtsüber verboten sei, die Toilette aufzusuchen, und wir unsere Notdurft daher jetzt, vor Eintritt der Dunkelheit, verrichten sollten. Ein Wachsoldat geleitete uns paarweise zur Latrine auf der anderen Hofseite, wartete vor der offenen Tür, ging zurück und holte das nächste Paar. Um sieben mußten wir uns hinlegen. Ein Soldat stand Wache an der weißen Holztür, deren Latten nicht genau aneinanderpaßten, so daß Ritzen blieben, der andere patrouillierte den langen, schmalen Gang zwischen den Pritschen auf und ab. Seine Schritte in metallbeschlagenen Militärstiefeln hallten auf dem nackten Betonfußboden in die unheimlich verlassene Stille. ‹Es war aber doch gut, daß wir vor Hitler und dem Nazi-Terror geflohen sind›, sagte Dr. Jochen Seligson leise beim Ausziehen.

‹So sieht also die versprochene Untersuchungskommission aus›, murmelte Dr. Fried unablässig vor sich hin. ‹Nach diesem Empfang glaube ich schon nichts mehr.›

‹Trotzdem muß man abwarten und sehen›, meinte Sternheimer, bei dem ein Fünkchen seines alten Optimismus wiederauflebte, ‹bloß nicht den Kopf hängen lassen, Richard. Nehmen wir lieber einen Schluck Schnaps – und die da soll der Teufel holen!› Er zog eine versteckte Flasche aus seiner Reisetasche (zu unserem Glück hatten sie vergessen, unser Gepäck zu durchsuchen). Einer nach dem anderen taten wir einen Zug aus der Flasche. Das war eine gute Idee!

In der riesigen Halle zog es aus allen Ecken und Enden, der kalte Wind pfiff ungehindert durchs Dach, durch die geborstenen Fenster, durch das verschlossene Tor mit seinen zahllosen Ritzen. Wir lagen praktisch wie draußen unter freiem Himmel. In der Mittelhalle brannte eine scharfe Glühbirne, deren Licht über die oben offene Trennwand hinweg das ganze Labyrinth der Eisenstreben und Balken uns gegenüber ausleuchtete. Eine große Ratte lief flink einen schiefen Balken hinauf, höher und höher, gleich würde sie abstürzen. Nein, sie verschwand irgendwo zwischen den Dachziegeln. Mir kam die Galle hoch, und doch konnte ich den Blick nicht von dem Ort lösen, an dem sie verschwunden war und womöglich wiederauftauchen würde. Aber dieses Starren nach der fetten Ratte lenkte ein wenig von der Verzweiflung ab, die wie ein Berg auf einem lastete.

Keiner schlief. Jeder lag in seine trübseligen Gedanken vertieft. Voll angezogen, zitterte ich unter der einzigen Wolldecke. Ich mußte noch den Mantel darüber legen. Aber jetzt war ich schon zu träge, aufzustehen und ihn vom Nagel zu holen. Von draußen hörte man Männer reden und lachen. ‹Mir scheint, ich habe mir schon die Läuse oder Flöhe der Spanierinnen zugezogen. Mich hat was gestochen›, schimpfte Johann Sternheimer und kroch aus seinem Schlafsack. ‹Mich auch›, sagte Dr. Seligson. Plötzlich kratzten wir uns alle wie ein Mann. Sternheimer streifte den Pyjama ab, stellte sich splitternackt an die Bettkante und schüttelte ihn über dem Gang aus. Dann rieb er sich mit Kölnisch Wasser ein. ‹Zu dem französischen Dreck hat uns der spanische gerade noch gefehlt!› Er leuchtete mit der Taschenlampe den Pyjama aus. ‹Guck mal nach, Jochen, ob ich auf dem Rücken keine Stiche habe.› Jochen suchte ihm im Sitzen Stück für Stück Rücken und Brust ab. ‹Nichts zu sehen›, erklärte er.

Sternheimer holte in Wachspapier eingewickelten Kuchen heraus und verteilte ihn unter uns. Dann ließ er wieder die Flasche kreisen, und wir nahmen der Reihe nach einen Schluck. Danach vergruben wir uns tief im Stroh. Ich lag allein noch lange wach, und die Gedanken kamen und gingen unwillkürlich. Die Kleine hat beim Abschied geschluchzt. Ihre reinen blauen Augen starrten ganz erschrocken. Die Frau hat dunkelbraune Augen, wie Honigwasser. Sie ist krank. Sie ist allein. Aber mir hat man befohlen: Geh fort, schlaf auf Stroh, und du mußt gehorchen. Du bist müde. Aber du mußt wach bleiben. Kaum bist du eingeschlafen, fällt die Ratte herunter – und der Fuß ist nicht zugedeckt. Der Hauptmann wird wiederkommen und fragen, wer du bist und warum du kein Gewehr hast. Und er wird den Spanierinnen befehlen, dich mit Sardinendosen zu bombadieren und dein Gesicht mit einem dreckigen Besen zu schrubben...

Ein schöner Herbsttag zog herauf. Fern am Horizont zeichnete sich dunkel die Bergkette ab, in einen feinen Dunstschleier gehüllt. Hier und da standen noch Pfützen vom Vortag. Ein Wachmann beaufsichtigte uns, während wir uns draußen wuschen und rasierten, an der langen Blechwanne mit zwanzig Wasserhähnen, die an die Wand des Mittelbaus zementiert war. Das eisige Wasser erfrischte uns, verscheuchte ein wenig das trübe Gefühl der Übernächtigung. Sternheimer und Jochen Seligson schrubbten einander mit Bürste und Seife den Rücken, bis sie dampften – ein Mittel gegen Flöhe. ‹Sauberkeit ist die Hauptsache!› Dr. Fried seifte sich wie gewohnt Gesicht und Nase bis zur Stirn, bis zu den Augenbrauen ein und schabte sich mit dem Rasierapparat Oberlippe, Wangen und Kinn. Karlchen würde sich erst später rasieren, wenn die Sonne schien und es wärmer wurde.

Danach erhielten wir in der Wachstube eine Tasse mit einer undefinierbaren lauwarmen, schwarzen Brühe, die unter der Bezeichnung Kaffee lief. Und gleich darauf wurden wir zur Arbeit eingeteilt. Als habe der französische Staat seit dem Tag seiner Gründung nur darauf gewartet, daß wir für ihn schuften sollten. Wenn der Sieg von unserer Arbeit abhing, konnte ich für seine Erlangung nicht garantieren. Es war erst halb acht. Die Sonne schien bereits glaskar. Wir mußten einen Wagen hoch mit Stroh beladen, aus dem der Staub nur so wirbelte. Mir wurde befohlen, die auf dem Hof herumliegenden Konservendosen, Holzsplitter und Papierschnitzel zu Häufchen zusammenzutragen und sie zum Schluß auf den großen Müllhaufen zu bringen. Ich ließ den Soldaten das Ganze ein paarmal mit Gesten erklären. Plötzlich verstand ich gar kein Französisch mehr und war auch ein wenig taub auf den Ohren. Gemächlich spießte ich mit der Heugabel ein Stück alte Zeitung auf und trug es zu dem Häufchen.

Dann mußten wir alle Mann die Latrinen säubern – fünf Zellen, jeweils ein Loch in der Mitte und eine halbhohe Tür, ohne Kette zum Verriegeln. Zu zwei und zwei schleppten wir Wasser im Eimer heran, rührten Chlor hinein und schrubbten mit dem uralten Scheuerbesen.

Dr. Seligson mit seinem kranken Herzen stürzte sich ausgerechnet auf die schwersten Arbeiten, und wenn die ganze Welt unterging. Wie ein Kind, das nicht essen will, um seine Mutter zu ärgern, beharrte er darauf, sich bis zum Zusammenbruch abzuschuften. Sternheimer und Dr. Fried schimpften ununterbrochen mit ihm.

Der Hauptmann erschien nur einmal auf der Bildfläche, wandte den Blick aber von uns ab und tat, als habe er unseren Gruß nicht gesehen. Neben ihm ging ein Mann von etwa fünfzig Jahren, in Zivil – schwarzer Talar und breites Barett. Sein düsteres, ovales Gesicht endete in einem Spitzbart. Die ganze Aufmachung glich einem Mephistobild. Wie auf einer Stummfilmleinwand verfolgte ich von weitem Gestik und Mienenspiel, aber die Worte konnte ich nicht ablesen. Gutes stand für uns jedenfalls nicht zu erwarten.

Nach dem Mittagessen legte ich mich zum Ausruhen aufs Stroh. Es war erst elf. Unzählige große Fliegen plagten einen, ließen sich nicht vertreiben, als wollten diese Herbstfliegen sich für ihren nahen Tod rächen. Meine Genossen wurden bald wieder vom Hof hineingeschickt, dann schloß man das Tor hinter ihnen ab. Man habe Neue gebracht, erzählten sie. Wir drängten uns von drinnen ans Tor, um durch die Ritzen zu lugen, konnten die Ankömmlinge aber nicht sehen. Kurze Zeit später stürmten sie lärmend in unseren Flügel, um gute Plätze zu ergattern. Sie schleppten Koffer, Rucksäcke und Taschen, schleiften Strohbündel aus der anderen Ecke herbei, schrien, riefen, stritten, beschimpften einander, zankten sich um Plätze, obwohl es die ja zu Hunderten gab. Sie waren dreiundzwanzig an der Zahl, die meisten über fünfzig Jahre, jüdische Flüchtlinge aus Österreich und

Deutschland. Sie kamen aus Lyon, wo man sie wochenlang im Stadion interniert hatte, und erzählten Haarsträubendes. Das Essen sei schrecklich gewesen, nicht runterzubringen, und wenig. Geschlafen hätten sie eng gedrängt, in Kälte und Feuchtigkeit. Überall habe es durchgeregnet. Zigaretten, Füllfederhalter, Taschenmesser, Scheren, Rasiermesser und Rasierapparate seien ihnen abgenommen, aber nicht zurückgegeben worden. Das habe alles Müller, der Dolmetscher, eingesteckt, der Schlag solle ihn treffen! Sie redeten hastig durcheinander, fielen sich gegenseitig ins Wort. Jeder glaubte, besser als der andere erzählen zu können.

Ich stand mit dem Gesicht zur Wand, an der ich einen Spiegel aufgehängt hatte, und rasierte mich. Alle Augenblick mal wandte ich ihnen das Gesicht zu. Einer, ein Älterer mit gestutztem Bart, der nachdenklich, in Hut und Mantel, an der Gegenwand stand, fragte mich schließlich in ruhigem Ton und jiddisch gefärbtem Deutsch: ‹Gibt es hier ein *Ssefer*?›

‹*Ssefer*? Buch? Was für ein Buch?›

‹Ich meine ein *Ssefer-Tora*, zum Beten.›

Einen Augenblick starrte ich ihn schweigend an, aus rund fünfzig Meter Entfernung, das Rasiermesser in der Hand. Nein, man sah ihm an, daß er nicht scherzte. ‹Wir werden mit dem Hauptmann reden. Er wird schon eine Bibel haben.› Damit drehte ich mich wieder zur Wand und beendete die Rasur.

Karlchen hatte sich schnell gefaßt, knüpfte mit diesem und jenem ein Gespräch an, sein schiefes Froschmaul stand nicht einen Augenblick still. Dr. Jochen Seligson versammelte ebenfalls bald einen Zuhörerkreis um sich und erzählte etwas in referierendem Ton. Wir Bourger fühlten uns ein wenig als Hausherren. Waren ja als erste eingezogen, einen Tag vor ihnen.

Die Sonne wärmte mit den letzten Resten Sommerhitze. Die markanten Berggipfel am Horizont dehnten sich in stummer Majestät bis in die Ferne. Bei Licht und Wärme schöpften wir ein wenig neue Hoffnung. Nachmittags wurden wir nicht zur Arbeit herausgeholt, vielleicht weil es Samstag war.

Ein dicker Mann mit schäbiger Kleidung und schiefgelaufenen Absätzen fiel, kaum daß er erfahren hatte, daß ein Arzt unter uns war, auch schon über Dr. Fried her und begann ihm in aller Öffentlichkeit seine sämtlichen Krankheiten und Leiden aufzuzählen, wobei er auch noch eine Zigarette von ihm schnorrte. ‹Friede, was erzählst du denn da für Unsinn!› mischte sich ein langer, dürrer Kerl ein, dem ein winziges Schnurrbärtchen wie eine Fliege unter der Nase saß. ‹Schwindel nicht! Du bist doch gesund wie ein Bär!›

‹Ich soll gesund sein? Dann wünsch' ich dir meine Gesundheit an den Hals!› erwiderte Friede mit einem kleinen verschmitzten Grinsen um die Mundwinkel. Er war rundlich, plump und ungeschickt. In seinem feisten Gesicht prangte ein farbloser, pomadiger Bart und hinter der randlosen Brille, deren Gläser mindestens einen halben Zentimeter dick waren (noch nie hatte ich so dicke Linsen gesehen), quollen zwei große, kugelrunde, kurzsichtige blaue Augen hervor, die unbeweglich glotzten, wie bei einem Fisch. Seine ganze Gestalt wirkte aalglatt, schlampig, gewiß verlaust. Möglicherweise hatte ich ihn vor zehn Jahren mal in Berlin gesehen – solche Typen bleiben einem im Gedächtnis. ‹Du willst krank sein und frißt wie ein Pferd. Frißt für zehn. Wenn man krank ist, ißt man nichts›, sagte der Lange lachend.

‹Natürlich bin ich krank! Der Magen, die Leber, das Herz, die Nieren, die Beine, Rheumatismus. Und essen kann ich auch nicht.›

‹Ganz und gar nicht!› rief ein kleiner, nervöser Mann mit schiefem, eingefallenem, zahnlosem Mund und einer tiefen Narbe an der rechten Schläfe, der ein wenig wie eine alte Hexe aussah. ‹Zum Mittagessen hat er bloß einen halben Laib Brot, zwei Dosen Ölsardinen, zwei Käseecken und ein Stück Streichleberwurst verschlungen. Davon allein kann man krank werden.›

‹Kennst du dich darin aus, Rosenstiel? Bist du Arzt? Hier ist ein Arzt, und zwar ein guter. Er weiß sehr wohl, daß ich schwer krank bin. Nicht wahr, Dr. Fried, was sagen Sie?›

‹Schwer krank›, antwortete Dr. Fried lachend.

‹Siehst du, Rosenstiel, da hörst du's mit eigenen Ohren!›

Der mit dem Miniaturschnurrbart schlenderte näher und setzte sich zu mir. ‹Ein widerwärtiger Schnorrer›, sagte er abfällig, ‹in ganz Lyon berüchtigt. Es gibt kein Haus, in dem er nicht geschnorrt hätte. Können Sie mir eine Zigarette leihen? Wenn man erst welche kaufen kann, werde ich sie Ihnen zurückerstatten. Ich rauche für mein Leben gern. Haben Sie vielen Dank! Sie können versichert sein! Sie haben sie so gut wie in der Tasche! Erlauben Sie, mich vorzustellen: Eisik ist mein Name.›

Bei ihm sei es anders, müsse ich verstehen. Er würde nicht lange hierbleiben. Schon vor dem Krieg habe er sich freiwillig zur Bürgerwehr gemeldet. Ihn bräuchten sie. Außerdem sei er neununddreißig Jahre alt und habe fünf Kinder. Bei den Franzosen würden für jedes Kind zwei Jahre angerechnet. Danach sei er jetzt neunundvierzig, verstände ich? Und dann die Unterstützung für die Familie, falls sie ihn doch einzögen! Ehefrau und fünf Kinder! Eine anständige Summe! Gott sei Dank sei er nicht darauf angewiesen. Seine Lage sei, unberufen, recht gut. Er habe eine anständige Menge Ware auf Lager, die jetzt Gold wert sei. Seine Frau arbeite weiter. Hutmacher seien sie. Aber gratis gäbe es nichts. Nein, solle er ihnen etwa was schenken?! Wenn du einen Soldaten haben willst – dann zahle! Er sei für faire Geschäfte. Gib und nimm. Und er sei ein guter Soldat! Kenne das Handwerk aus dem Effeff. In Deutschland sei er Unteroffizier gewesen und habe sogar einen Orden erhalten. Der liege noch bei ihm zu Hause. Wenn ich jetzt dort bei ihm wäre, hätte er ihn mir gezeigt. Ob ich ihn recht verstände? Falls sie ihn nähmen, könnten sie ihn nicht an die Front schicken, wegen seiner fünf Kinder – und zahlen müßten sie für alle fünf und die Ehefrau. Eine klare Rechnung, schloß er triumphierend. Und ich? Wenn er fragen dürfe. Hätte ich mich freiwillig gemeldet?

‹Habe ich.›

‹Und Kinder?›

‹Eine Tochter.›

‹Ein Kind – zwei Jahre. Das ist gar nichts. Und Frau?›

‹Auch eine Frau.›

‹Immer noch nichts›, urteilte er knapp. ‹Dabei springt kein Geld raus.›

Einige der Neuen holten Spielkarten hervor und setzten sich zu ein paar Runden, umringt von Schaulustigen und Ratgebern. Dr. Popper und Dr. Lamm, zwei Wiener Rechtsanwälte älteren Jahrgangs, spazierten mit Lehrbüchern auf und ab und paukten Französisch. Dr. Popper, graues Haar, grauer Schnurrbart, schien mit seiner ganzen Haltung zu sagen: ‹Rühren Sie mich nicht an! Ich bin's, der bekannte Wiener Rechtsanwalt, und wer sind Sie?› Dr. Lamm hingegen hatte nervöse Züge und eine kränklich gelbe Gesichtsfarbe. Beide sprachen in dem gepflegten Tonfall der Wiener Gesellschaft, und doch ließen sich feine Unterschiede heraushören. Ich hätte schwören können, daß Dr. Lamm seine Kanzlei am Stadtrand hatte und nicht sehr erfolgreich war. Ihm fehlte die erfolgsgewohnte Sicherheit seines Kollegen.

Friede, dem eine dicke, schmutzige, gebogene Pfeife aus dem sabbernden Mund baumelte, hatte sich an Dr. Jochen Seligson herangemacht, berlinerte angeregt mit ihm und ließ sich verschmitzt grinsend von Zeit zu Zeit den ledernen Tabaksbeutel reichen, um seine Pfeife zu stopfen. Gewieft und erfahren, hatte er sofort gerochen, bei wem er abstauben konnte. Schon klopfte er ihm mit seiner breiten, dicken Hand freundschaftlich auf die

Schulter, nannte ihn Jochen und erfreute den Auserkorenen sichtlich mit seinen volkstümlichen Manieren.

Bald darauf unterhielt sich Dr. Seligson mit Hans Kirmse-Federn, der seinen entblößten Oberkörper der Sonne aussetzte. Er war ein junger Mann von zweiundzwanzig Jahren, der einen leicht dümmlichen Eindruck erweckte und nicht jüdisch aussah. Sofort erzählte er, seine Mutter sei die berühmte Schriftstellerin Federn, Herr Dr. Seligson habe gewiß schon von ihr gehört. Seit Ausbruch des Krieges habe er leider keine Nachricht mehr von ihr erhalten. Er wisse nicht, ob sie in Paris geblieben oder weggefahren sei. Ihn selbst habe man von einem anderen Lager, in den Pyrenäen, herverlegt, in das er schon vor dem Krieg mit spanischen Kämpfern gekommen sei. Im republikanischen Heer sei er Hauptmann gewesen.

Mir war der Jüngling unsympathisch. Ich glaubte ihm nicht, machte mir insgeheim meinen eigenen Vers auf seine Lebensgeschichte. Als er herausfand, daß Dr. Seligson Sozialdemokrat war, verwandelte er sich natürlich ebenfalls in einen eingefleischten Sozialdemokraten. Nur für dieses Ideal habe er ja in Spanien gekämpft. Die Kommunisten verabscheue er, da sie überall am Ruder sein wollten. Auch in jenem Lager in den Pyrenäen mit an die zwanzigtausend Internierten hätten sie die Herrschaft an sich gerissen. Durch die weitreichenden Beziehungen seiner Mutter sollte er gerade befreit werden, als dann plötzlich der Krieg ausbrach. Nun sei er hier, ohne Kleidung, ohne Geld, sogar ohne Decke für die Nacht. Sobald er den Aufenthaltsort seiner Mutter erfahre, würde er natürlich alles bekommen. Aber vorerst habe er nichts. Er sei Halbjude, das heißt, sein Vater sei Jude gewesen, aber bereits gestorben, als er selbst noch ein Kind war. Da er den Stiefvater nicht mochte, sei er bei der Großmutter in Berlin aufgewachsen.

Dr. Seligson war ein Herz und eine Seele mit ihm. Die Jugend! Die idealistische sozialdemokratische Jugend!

Man mußte diesem sympathischen jungen Mann unter die Arme greifen. Er hatte eine Wolldecke übrig.

‹Ein netter Mensch, dieser Dr. Seligson›, lobte ihn der Bursche mir gegenüber, ‹wären Leute seines Schlages in Spanien gewesen, hätten die Faschisten niemals gesiegt. Es war's also wirklich wert, sich für die Kommunisten die Gesundheit zu ruinieren!› Sein schlanker, muskulöser Körper wirkte kerngesund.

‹Sie sehen nicht krank aus.›

‹Die Lunge ist nicht in Ordnung.› Und ohne Übergang: ‹Widerwärtige Leute, die da mit mir aus dem Stadion gekommen sind. Allesamt schrecklich neugierig. Fragen einen von hinten und vorne aus. Typisch jüdisch! Bei denen ist Vorsicht geboten.›

‹Auch Sie sind, wie mir scheint, ein klein wenig Jude.›

‹Nicht wie die da, Gott sei Dank. Jedenfalls warne ich Sie vor diesen Leuten.›

‹Ich habe keine Bedenken. Man muß ja nicht antworten, wenn man nicht will.›

Ein Weilchen später wurden wir fünf aus Bourg ins Büro gerufen. Der zweite Hauptmann – in Khaki, kleiner gestutzter Schnurrbart, gesunde, derbe Bauernzüge und unintelligente dunkle Augen, vermutlich Pferde- oder Weinhändler – saß rechts von der Tür. Einen Augenblick musterte er mich streng. ‹Wie heißen Sie?› Ein Soldat mit rundem Schädel und gutmütigem Gesicht notierte auf ein Blatt Papier meinen Vor- und Zunamen, das Geburtsdatum. ‹Geburtsort?› dröhnte der Hauptmann, als schlüge er mir mit dem Holzhammer auf den Kopf.

‹Wien, Österreich.›

‹Wien, Deutschland›, diktierte er dem Schreiber.

‹Verzeihung. Ich bin in Wien, in Österreich, geboren.›

‹Sie waren nicht gefragt›, donnerte er mich an. ‹Es gibt kein Österreich! Existiert nicht! Nur das Großdeutsche Reich...! Nationalität?› fuhr er fort.

Ich zögerte einen Moment. Schließlich sagte ich: ‹Ehemaliger Österreicher.›

‹Deutscher!› rief er dem Protokollführer zu.

Am Tisch zur Linken saß ein hagerer Soldat in schwarzer Gebirgsjägeruniform mit spitzem, fahlem Gesicht und stechenden dunklen Augen hinter Brillengläsern. Mit seinen verkniffenen, entschlossenen Zügen und den zusammengepreßten Lippen hatte er etwas von einer alten Jungfer, die sich an der ganzen Welt für ihr vergeudetes Leben rächen möchte. Ich hätte etwas dafür gegeben, herauszufinden, ob er lachen konnte und wie das wohl aussehen mochte. Die ganze Zeit über saß er stumm und reglos da, kerzengerade, und durchbohrte einen mit Blicken, daß es einem eiskalt über den Rücken lief. Unter seinem stechenden Blick hatte ich plötzlich das Gefühl, etwas verbrochen zu haben.

Ferner fragte der Hauptmann wie immer: Name von Frau und Tochter, ausgeübter Beruf, frühere und jetzige Anschrift... Schließlich entließ er mich beziehungsweise jagte mich weg – was seinem Ton eher entsprach.

‹Na, was hab ich dir gesagt, Johann?› erboste sich Dr. Fried, dem ein roter Fleck ins Gesicht trat wie bei jemandem, der sich im Schlaf die Wange verlegen hat. ‹Ein wahres Konzentrationslager nach Strich und Faden! Bloß dreckiger als in Deutschland!›

‹Was soll man denn von einem Volk ohne eine Spur Selbstvertrauen erwarten?› sagte Sternheimer. ‹Von einem Land, in dem du deine Briefe nie vom Briefträger, sondern stets nur vom Pförtner erhältst? Der muß ja immer wissen, von wem und woher du Post bekommst.›

Gegen Abend legte sich ein violetter Schimmer über die Berge. Der Sonnenuntergang malte grünlich-rosa Streifen an den Horizont. Es war frisch und klar, und der Mond wartete bereits – ein rundes Butterbrötchen, das auf der einen Seite angeknabbert war. Wir wurden in unsere Fabrikhalle gescheucht. Ein Wachposten bezog Stellung neben dem Tor. Die Neuen machten großen Tumult. Im Halbdämmern richteten sie ihre Lager her, aßen etwas, unterhielten sich schreiend, machten Witze von

Galerie zu Galerie. Sie erzählten von anderen aus dem Stadion, die nach Südfrankreich, in ein Lager namens Loriol, verlegt worden waren, über dreißig Leute, die diesen Müller, diesen gottverdammten Dolmetscher, bestochen hatten! Eben den, der ihnen allen die Zigaretten, den Tabak, die Scheren, Taschenmesser, Füllfederhalter und Rasierapparate abgenommen hatte – ein Vermögen von ein paar tausend Francs. Stellt euch mal vor, von den Hunderten Menschen, die im Lauf der Zeit das Stadion durchlaufen haben – soll's ihm alles für Ärzte draufgehen! Und dann noch die Schmiergelder für jede kleine Gefälligkeit, Wucherpreise für alles, was man bei ihm bestellte. Die eben geklauten Zigaretten verkaufte er später zum doppelten Preis wieder. Dann sprachen sie von einem Wiener Opernsänger, der mit dem anderen Transport gegangen war. Ein großartiger Tenor. Jeden Abend hatte er italienische Opernarien geschmettert, ein echter Ohrenschmaus. Rosenstiel, auf der Galerie gegenüber, schnalzte jetzt noch mit den Lippen in Erinnerung an seinen Gesang. Er saß halb ausgezogen auf dem Stroh, in einem schäbigen braunen Pullover, und sprudelte die Worte nur so hervor, als fürchte er, nicht alles loswerden zu können, was er auf der Seele hatte. Er konnte mit seiner scharfen Stimme pausenlos Tag und Nacht reden – was er auch tat.

‹Hältst du wohl endlich mal die Klappe, Rosenstiel›, rief aus der anderen Ecke ein Mann mit Riesenohren, die wie zwei rote Flügel von seinem knochigen, gelblichen Langschädel abstanden und zusammen mit der spitzen Hakennase und dem vorspringenden Kinn ein Konterfei ergaben, das an eine Mephisto-Fratze erinnerte.

‹Störe ich dich, Tachau? Dann geh und nimm dir ein Zimmer im Grand-Hotel.›

‹Du warst nicht um Rat gefragt! Halt lieber mal einen Augenblick die Klappe. Sie wird dir nicht gleich einrosten.›

‹Dir bleibt noch genug Zeit zum Schlafen. Es ist erst acht. Ich habe den Nachtportier angewiesen, dich nicht vor sechs Uhr morgens zu wecken.›

‹Laß nicht locker, Rosenstiel! Gib's ihm!› krähte Eisik aus zwanzig Meter Entfernung.

‹Was will er denn, diese heisere Nudel!› kreischte im höchsten Fistelton Liechtenstein, der mit seiner bis auf die Augen heruntergezogenen dunklen Wollmütze wie eine ausladende alte Bäuerin aussah, worauf er mit seiner süßlich gedehnten Sprechweise hinzufügte: ‹Daß man einen Menschen keine zwei Worte reden läßt. Eine reine Schande! Sind wir denn im Krankenhaus? Bittschön, Rosenstielerl, laß uns abstimmen. Ich bin für dich!›

‹Der Fürst von Liechtenstein hat recht!› klang es von allen Seiten. ‹Es lebe der Fürst von Liechtenstein! Hurra!›

Friede, die kalte Pfeife im Mund, schlurfte schweren Schritts den schmalen Gang zwischen den Pritschen auf und ab. Er machte oft den Eindruck, als suche er irgendwas. ‹Friede, rauchst du etwa?› rief es aus allen Richtungen. ‹Hier darf auf keinen Fall geraucht werden. Wenn, Gott behüte, was passiert, sind wir allesamt verloren! Wie in der Mausefalle.›

‹Wer raucht hier? Bist du blind? Die Pfeife ist kalt.›

‹Na, leg dich schon aufs Ohr und schnarch, Friede!›

‹Was, schnarcht er?› fragte Dr. Fried.

‹Und wie erst! Wie ein abgestochenes Schwein.›

‹Wo hat er sein Lager?› fragte ein Mann mit wirren Haaren und welkem Gesicht. ‹O Gott, genau neben mir liegt er! Will ich nicht! Such dir einen anderen Platz, Friede!›

‹Such du doch, wenn's dir nicht paßt, du Rotzschuster!›

Kalte, messerscharfe Luft hing im Raum. Ich wickelte mich in die Decke, doch trotz voller Kleidung wurde mir nicht warm. Dr. Seligson hatte seine vorher mir geliehene Extradecke wieder zurückgenommen, um sie Hans Kirmse-Federn zu geben, dem er noch einige Mäntel obendrauf legte. Dr. Fried wälzte sich seufzend von einer Seite auf die andere. ‹Eine schöne Bande›, flüsterte er.

Mitten im Saal schraubte sich ein hartnäckiges, abgehacktes, schwer sägendes Schnarchen in die nächtliche Stille.

‹Vergebens›, sagte Dr. Fried, ‹so ein Schnarchen habe ich mein Lebtag noch nicht gehört.›

Mit einemmal hörte das Schnarchen auf, wie mit dem Beil abgehackt. Ein Tumult brach aus: ‹Hau dich doch selber, verdammt noch mal! Ich werd' dir zeigen, was Hiebe sind!› rief Friede schlaftrunken und schüttelte Kornfein, den ‹Rotzschuster›, mit beiden Händen.

‹Was heißt hier schlagen? Ich hab' dich nur angestupst, damit du aufhörst zu schnarchen. Bei mir wird nicht geschnarcht! Nimm deine Pfoten weg, sag' ich dir!›

Zum Schluß trat wieder Ruhe ein. Doch bald begann das Schnarchen von neuem, röchelnd und hartnäckig, wie bei einem mit dem Tode Ringenden. Hier und da aus den Decken- und Mäntelhügeln gesellten sich vereinzelte, gedämpfte, unspektakuläre Schnarcher dazu. Dergestalt zersägt zog sich die Nacht dahin.

Am Montag morgen wurden wir zur Arbeit herausgeholt. Die Wachsoldaten mit geschultertem Gewehr paßten von überall auf und trieben uns an. Staub wirbelte mit unerträglichem Gestank in dicken Wolken auf. Wir luden Stroh, das noch nicht völlig zerdrückt war, vor dem Tor auf einen Wagen. Konservendosen, Schüsseln, Kämme und Scherben wurden ausgesondert und von je zwei Mann in großen Körben zum Müllhaufen hinter der Fabrik getragen. Dort wurde sortiert: Blechsachen und Alteisen getrennt, Holzscheite und Bretter getrennt, Lumpen, Kleiderfetzen, Decken und Schuhe getrennt, sonstiger Abfall getrennt. Draußen nieselte es. Wir versanken bis zu den Knöcheln in dem mit Strohhalmen und Stoffetzen vermischten Morast. Hinter dem Fabrikgelände, wo die Sonne nicht hinkam, war der Matsch tief, noch von früheren Regenfällen. Trotzdem war es angenehmer, hier draußen in Regen und Schlamm zu arbeiten als in dem Staub drinnen.

Karlchen Ambach meldete sich wie gewöhlich krank. Und der dicke Friede natürlich desgleichen. Sie bummelten auf der anderen Seite bei den Wasserhähnen herum, machten nicht mit. Die Arbeit an sich war nicht schwer. Sollten die Sergeanten und Wachen sich ruhig die Seele aus dem Leib schreien, es bestand kein Grund zur Eile. Was pressiert denn? bestärkten die Leute sich untereinander. Versäumt man etwa was? Bloß nichts überstürzen! Die lassen uns länger warten! Wenn's ihnen nicht paßt, sollen sie doch selber saubermachen. Welcher Lohn einen hier erwartet, hat man ja gesehen.

Links vom Fabriksgebäude, am Drahtzaun entlang, verlief ein rostiger Schienenstrang, auf dem zwei leere, ausrangierte Güterwagen standen. Das nahe Wäldchen hatte sich gleichfalls rostrot gefärbt und verströmte gewiß welken Modergeruch. Früher mal, an anderem Ort, hatte ich die Wälder in ihrer herbstlichen Demut geliebt. Es lag der leise, feine Verzicht vergehenden Glanzes über ihnen, von leichter Trauer wie mit gutem Parfüm getränkt, gepaart mit still bewahrtem Lebensmut. Etwas unendlich Beständiges...

Balin mit seinem kranken Herzen wurde bald blaß und klappte zusammen. Man trug ihn in den Schlafsaal, legte ihn aufs Bett und deckte ihn zu. Dr. Fried bemühte sich um ihn, hörte ihm das Herz ab, fühlte den Puls. Auch Dr. Seligson war schon bleicher als sonst. Sternheimer ersuchte den Sergeanten, Dr. Seligson draußen an der frischen Luft ein wenig ausruhen zu lassen. ‹Alle müssen arbeiten!› schnitt der Sergeant ihm das Wort ab. ‹Auch Sie! Und zwar ohne unnötiges Gequengel!›

‹Das werden wir ja sehen! Ich werde mich beim Hauptmann beschweren!› erklärte Sternheimer zornrot. Doch Dr. Seligson packte zum Trotz noch verbissener zu, als habe er nichts zu verlieren. Er schnappte schon bald wie ein Fisch nach Luft, kalter Schweiß trat ihm auf die Stirn. Schließlich mußten ihn zwei Mann stützen und im Schlafsaal aufs Stroh betten.

Um halb elf rief der Sergeant zur Mittagspause. Mir pochte das Herz mit dumpfen Schlägen, der Kopf schwindelte. Ich warf mich aufs Lager, die Glieder bleischwer. Essen konnte ich nichts. Ich lag nur da, den Blick starr auf die dunklen Balken und Ziegel gerichtet. Mir war alles gleich. Sollten sie mich bloß für immer in Ruhe liegen lassen. Um ein Uhr wurden wir wieder zur Arbeit getrieben. ‹Ihr tut das doch alles für eure Gefährten, die bald nachkommen›, sagte einer der Aufseher entschuldigend.

Um halb fünf hieß es ‹Appell›. In Zweierreihen traten wir vor dem Büro an und warteten. Hauptmann Pleget schritt zackig die Reihen ab und zählte. Wir standen reglos stramm. Als die Zahl stimmte, donnerte er ‹Stillgestanden!›, obwohl keiner einen Mucks machte. ‹Glaubt ihr, wir werden euch hier gratis durchpäppeln!› schrie er, jeden einzelnen gnadenlos musternd. ‹Jeder hat zu arbeiten! Verstanden? Wer nicht arbeitet, kommt in den Kerker!›

Er machte eine Kunstpause, wohl damit wir uns seine letzten Worte gut einprägen sollten, blieb aber breitbeinig stehen, wie angewurzelt, die Hände auf dem Rücken. Jenseits des Zauns holperte quietschend ein zweirädriger Karren, hoch beladen mit Mist, vorbei. Dann fuhr der Hauptmann fort: ‹Und jetzt liefert jeder seine Personalpapiere im Büro ab, alles, was er hat, Paß, Geburtsurkunde, Personalausweis, Schulabschlußzeugnis – alles! Wer etwas zurückbehält, wird streng bestraft! Verstanden?›

Ich holte nur meinen grünen französischen Personalausweis und das Loyalitätszeugnis von Dr. Bonnefoi. Den alten österreichischen Paß und die Geburtsurkunde brauchte ich selber. Das sind Papiere, die in jedem Land Gültigkeit besitzen. Ihre französischen Papiere können sie haben. Wenn sie die verlieren, ist nicht viel weg.

‹Das ist alles?›

‹Das ist alles.›

Wir arbeiteten weiter. Der Tabak ging langsam zur Neige. Wir waren schon bei unseren letzten Zigaretten angelangt, die in der Mitte durchgebrochen wurden, damit man sie in zwei Stücken rauchen konnte. Man schnorrte sich gegenseitig einen Zug ab: Bitte, nur einen einzigen Zug! Der Hauptmann hatte erklärt, wir sollten alle Wünsche auf einen Zettel schreiben und Geld geben. Ein Soldat werde das Nötige im Dorf besorgen. Wir hatten alles notiert und bezahlt, aber schon drei Tage nichts erhalten. Briefmarken und Postkarten fehlten. All das hätte uns der Soldat bringen sollen. Nachrichten von zu Hause blieben aus. Wir waren von der Welt abgeschnitten. Zeitungen gab's auch keine. Der Lagerkommandant, Hauptmann Ledoux in seiner schwarzen Gebirgsjägeruniform, lehnte kurz und bündig ab. Er habe keine entsprechende Weisung vom General und könne es nicht zulassen. Wenn jemand mit einer Zeitung angetroffen werden sollte, würde er bestraft. Aber Briefmarken und Zigaretten würden wir bald bekommen. Wann, wußte er nicht.

Wir kratzten uns, schüttelten die Kleidung aus, fingen Flöhe und kratzten uns erneut. Wütende Fliegenschwärme erwachten zum Leben. Und bei Nacht störten die Mücken. Wir schufteten im hinteren Flügel, dem letzten. Die anderen waren schon saubergeschrubbt.

Mit einemmal spürte man, daß etwas bevorstand. Der Sergeant war verschwunden. Die Wache zog ab. Das mittlere Tor wurde abgeschlossen. Das hintere desgleichen.

‹Sie kommen! Sie kommen!› rief es von allen Seiten. ‹Aus Chambaran!› Sofort hielten wir in der Arbeit inne. Wo wir gingen und standen, ließen wir Schaufeln, Heugabeln, Besen, Körbe, Eimer und Dreckhäufchen sein und eilten ans Tor. Durch die Ritzen sahen wir nicht viel. Man hörte schwere Automobile eins nach dem anderen hereindröhnen. Der Motorenlärm ebbte ab und versiegte. Harte, knappe Befehle von Hauptmann Pleget klangen herüber, dazwischen vereinzelt fremde Stimmen. Erst nach über zwei Stunden ging endlich das Tor auf, und sie stürmten mit ohrenbetäubendem Lärm herein, um Plätze zu belegen. Über vierhundert Männer von siebzehn bis fünfzig Jahren. Wohl alles Juden. Wir Früheren wichen nicht von unseren Lagerstätten. Lieber aufpassen, man konnte nie wissen.

Sie schleppten Seesäcke, Taschen, Strohbündel. Riefen und schrien: ‹Gruppe Sechs hierher! Wer ist von Gruppe Dreizehn! Gruppe Zwei!› Sie kamen schon in Gruppen zu rund dreißig Mann, jede mit ihrem Gruppenführer. Der Hof war schwarz von Menschen.

Wir ergatterten bei ihnen eine Zeitung vom Vortag, die wir insgeheim durchblätterten. In Chambaran durfte man Zeitung lesen. Jeden Morgen hatte ein Soldat sie gebracht und in den Zimmern verkauft. Dort hatten sie zu je dreißig Mann in großen Sälen geschlafen. Arandon gefiel ihnen nicht. Erst jetzt sahen sie ein, daß sie vorher in einem wahren Paradies gelebt hatten. Dort waren der Major und die Offiziere ja vernünftige Menschen gewesen, doch hier schienen sie richtige Mordgesellen, Hitleranhänger, Nazis, Antisemiten zu sein.

Dr. Frieds Sohn war in Chambaran geblieben, im Küchendienst. Aber zwei Vettern von Sternheimer waren mitgekommen sowie weitere Verwandte und Bekannte. Man fragte einander aus und berichtete. Mich befiel furchtbare Traurigkeit in dieser wimmelnden Menge. Jetzt war ich wirklich eine Nummer und kein individueller Mensch mit eigenen Gefühlen mehr. Mir wurde klar, daß man hier nie wieder herauskommen würde. Man ging in der Masse unter wie eine Stecknadel im Heuhaufen. Keiner würde mich mehr finden, um mich freizulassen...

Die Chambaraner waren schon fertig in Gruppen von Eins bis Fünfzehn eingeteilt. Daher gründeten wir achtundzwanzig Früheren eine eigene Gruppe mit der Nummer Null. Keiner von uns wollte Gruppenführer werden

– außer Karlchen Ambach mit seinem stets griffbereit um den Hals baumelnden Aluminiumbecher, der ewig belegten Zunge und den gelben Zähnen. Er übernahm die Aufgabe liebend gern. Sein Lebtag hatte er diese Ehre begehrt. Und nun hatte er sie gewonnen. Außerdem konnte er ja Französisch. Jetzt fühlte er sich ganz groß, unser Karlchen Ambach, war unser Oberhaupt und Offizier.

‹Appell›, dröhnte es. Alle Gruppen traten auf dem Hof an, in Dreierreihen, die Gruppenführer an der Spitze. Der Hauptmann kam heraus, der Sergeant rief: ‹Stillgestanden!› Soldaten mit Gewehr wachten an allen Ecken, und Hauptmann Pleget gab knappe, energische Anweisungen zur Kenntnisnahme. Alles war verboten. Nichts war erlaubt. Es war verboten, im Schlafsaal zu rauchen. Verboten, tagsüber die kleine Toilette am Fabriksgelände zu benutzen. Verboten, sich mehr als vier Meter dem Büro oder der Wachstube zu nähern. Um sechs Uhr morgens war Aufstehen, um neun Uhr abends Bettruhe. Den Anweisungen der Gruppenführer war Folge zu leisten. Die Gruppenführer hatten eine Liste zu erstellen: Vor- und Zuname, Alter, Nationalität, Beruf und so weiter. Die Arbeit im Lager werde unter den Gruppen aufgeteilt. Jeden Tag würden andere Gruppen arbeiten. Der Schlafsaal war peinlich sauber und ordentlich zu halten. Im Gang durfte kein einziger Strohhalm liegen. Jeden Tag um acht Uhr werde der Hauptmann inspizieren kommen. Die Wolldecken seien appellfähig gefaltet am Kopfende des Bettes abzulegen. Wer nicht Ordnung halte, werde bestraft. An den Wänden dürften weder Handtücher noch Kleidungsstücke aufgehängt werden. Die Wände müßten frei bleiben. Es dürfe kein Stroh aus den Liegen quellen. Wir seien berechtigt, monatlich vier Postkarten und zwei Briefe abzuschicken. Darüber Hinausgehendes werde zerrissen und mit Strafe geahndet. Kranke hätten sich einen Tag vorher beim Gruppenführer zu melden und würden am nächsten Morgen zwischen acht und neun Uhr von Dr. Fried untersucht, der zu unserem

Lagerarzt ernannt wurde. Aus unserer Gruppe Null rief er Herlinger, vormals Restaurantbesitzer in Wien, und ernannte ihn zum Chefkoch. Dann befahl er, Balin herzubringen, der in Lyon eine Garküche für Flüchtlinge geführt hatte. Balin lag noch krank auf dem Stroh. Aber es half nichts. Zwei griffen ihm unter die Achselhöhlen und schleiften ihn langsam Schritt für Schritt heran – bleich, zitternd und halb angezogen. Aber der untersetzte ältliche Hauptmann mit dem gutmütigen Gesicht, der die Küche unter sich hatte, schickte ihn wieder ins Bett. Eine Küchenmannschaft wurde zusammengestellt – es gab mehr Freiwillige als gebraucht wurden –, und die Betreffenden gingen gleich daran, die Küche von dem Abfall zu säubern, den die Spanierinnen hinterlassen hatten.

Ein paar Tage später nahm der Hauptmann leichte Änderungen in der Gruppeneinteilung vor. Aus der Gruppe Null holte er die Jüngeren heraus und ersetzte sie durch Ältere, die die Fünfzig überschritten hatten. Mich mit meinen achtundvierzig Jahren ließ er, vielleicht irrtümlich, als einzigen ‹Jüngeren› darin zurück. Gruppe Null wurde vom Arbeiten befreit und von Spöttern als ‹Altersheim› bezeichnet.

Karlchen Ambach war der Oberste, sein Vize war das Mephistogesicht mit den Segelohren. Tagtäglich wurden vom Büro neue Listen angefordert, zuweilen sogar zweimal am Tag: eine Liste der Österreicher, eine Liste der Saarländer, eine Aufstellung nach Berufen, eine Altersliste, ein genaues Verzeichnis der ehemaligen Anschriften, eine Liste derjenigen, die mit einer Französin verheiratet und/oder Väter französischer Kinder waren, eine Liste der Inhaber von Loyalitätszeugnissen und eine Liste von Leuten ohne Papiere – ein Wust von Listen. Wozu sie die alle brauchten und was sie damit machten, wußten wir nicht. Es wurde verzeichnet, wer Wolldecken hatte und wer nicht, und – eine neue Liste – gegebenenfalls wie viele Wolldecken. Dann eine Liste derer, die Kleidung, Wäsche oder Schuhe brauchten. Tachau, der Vizegruppenführer, beschlagnahmte jedesmal einen Stuhl, krempelte die Ärmel auf und schrieb ernsthaft und emsig in kunstvoller Schönschrift all diese Listen für Gruppe Null. Ambach paßte auf, daß alles ordnungsgemäß erledigt wurde. Was die Listen betraf, hegte jeder seine eigenen Vermutungen, die er mit einer Überzeugung verbreitete, als habe der Hauptmann sie ihm persönlich zugeflüstert. Die Österreicher würden bestimmt freigelassen. Die Saarländer ebenfalls. Desgleichen die Ehegatten von Französinnen. Und die Inhaber von Loyalitätszeugnissen (davon hatten viele zwanzig bis dreißig Stück – vom französischen Bäcker, vom Lebensmittelhändler, vom Metzger und der Concierge). Freigelassen würde, wer ein gesichertes Einkommen habe oder als Arbeiter gebraucht werde – kurz gesagt, man würde pausenlos Entlassungen vornehmen. Und der schlagende Beweis – die Listen! Denn wozu sollten sie sonst nütze sein? Man werde Decken, Kleidung, Wäsche, Schuhe erhalten – klar doch, daher die Listen!

Kein Mensch wurde freigelassen. Wolldecken gab es nicht. Es herrschte bereits Novemberkälte. Manchmal schüttete es tagelang. Vom Schlafsaal zum Tagesraum stapften wir durch einen See. Auch im Tagesraum stand ein Teich, vom Tor bis zur Mitte. Wir schoben das Wasser lustlos hinaus, wischten es auf, legten Bretter – nichts half. Kanonenöfen wurden aufgestellt, aber deren Wärme versickerte wie ein Tropfen im Meer. Hatte man mit etwas Glück einen Platz neben einem von ihnen erwischt, konnte man sich die eine Körperseite wärmen. Die andere blieb kalt. Aber die Öfen waren meist umlagert, so daß man nicht an sie herankam. Immer wurde Wasser darauf heiß gemacht. Wasser zum Waschen, Wasser zum Geschirrspülen, Wasser für Tee, Wasser zum Rasieren. Man setzte fleckige Schüsseln mit Wäsche auf, kochte ein wenig Kaffee, wärmte Reste vom Mittagessen, röstete Brot – alles in einem einzigen Durcheinander. Man war ganz benommen von dem ständigen Lärm.

Das Essen war karg und schlecht, das Brot stets steinhart und sauer. Mittags und abends bekamen wir die ewig gleiche fade Wassersuppe. Dazu gab es ein Stück zähes Rindfleisch ohne jeden Geschmack, das sich kaum schneiden ließ, harte Bohnen in viel Wasser oder schwärzliche Linsen, vermengt mit kleinen Steinchen. Was übrigblieb, wurde in die großen Kübel am Tor gekippt – für die Schweine des Bürgermeisters. Aber das Schlimmste waren die Fische, die wir ein- bis zweimal pro Woche vorgesetzt bekamen. Die rührte keiner an. Es waren Seefische, so voll Salz, daß sie auch nach dreitägigem Wässern noch davon strotzten, und von einem Gestank, den man weithin wahrnahm.

Es ging das Gerücht, die Köche würden viel klauen, würden doch tatsächlich Steaks verkaufen, Kartoffelpuffer braten, guten Kaffee kochen. Wozu brauchten sie denn auch zwanzig Leute in der Küche? Genügten nicht zehn? Und die vielen Freunde, die da aus und ein gingen und sich auf Kosten der Allgemeinheit gütlich taten? Man besprach die Angelegenheit am Ofen, aber Beweise fanden sich keine.

Am meisten ereiferte sich Weinstock, der einfach keine Ungerechtigkeit ertragen konnte. Er war ein stämmiger, robuster galizischer Jude mit graumeliertem Haar, dickem Schnauzbart und blitzenden Zähnen, der aussah wie ein ukrainischer Hetman. Es hieß von ihm, er habe bei Banken in Amerika und England Tausende von Dollar liegen, die er bei allerlei Geschäften, vor allem dem Ratenverkauf von Möbeln und Stoffen in Wien, verdient hatte. Aber trotz seines Dollarvermögens war Weinstock glühend überzeugter Kommunist. ‹Oi, Stalin! Welch ein Genie! Jeden Körperteil einzeln muß man ihm küssen. Alles hat er vorausgesehen. Er hat alle dazu gebracht, sich gegenseitig zu zerfleischen, und zum Schluß, wenn sie samt und sonders erledigt sind, wird Rußland kommen und weltweit den Kommunismus einführen, ohne einen Tropfen Blut zu vergießen!›

Er lief ständig mit seinem genagelten Bergstock herum und hinkte auf einem Bein, wegen eines Knieschusses, den er im Weltkrieg erlitten hatte. Nicht daß er den Stock zum Gehen brauchte. Keineswegs! Aber solange er denen hier ausgeliefert sei, werde er ihn nicht aus der Hand legen. Der Stock sei sein Hüter und Wächter. Für die hier würde er nicht arbeiten. Keinen Finger würde er krümmen, und wenn sie ihn zehn Jahre einlochten!

Wer Geld parat hatte, konnte sich Eß- und Tabakwaren in der Kantine kaufen, die im Tagesraum aus Brettern gezimmert worden war. Sie wurde von unseren Leuten geführt, den Grundstock für die Anschaffung des Warenbestands hatten ein paar wohlhabende Kameraden vorgestreckt. Der Gewinn wurde einmal pro Woche in Gutscheine über vier Francs für arme Genossen umgelegt. Am Ofen behauptete Weinstock beharrlich, in der Kantine würde an allen Ecken und Enden geklaut. Auch wenn sie Gutscheine im Gesamtwert von achthundert Francs verteilten – war das der ganze Gewinn? Ihm sollten sie keine Märchen erzählen! Die schlemmten doch dort in der Kantine für Hunderte Francs pro Tag: Wurst, Butter, Käse, Sardinen, Marmelade, Honig – jeder für sich. Und wo blieben denn die Schokolade und die besseren Zigaretten? Da könnten sie ihm lange vormachen, sie bezahlten dafür!

Ein paar Gewiefte fanden alle möglichen Einnahmequellen. Wäsche-, Geschirrspül-, Schuhputz- und Zigarettenrolldienste wurden gegründet. In Bretterverschlägen an der Außenmauer des Tagesraums entstanden neben einem Friseurladen eine Flickschusterei, eine Schneiderwerkstatt und eine Reparaturwerkstatt für Holz- und Metallwaren. Es entwickelte sich ein schwungvoller Handel mit Hosen, Hemden, Jacketts, Schuhen, Wolldecken, Regenmänteln, Taschenmessern, Uhren, Socken, Unterhosen, Rasierapparaten, Löffeln,

Krügen, Bürsten, Rasierpinseln, Briefpapier, Füllfederhaltern… Außerdem gab es Sprachunterricht für Anfänger und Fortgeschrittene, Lektionen in Spanisch, Englisch, Italienisch, Französisch, Esperanto und Portugiesisch.

In der kleinen Hinterbaracke mit den vier, fünf kalten Duschen nistete sich Paul Weiss ein und wurde Bademeister. Mit Paul Weiss geriet keiner gern in Streit. Er konnte sogar das Messer zücken. Er war ein kleiner Kerl aus Wien mit fleckigem Gesicht, von feinen Runzeln umgebenen Augen und Halbglatze, ein aufbrausender Typ, der schon in Konzentrationslagern in Deutschland gesessen hatte – in Dachau und in Buchenwald. Hier und da sammelte er Latten, modrige Bretter, Holzspäne und Reisig, die er selber zersägte und kleinhackte. Mühsam heizte er damit einen rostigen, verbeulten alten Ofen im Hof, wärmte darauf Schüsseln voll Wasser, und fertig war dein ‹heißes Bad›. Das heißt, er füllte ein wenig lauwarmes Wasser in eine Wanne, daß kaum der Boden bedeckt war, und nannte das ‹Bad›. Man war hinterher dreckiger als vorher, aber Paul Weiss schickte von dieser Badeanstalt Woche für Woche Geld an seine Frau nach Lyon.

Besonders florierte das Geschäft, als Läuse auftraten. Plötzlich stellte sich heraus, daß viele davon befallen waren. Manchen rieselten die Läuse geradezu aus der Kleidung. Das ganze Lager kratzte sich. Alle suchten im Hof die Nähte ihrer Kleidung ab, bürsteten Hosen im Wind, schüttelten Hemden aus, inspizierten Wäschestücke, schlugen um sich. Man hatte Angst, sich neben jemanden zu setzen, untersuchte jedes Stück Sitzbank, war dauernd mit Kratzen beschäftigt. Wer Läuse bei sich entdeckte, kochte seine Kleidung aus, und wer noch keine entdeckte, kratzte sich im voraus.

Kraus, ein hochgewachsener österreichischer Jude und ehemaliger Soldat mit fahler Gesichtsfarbe und hängendem dunklem Schnurrbart, hatte sich noch seine militärische Zackigkeit und Disziplin bewahrt und stand an der Spitze aller Gruppenführer. Der hagere, bleiche Sergeant Habie, der wegen seines stechenden Blicks durch die Brillengläser im Lager ‹Brillenschlange› genannt wurde, trat bei Bedarf barhäuptig aus der Bürotür und brüllte: ‹Kraus!› Worauf der Schrei zum Eingang des Tagesraums getragen, dort von jemandem aufgeschnappt und dann reihenweise weitergegeben wurde: Kraus, Kraus, Kraus zum Büro, schallte es von allen Seiten, und Kraus rannte los.

Brillenschlange war vom *Deuxième Bureau*, dem Büro der französischen Gegenspionage, und der eigentliche Leiter des ganzen Lagers. Er konnte Deutsch, kannte uns alle namentlich, vor ihm mußte man sich in acht nehmen. Nichts entging ihm. Er hatte seine Spitzel unter uns, bekannte und unbekannte, und in seinem Büro wußte man sehr gut, was der eine oder andere gesagt hatte, wer Kommunist oder Sozialist war, wer Frankreich schlechtmachte, wer unzufrieden war. Zu allem sollten wir auch noch zufrieden sein! Jedes Wort, das man äußerte, war innerhalb von Minuten im Büro bekannt und schlug einem dort zu Buche. Brillenschlange war auch der Zensor unserer Post, der eingehenden wie der ausgehenden. In beiden Richtungen warteten die Sendungen erst mal. Ein Brief aus Lyon beispielsweise blieb zwei Wochen liegen. Unsere Angehörigen draußen schrieben dauernd, sie bekämen keine Post. Manche Genossen liefen wie irr herum, schliefen Tage und Nächte nicht, wer weiß – dort im Büro ruht vielleicht ein Telegramm, womöglich ist was passiert, der Frau, den Kindern. Poliak, der für die Postverteilung zuständig war, kam oft mit leeren Händen zurück: Heute wird nichts ausgegeben. Und wenn dein Nachbar einen Brief erhielt und du nicht, war der Neid unerträglich. Liebend gern hättest du ihm den Brief aus den Händen gerissen und für dich selbst requiriert.

Besuche waren auch verboten. Sabine Ambach und Fritz Sternheimer kamen einige Male, aber man durfte sich nicht mal durch den Zaun mit ihnen unterhalten. Sie gestikulierten nur von fern, übergaben der Wache die mitgebrachten Pakete und mußten gleich wieder abziehen. Danach wurden die Pakete sorgfältig durchsucht, genau wie die, die per Post eintrafen, und jeder alte Fetzen Zeitung wurde konfisziert.

Trotzdem fanden wir Wege, Briefe zu schmuggeln, und draußen in Lyon wußten sie genau, wie wir hier behandelt wurden. Bloß nützte das nicht viel. Auch Zeitungen brachten wir durch. Jedes Exemplar kostete ein Vermögen. Man las es heimlich in einer Ecke, in ein Buch eingelegt, unter äußerster Vorsicht vor ungebetenen Nachbarsaugen. Dann wurde es schweigend weitergereicht an einen zweiten, einen dritten... Zum Schluß war es zerknittert, fleckig, abgegriffen, zerbröselte förmlich. Die gelesenen Nachrichten verbreiteten sich von Mund zu Mund.

Wenn Kraus aus dem Büro zurückkehrte, rief er häufig die Gruppenführer zur Konferenz zusammen. In dem durch Tische abgegrenzten Geviert an der Kantine, das den frommen Juden als Gebetsecke diente und an dem jemand eine Garderobe aufgestellt hatte, standen dann die Gruppenführer, verdeckt durch die aufgehängte Kleidung, und tuschelten. Danach teilten sie den Gruppen die neuesten Verordnungen mit.

Neue Anordnungen verlas Kraus zudem selber von einem Zettel, mittags und abends nach dem Essen. Er stieg auf einen Tisch mitten im Saal und referierte mit seiner ruhigen Stimme. Danach ging er zur Rubrik ‹Fundsachen› über. Ein Genosse aus Gruppe Fünf hat eine Gabel ‹verloren›. Der Finder möge sie bitte im Fundbüro beim Genossen Linz, Gruppe Null, abgeben. Ein grünlicher Kamm, dem ein paar Zähne fehlen, ist abhanden gekommen. Ein Stück Rasierseife ist bei den Wasserhähnen liegengeblieben. Vermißt werden ein grüner Pullover, ein Füllfederhalter, ein blaues Hemd. Ein Löffel mit krummem Stiel ist gefunden worden. Abzuholen im Fundbüro beim Genossen Linz, Gruppe Null. Aufgefunden wurden ferner eine halbvolle Tube Zahnpasta, ein Stück rosa Toilettenseife, ein beiger Handschuh, ein Aluminiumnapf, ein Messer mit schwarzem Holzgriff und abgebrochener Spitze, ein blauer Socken, ein Rasierapparat, ein kleinformatiger Briefblock, eine Pfeife... Das ‹Fundbüro› beim Genossen Linz, Gruppe Null, war ein großer Pappkarton, der in buntem Durcheinander alle aufgefundenen Gegenstände enthielt. Danach appellierte Kraus mit ein paar Worten an den Gemeinschaftsgeist und erinnerte daran, daß derjenige, der genug Decken, Wäsche, Schuhe habe, demjenigen etwas abgeben solle, dem diese Dinge fehlten. Dabei quollen seine eigenen Koffer über von Wäsche, Kleidung und Schuhen, und Decken hatte er stapelweise. Zum Schluß gab er das Veranstaltungsprogramm für die kommenden Abende bekannt. Am Dienstag um neunzehn Uhr spricht der Genosse Dr. Seligson über ‹Meine Erinnerungen als preußischer Richter – komische und tragische Scheidungsfälle›. Am Donnerstag unterhält uns der Genosse Friede unter dem Titel: ‹Meine Reisen als Handwerksbursche durch Italien und Frankreich im Jahre 1904.› Der Genosse Ingenieur Mandel wird über die Entwicklung der ersten Eisenbahn sprechen. Am Sonntag gibt unsere berühmte Musik- und Theatertruppe eine Galavorstellung. Kommt in Scharen...

‹Arbeitsminister› Basch, ein vierschrötiger, freundlicher Wiener von hundertzwanzig Kilo Köpergewicht, teilte jeden Abend die Arbeiten ein: wer den Schlafsaal ausfegen sollte, wem die Ehre mit den Latrinen zufiel, wer zum Kartoffelschälen abkommandiert war – abgesehen von den Standardarbeiten außerhalb des Lagers: Steine klopfen, Straßen ausbessern, Holz machen im Wald, Lagerarbeiten im Getreidesilo, Abfüllen von Sägespänen in Säcke im Sägewerk des Bürgermeisters... Für diese Arbeiten meldeten sich viele freiwillig, um mal aus dem Lager herauszukommen. Besonders beliebt waren das Silo und das Sägewerk, wo der Bürgermeister jedem zehn Zigaretten schenkte, mit der Zeit sogar zwanzig.

Auch ein Gericht wurde etabliert. Richter war Dr. Jochen Seligson. Dr. Popper und Dr. Lamm fungierten als Ankläger beziehungsweise Verteidiger. Hatte jemand einen anderen beleidigt oder geschlagen, wurde er vor Gericht geladen. Der Ankläger verkündete die Anklage, Zeugen wurden gehört, der Verteidiger hielt sein Plädoyer, und Dr. Seligson richtete ernst und gewissenhaft. Er verurteilte zu drei, acht oder sogar zehn Tagen Latrinenreinigen, zu einem öffentlichen Verweis oder sprach auch mal frei.

Dr. Seligson hatte seine Krankheit fast vergessen. Für ihn waren die Tage tatsächlich kurz. Angetan mit seiner braunen Skijacke, aber ohne Mütze, wurde er an den trockenen Tagen nicht müde, auf dem Hof spazierenzugehen und sich mit jung und alt zu unterhalten. Alle kannten und mochten ihn. Jeder schüttete ihm sein Herz aus, suchte seinen Rat in persönlichen oder familiären Angelegenheiten. Dr. Seligson war stets bereit, jedem ohne Ansehen der Person nach Kräften zu helfen, den letzten Bissen mit ihm zu teilen. Und bei seinen Nächsten wußte er das Gefühl zu wecken, sie erwiesen ihm eine große Ehre damit, von ihm, Dr. Seligson, etwas anzunehmen. Es war doch eine Kleinigkeit, bitteschön, gar nicht der Rede wert. Während die meisten Menschen, die dir einen Gefallen tun, dich das eher wie eine Ohrfeige empfinden lassen, deretwegen du sie ewig haßt, liebte Dr. Seligson seine Mitmenschen jeden für sich und nicht die abstrakte Menschheit.

In den letzten Wochen war ich begütert geworden. Meine Frau hatte mir schwere, metallbeschlagene Militärstiefel zugesandt. In die kam ich mit zwei Paar Wollsocken übereinander hinein, und die Pfützen auf dem Hof konnten mir nichts mehr anhaben. Mme. Suse Rollo hielt ihr Versprechen und schickte mir einen Schlafsack. Er war zwar nicht besonders warm, nützte mir aber trotzdem. Ich legte die Decke, zwei Mäntel und noch dies und jenes mehr darüber. Mme. Rollo und die alte Baronin hatten in Hauteville Zimmer gemietet und besuchten häufig meine Frau, die noch immer krank war. Auf Umwegen erfuhr ich, daß Baron von Malachowsky wenige Tage nach Bourg einen heftigen Blutsturz erlitten hatte. Er war nach Grenoble ins Krankenhaus gebracht und, nachdem er sich erholt hatte, nach Hauteville entlassen worden – als haftunfähiger Tuberkulosekranker. Irgendwo in einem inneren Winkel beneidete man ihn. Mit Tuberkulose entlassen werden! Im Hirn blieb nur das Wort ‹Entlassung› haften. Ich hatte bereits die Hoffnung aufgegeben. Die Untersuchungskommission saß, wie wir jetzt wußten, in Paris. Einmal pro Woche, am Donnerstag, tagte sie. Und man konnte schon abschätzen, was eine einzige Kommission für ganz Frankreich, die auf ein, zwei Stunden zusammentrat, würde ausrichten können. Die Mitglieder rauchten gewiß erst mal gemütlich eine Zigarette, erzählten ein paar Witze und Klatschgeschichten und nahmen sich dann gähnend zwei, drei Akten zur Prüfung vor, die ein kleiner Beamter ihnen vorgelegt hatte. Was sollte denn auch die Eile.

Aber in Lyon paßten Frauen und Schwestern von Internierten frühmorgens Lehmann an der Haustür oder am Eingang zur Synagoge ab, baten ihn, wieder mal was zu unternehmen, oder fragten, was man so höre, was General Hartung gesagt habe. Er war ein seltsamer Mann, dieser Lehmann, Pferdehändler und Armeelieferant, Millionär, alter Junggeselle, fromm und freigebig, ein langaufgeschossener, hagerer Typ, dessen Gesicht nur aus zwei markanten Teilen zu bestehen schien – der mächtigen Hakennase und den winzigen, kurzsichtigen Augen. Er leistete großzügig Flüchtlingshilfe, steckte den Leuten diskret hundert, fünfzig, zwanzig oder zehn Francs zu, führte Telefongespräche, lief sich die Hacken ab und unterstützte vor allem diejenigen Flüchtlinge, die sich ihre jüdische Lebensweise bewahrt hatten und zweimal am Tag zum Gottesdienst kamen. Daher sah man von nun an auch Leute in der Synagoge, die noch nie im Leben gebetet hatten, ja, wie ich hörte, fand sich darunter auch ein waschechter Christ, der täglich die Synagoge aufsuchte, nur um von Lehmann ab und zu ein paar Francs zu erhalten.

Alle vierzehn Tage traf Lehmanns Privatwagen im Lager ein, beladen mit Paketen, die Lyoner Frauen an ihre Männer schickten. So sparten sie das Porto. Einmal kam Lehmann persönlich. Man ließ ihn ins Büro, wo er sich ein paar Minuten aufhielt, dann mußte er das Lager wieder verlassen. Er winkte uns von weitem zu und verschwand.

Karlchen Ambachs Husten besserte sich entgegen Dr. Frieds Prophezeiung. Mit seinem wiehernden Lachen, seiner dünnen, leicht ins Falsett abgleitenden Stimme und dem stets trinkbereit auf der Brust baumelnden Aluminiumbecher lief er eifrig in öffentlicher Mission umher. Er gehörte dem Kantinenausschuß an, dem er mehrere hundert Francs geliehen hatte, tuschelte in der Gruppenführerecke mit, tat geheimnisvoll. Eines setzte ihm jedoch zu. Warum war Kraus allmächtig, der Oberste aller Gruppenführer, und nicht er, Karlchen? Wieso war Kraus was Besseres? Er hoffte, es würde etwas geschehen, damit er seinen Platz einnehmen konnte. Schließlich stand er ja an der Spitze der ehrwürdigsten Gruppe im Lager, also wenn schon jemand, dann doch er, Karlchen Ambach. Während der Sonntagsessen lief er ‹seine› beiden Tische ab, die aufgehaltene Mütze in der Hand, und wer konnte, legte etwas für unsere ärmeren Genossen hinein. Er selbst steckte ihnen fünf oder zehn Francs in die Hand. Jeden Morgen hielt er mit weiter Geste die Jacke auf und verteilte an einige der Gruppe acht bis zehn Zigaretten pro Mann. Doch er wollte, daß man ihm dankbar war, ihn umschwänzelte, ihm Dienste erwies. Tatsächlich kochten ihm manche Tee auf dem Spirituskocher, rösteten Brot für ihn, wärmten ihm etwas auf.

An unserem Tisch, zwischen Dr. Seligson und Schuster Kornfein, saß Deichmann, ein Jude aus Hannover. Dieser Deichmann, Elektrotechniker und Schlosser, hatte goldene Hände. Es gab nichts, was Deichmann nicht anfertigen oder reparieren konnte. Stand dir der Wille nach Tisch oder Schrank oder hattest du Uhr, Feuerzeug oder Füllfederhalter zu reparieren, konntest du dich auf Deichmann verlassen. Er würde alles so ausführen, daß die Leute gucken und staunen kamen. Aber sein Verstand – wie bei einem Sechsjährigen. Alles hatte bei ihm sein System. Schweineschmalz hob er in einer besonderen Dose auf, Schinken – säuberlich mundgerecht gewürfelt – in einer anderen, Marmelade in einer dritten, Salz und Pfeffer in zwei kleinen Blechstreuern. Wenn er sich zum Essen setzte, holte er die ganze Fracht aus seiner Ledertasche und baute die Dinge um sich her auf, auch ein gelbes Senfglas durfte nicht fehlen, damit alles griffbereit stand, wie bei der Arbeit, und man nicht erst unnötig suchen mußte. Dann machte er sich ans Essen, langsam, systematisch, eine Speise nach der anderen, mit großer Konzentration. Das Fleisch wollte er getrennt haben, in dem tiefen Deckel seines Eßgeschirrs, und er aß es auch separat, sorgfältig geschnitten, mit Salz, Pfeffer und Senf. Das Brot bestrich er mit Butter oder Schmalz. Wenn es Reis gab, nahm er ihn trocken (die Soße blieb für das Fleisch reserviert) und aß ihn zum Nachtisch mit Zucker oder Marmelade. Bei der Mahlzeit durfte man ihn nicht stören, wie bei einem stillen Gebet.

Morgens waren alle scharf auf den Kaffee, der nach Abwaschwasser roch und schmeckte und immer ein paar Fettaugen von der Suppe des Vortags enthielt. Wenn wir zerschlagen und durchgefroren aufwachten, brauchten wir einfach was Warmes.

Früher Morgen. Draußen war es noch stockfinster, drinnen im Tagesraum herrschte trübseliges Dunkel. Die Glühbirnen verstreuten gelbes Schummerlicht in der Weite des kalten, leeren Saals, in dem allenthalben schwarze Schatten blieben. Hier und da in den Ecken waren einzelne Frühaufsteher damit beschäftigt, Kleinholz zu machen und die Öfen anzuheizen, denen dichte, schwarzgraue Qualmwolken entquollen. Rosenstiel mühte sich mit dem ersten Ofen, auf dem er in Konservendosen Wasser zum Waschen und Rasieren für sich und Karl Ambach wärmte. Schon um fünf Uhr stand er auf und zog sich an, im matten Dämmerlicht der blaugefärbten Birne, welche die ganze Nacht ruhig und bescheiden brannte und die länglichen grauen Hügel auf den Holzpritschen gerade eben erkennen ließ. Den morgendlichen Kampf kannte er schon auswendig. Das Lichtzeichen zum Aufstehen kam um sechs Uhr. Von der Wachstube aus schalteten die Soldaten sämtliche Lampen des Schlafsaals an, und mit einemmal wurde es hell. Die Lumpenhügel auf dem Stroh gerieten in Bewegung, aus allen Ecken ertönten Stimmen, lautes Gähnen, und sogleich klangen auch Schreie und Lacher auf.

‹Prager, hat dich deine Frau im Traum besucht?›

‹Laß einen doch schlafen!›

‹Guckt euch das an, jetzt deckt er sich erst recht zu. Aufstehen, Polani.› Und dann nach der Melodie des Torerolieds aus *Carmen*: ‹Komm, das Klosett zu putzen ...›

‹Heute nacht hab' ich ein Mädel gehabt, ich sag' dir, eine Puppe.›

‹Du kommst mir zu nahe! Wirst aber nichts erreichen, ich schlafe in der Unterhose.›

‹Stundenlang hab' ich nicht einschlafen können. Wollte pinkeln, war aber zu faul zum Aufstehen.›

‹Oi, heute nacht hat's wirklich auf mich runtergetropft.›

‹Dann wenigstens in den Mund?›

‹Deichmann macht dir einen Nachttopf mit Schlauch nach Maß.›

‹Wer schüttelt hier Wolldecken aus? Beutel die Läuse in den Hof, nicht auf mich.›

‹Wieso ausschütteln? Ich hab sie nur zusammengelegt.›

‹Kraus, welche Listen schreiben wir heute?›
‹Listen von denen, die keine feuchten Träume mehr haben. Die kommen ins Krankenhaus.›
‹Schick deine Läuse in den zoologischen Garten. Die sind rar!›
‹Der hat eine neue Läuserasse. Eine Kreuzung aus Franzosen, Spaniern, Deutschen und Juden mit ein klein wenig polnischem Blut.›
‹Sie haben einen tatarischen Großvater. Ich hab' den Stammbaum dabei.›
‹Hüte sie gut, Bittermann. Für die kriegst du viel Geld.›
‹Macht die Bahn frei, das Fundbüro kommt.›
‹Zwei Läuse sind abhanden gekommen – schlau, mittlere Größe, grauer Rücken, krumme Beine, gelbe Schuhe. Abzugeben im Fundbüro beim Genossen Linz, Gruppe Null.›
‹Federbusch, warum hast du heute nacht geschrien?›
‹Der wollte mich doch vergewaltigen.›
‹Wer? Wer?›
‹Na, Maimon natürlich! Wenn der einen Rockzipfel sieht, zittert er wie eine Biene. Ich hab' mein Nachthemd angezogen, und da hat er sich geirrt. Der wird bei mir im Gefängnis schmachten, der Sittenstrolch. Wenn er mir wenigstens zehn Francs versprochen hätte. Nein, gratis will er's haben! Ich sei doch ein anständiges Mädchen!›

Alles lacht. Und der Tag empfängt dich wie gestern, wie vorgestern, drangvoll mit Menschen, Lärm, dumpfem, nagendem Schmerz.

Viele waschen jeden Morgen den Oberkörper mit kaltem Wasser, bei jedem Wetter. Dr. Seligson ist einer von ihnen. Bis zur Taille entblößt, das Handtuch über der Schulter, geht er mit seinem Waschzeug auf den Hof. Ein Weilchen später kehrt er bleich, blaugefroren und mit Gänsehaut zurück. Dr. Fried wäscht sich warm im Lazarett. Er könnte dort auch schlafen, in einem Eisenbett, will aber keine Ausnahme bilden. Und das Bett wird für einen Patienten gebraucht. An Krankenbetten ist nur ein

Zehntel der benötigten Zahl vorhanden. Nachts wälzt er sich von einer Seite auf die andere, daß die ganze Pritsche schwankt. Er seufzt, kann nicht einschlafen. Oft kommt man ihn rufen, wenn sich jemand nicht wohl fühlt. Die Leute leuchten mit der Taschenlampe, tasten sich vor, fragen leise: Dr. Fried? Bis sie seine Pritsche gefunden haben. Dann fährt Dr. Fried in seine Hausschuhe, zieht den Mantel über die Nachtwäsche und geht mit.

Einige Tage nach Eintreffen der Chambaraner wurde er nachts zu einem jungen Mann gerufen, der einen Selbstmordversuch begangen hatte. Seinerzeit war der Zugang zu den beiden leeren Flügeln noch nicht mit Bretterwänden und Tür abgeriegelt. Der Jüngling hatte den Kopf schon in die Schlinge gesteckt, die er an einem Balken befestigt hatte. Aber ein enger Freund, der neben ihm schlief, hatte plötzlich seine Abwesenheit bemerkt und war – in Kenntnis der schlimmen Gedanken, mit denen der andere sich trug – ihn suchen gegangen. Einen Moment später wäre es aus gewesen. Drei Tage blieb der junge Mann im Lazarett, weigerte sich zu essen und zu trinken und sagte kein Wort. Auf Dr. Frieds Anraten wurde er in ein Krankenhaus verlegt.

Karlchen Ambach verläßt den Tagesraum vor acht Uhr abends, die prall gefüllte Tasche unterm Arm. Er macht sich gern in Ruhe für die Nacht fertig, zieht sich langsam aus, bevor die ganze Bande in den Saal einfällt. Und er hat es sich zur Gewohnheit gemacht, seinen Nachbarn zur Rechten und zur Linken jeden Abend einen Schokoladenriegel, ein Bonbon oder einen Keks auf die Wolldecke zu legen. Will man schlafen gehen, findet man das Betthupferl. Auch den Nachbarn auf den Pritschen gegenüber – Deichmann, Rosenstiel, Blech und anderen – legt er was hin. Wenn ich komme und auf meiner gefalteten Bettdecke diese Präsente finde, ist mir nicht wohl dabei. Ich brauche das nicht von ihm. Wenn ich etwas möchte, kaufe ich es mir selber. Am liebsten würde ich die Süßigkeiten heimlich wegwerfen, was ich manchmal auch tue. Andererseits hat man nicht das Herz, ihm klar zu sagen, er solle das lassen. Man will ihn ja nicht kränken. Einmal hat er mich diskret gefragt, ob ich ‹Mittel› hätte. ‹Mittel?› Ich verstand nicht gleich. Geld, meinte er. Andernfalls würde er es gern für mich auslegen, bis ich was bekäme. Aus eigener Tasche, nicht aus dem Wohlfahrtsfonds. Geld hätte ich genug, erklärte ich ihm höflich. Ich bräuchte nichts. Und trotzdem, schloß er, falls es mir ausginge, sollte ich mich nicht scheuen. Er würde mir das Nötige leihen.

Auf einmal brach helle Aufregung aus: Rabbinerbesuch. Rabbiner Fischer in Hauptmannsuniform mit drei goldenen Tressen betrat zunächst das Büro. Kraus gab uns Anweisung, jeder an seinem Platz am Tisch zu bleiben. Eine Viertelstunde später erhoben sich alle auf Befehl von ihren Sitzen, und Rabbiner Fischer trat ein, in Begleitung der Brillenschlange. Auf einer Bank in der Mitte stehend, hielt er seine Rede auf französisch und übersetzte sie dann selbst in gebrochenes Deutsch mit so starkem französischem Akzent, daß man es nur mit Mühe verstand. Die Lage habe ihn leider daran gehindert, dem Befehl seines Herzens folgend, früher zu kommen. Sein Volk stehe jetzt im Kampf gegen einen Feind, der auch unserer sei, der Feind seiner jüdischen Brüder. Wir alle kämpften für die Freiheit, für die Menschlichkeit und gegen die Versklavung. Wir alle beteten für den baldigen Sieg der Gerechtigkeit, und dafür vergössen die Söhne der großen französischen Nation ihr Blut. In dieser ernsten Stunde müsse jeder einzelne sich seiner Pflicht im Krieg gegen den gemeinsamen Feind, den Feind der Menschheit, bewußt sein. In einem derart historischen Moment, in dem ein Volk um seine Existenz ringe, verblasse das Leid des einzelnen angesichts der Leiden des Volkes. Wer wisse besser als er, daß wir, seine teuren Brüder, allesamt wahre Freunde Frankreichs seien, das uns, seiner generationenalten gastfreundlichen Tradition getreu, mit offenen Armen Zuflucht gewährt habe. Selbstverständlich träten, wie wir gewiß unschwer einsehen könnten, in solchen Zeiten manchmal Aufschübe und Verzögerungen in Dingen ein, die nicht zuvorderst der Verteidigung der Heimat dienten. Es gäbe auch menschliche Irrtümer, derentwegen Unschuldige litten. Leider habe er keine Neuigkeiten für uns. Er sei nur gekommen, um uns zu versichern, daß wir nicht vergessen seien, daß man keine Mühe scheue, daß unser Leid auch sein Leid sei und daß wir nicht die Hoffnung verlieren sollten. An höchster Stelle beschäftige man sich unaufhörlich mit unserem Problem. Der allmächtige Gott werde uns nicht verlassen. Und wir dürften nie vergessen, daß unsere tapferen französischen Soldaten in den Schützengräben es schwerer hätten als wir. ‹Und nun wollen wir gemeinsam ein Gebet an den Allmächtigen richten, daß er uns bald erretten möge.›

Alle setzten Mützen auf oder legten ein Taschentuch auf den Kopf. Der Rabbiner sprach uns ein paar französische Sätze vor, die wir ihm nachsprachen und mit Amen besiegelten.

Zum Schluß hielt er uns eine strenge Moralpredigt, weil wir uns zum Genuß von Schweinefleisch bereit erklärt hatten. Rund zehn Tage zuvor war auf unsere Klagen über das zähe Rindfleisch vom Büro aus Befehl ergangen, eine Liste derjenigen zu erstellen, die Schweinefleisch essen wollten. Abgesehen von zwei Handvoll koscheren Juden hatten sich alle gemeldet. Jetzt hielt uns der Rabbi vor, es sei eine ungeheure Schande, eine Schmach vor dem Hauptquartier, daß ein rein jüdisches Lager Schweinernes bestelle. (Es waren nur an die zehn Christen unter uns, wer weiß, wie es die hierher verschlagen hatte.)

‹Wer braucht diese Rabbiner, die sich auf Kosten des Volkes die Bäuche vollschlagen?› schimpfte Weinstock hinterher. ‹Das Volk sperren sie ins Dunkel der Religion ... Verbrennen sollte man sie, sage ich euch!› Unwillkürlich zwirbelte er seine dicken Schnurrbartenden, und bei dem Wort ‹verbrennen› pochte er mit dem Stock auf den Betonboden.

Mitte November trat Brillenschlange eines Morgens um zehn Uhr in den Tagesraum und rief ‹Gottheimer›, nach französischer Manier mit Betonung auf der letzten Silbe.

Daß jemand ins Büro gerufen wurde, war nichts Neues. Mehrmals am Tag wurden Leute dorthin beordert, häufig zum Beispiel die Amerikafahrer. Davon gab es an die fünfzig unter uns. Die meisten hatten schon vor dem Krieg ein Visum erhalten und waren in Frankreich nur auf der Durchreise, was allerdings niemanden daran hinderte, sie im Lager aufzuhalten. Ihr Visum wartete schon fix und fertig im amerikanischen Konsulat, sie mußten nur noch hingehen und es abholen. Nach jahrelangem Warten mit endlosen Laufereien, Briefwechseln, eidesstattlichen Erklärungen, guten, mittelmäßigen oder nicht vorhandenen Empfehlungen und was derartiger Alpträume und Bauchschmerzen mehr waren, hatten sie endlich den großen Moment erreicht und das Gefallen des amerikanischen Konsuls gefunden. Der Konsulatsarzt hatte sie schon untersucht und für würdig befunden. Sie brauchten sich nur noch aufs Schiff zu begeben und nach Amerika zu fahren. Aber da sagte die Französische Republik: Nein, du mußt in Arandon sitzen. Du wirst hier dringend gebraucht, hast jetzt keine Zeit, ans Ende der Welt zu fahren, dorthin, wo der Pfeffer wächst. Erst haben sie dich mit allen Mitteln aus dem Land geekelt, haben dich nicht zu Atem kommen lassen, haben dir Ausweisungsbescheide in die Hand gedrückt, erst einen weißen, dann einen gelben, und wenn du nicht wie befohlen aus dem Land verschwandest, haben sie dich ins Gefängnis gesperrt. Doch jetzt, da du schon selber gehen willst, hat Frankreich sich in dich verliebt, verlangt nach dir, kann ohne dich nicht sein.

Aber Brillenschlange mit seinem süffisanten Lächeln um die Mundwinkel rief Gottheimer nicht heraus, sondern blieb ihm im Aufenthaltsraum auf den Fersen, ließ keinen an ihn heran. Mit der Anordnung, auf der Stelle seine Sachen zu holen, begleitete er ihn in den Schlafsaal und wartete, bis Gottheimer seine Koffer gepackt hatte und sie hinaustrug.

Die Nachricht von Gottheimers Freilassung verbreitete sich blitzartig im ganzen Lager. Alle drängten sich, ihn anzustarren wie jemanden, der plötzlich eine Riesenerbschaft von einem Onkel in Amerika angetreten hat. Mitsamt seinen Koffern wurde er ins Büro eingelassen, wo er etwa zehn Minuten blieb. Danach geleitete Brillenschlange ihn zum Lagertor, aus der Ferne begafft von uns allen. Mit aufgerissenen Mündern standen wir da. Gottheimer rief, er werde uns nicht vergessen, werde sein möglichstes tun. Brillenschlage scheuchte ihn hinaus, ließ ihn von niemandem Abschied nehmen. Nur von weitem rief er: ‹Auf Wiedersehen!› Das Ganze hatte nicht länger als fünfundzwanzig Minuten gedauert.

Komischerweise fühlte man sich irgendwie verraten. Als habe nur einer das Große Los gewinnen können, und Gottheimer sei damit abgezogen.

Gottheimer, ein deutsch-jüdischer Flüchtling über dreißig, war Gemeindeangestellter in Lyon und Vater französischer Kinder. Zwei Tage später wurde Seckbach freigelassen, der ebenfalls französische Kinder hatte. Auch er durfte weder Abschied nehmen noch mit jemandem sprechen. ‹Wenn sie in dem Tempo weitermachen, alle zwei Tage einer, werden sie noch einige Wochen brauchen, bis sie alle vierhundertachtzig entlassen haben›, witzelten wir.

Es ging nicht in diesem Tempo weiter. Nach den beiden war Pause.

Im Büro wurde eine Kartei angelegt, alphabetisch nach Namen geordnet. Die Leute mit den jeweiligen Anfangsbuchstaben standen stundenlang in Kälte und Wind vor der Tür Schlange, blieben schließlich bis zu einer Dreiviertelstunde drinnen und kamen dann mit rotem Kopf heraus. Hauptmann Ledoux saß an dem Tisch in der Mitte, das Gesicht zur Tür, die Brille auf der Nase. Am andern Tisch, links, saß Brillenschlange. Der Hauptmann persönlich verhörte und notierte alles auf große gelbliche Karteikarten, auf denen die Fragen vorgedruckt standen. Diese langsamen, systematischen Untersuchungen zogen sich über Wochen hin.

Bei mir wollten sie wissen, wann und wo ich die Schule besucht hatte. Ob ich Volksschul-, Gymnasial- oder akademische Bildung besaß. Ob ich Militärdienst geleistet hatte, in Österreich oder in Deutschland, wann, wo, in welcher Einheit, mit welchem Dienstgrad. Ob ich im Weltkrieg gekämpft hatte, an welcher Front und gegebenenfalls mit welchen Auszeichnungen. War ich verwundet worden, wie oft, an welchen Körperteilen. War ich in Gefangenschaft geraten, in welchem Land, von wann bis wann. Meine Beschäftigung in der Heimat und in Frankreich. Hatte ich in einem Konzentrationslager gesessen, wie lange, von wann bis wann, und weswegen. Was sei meine politische Einstellung, welche Partei hätte ich unterstützt, wann, wo, wie lange. Sei ich mit einem Visum nach Frankreich eingereist oder schwarz über die Grenze gekommen, und wann. Hatte ich aus Deutschland fliehen müssen oder das Reich aus eigenem Willen verlassen, mit Familie oder ohne, hatte ich Angehörige zurückgelassen, in Deutschland oder in Österreich, wolle ich dorthin zurückkehren. War ich im Besitz einer Aufenthaltsgenehmigung für Frankreich oder eines Ausweisungsbefehls. Ob ich im Gefängnis gesessen hätte, in Deutschland, in Frankreich, wegen welcher Delikte. Ob ich die französische Staatsangehörigkeit beantragt hätte, wann, warum ja, warum nein. Nein, hatte ich nicht. Als ich mich noch hätte darum kümmern können, sei meine Frau plötzlich erkrankt, und ich hätte anderes im Kopf gehabt. ‹Jetzt sehen Sie die Folgen!› sagte der Hauptmann. Ob ich mich denn zur Fremdenlegion gemeldet hätte, fuhr er fort. Wann, wo, und wenn nicht – warum nicht. Ob ich Loyalitätszeugnisse hätte, und von wem. Ob ich mich auf Dauer in Frankreich niederlassen wolle. Namen und Alter von Frau und Kindern, wo geboren, was sie machten.

Er verhörte mit der Gewieftheit eines Ermittlungsrichters, drehte und wendete seine Fragen, versuchte, einen in Widersprüche zu verwickeln. Nach und nach holte er deine ganze Lebensgeschichte aus dir heraus. Mit fiesem Grinsen dachte er sich Fragen aus, bei denen du nicht wußtest, ob du darauf lieber lügen oder die Wahrheit sagen solltest. Konnte er dich nur einer einzigen Ungereimtheit überführen, warst du vollends in seinen Händen, und seinen Absichten kamst du nicht auf den Grund. Nach seinen Fragen – abgesehen von einigen wenigen, die auf persönlicher Neugier beruhen mochten – war er wohl darauf aus, festzustellen, zu wieviel Prozent jeder einzelne von uns Nazi, Kommunist oder Frankreichfreund war. Die scharfsinnigen Franzosen in ihrem ständigen Mißtrauen noch gegenüber dem eigenen Augenschein fürchteten, wir könnten sie an der Nase herumführen, seien womöglich doch verkappte Nazis.

Selbst die Älteren unter uns fragte er, ob sie sich zur Fremdenlegion gemeldet hätten beziehungsweise warum nicht. Dr. Seligson antwortete ihm in seiner Wahrheitsliebe, in seinem Alter, mit seiner Krankheit und in dem Wissen, daß er nicht tauglich sein würde, hätte er es für eine Farce gehalten, sich zu melden. ‹Aber es wäre eine noble Geste gewesen!› erwiderte der Hauptmann.

Während all dieser Wochen wurden nur zwei-, dreimal Briefe verteilt. Eine Ausrede hatten sie dafür parat: Sie hätten nicht Zeit, sie zu zensieren. Nicht daß sie sich etwa entschuldigt hätten! Dafür wurde eine neue Liste angeordnet – was ja alle paar Tage geschah, aber Post gab es keine. Sechs neue Gefangene wurden eingeliefert – aber keine Briefe ausgegeben. Brillenschlage fuhr drei Tage in

Urlaub – sechs Tage keine Post. Gottheimer wurde entlassen – immer noch nichts. Und mit derselben Begründung gingen auch unsere Briefe und Karten nicht ab.

Wir stritten uns um Nichtigkeiten, nur um Reste eines Eigenlebens zu bewahren, zu spüren, daß noch eine schmale Scheide zwischen Ich und Du bestand, wir nicht eine einzige Masse waren, ein riesiger, amorpher, wimmelnder Misthaufen. Hier wurden wir gezwungen, ein fremdes Leben aus zweiter Hand zu führen, von vornherein für fünfhundert Mann gleich geschneidert. Nach und nach vermochte man nicht mal mehr in der Phantasie ein Eigenleben zu entwickeln. Man war vollkommen von der Außenwelt abgeschnitten, lebendig begraben in einem tiefen, dunklen, kalten Massengrab.

Nach der Kartei ging es mit den Fingerabdrücken los. Im Büro wurden unsere beiden Daumen viermal eingetaucht und auf vier verschiedene Karteikarten gedrückt, unsere Körperlänge und Kopfgröße gemessen, Haarfarbe, Augenfarbe, Nasenform notiert, und jeder mußte auf den vier Karten Schriftproben abgeben. Auf einer Tafel stand in großen Lettern: ‹Ich möchte Frankreich willig dienen›, und wir kopierten diesen Satz allesamt wie ein Mann viermal. Und wieder wurde jeder nach Vornamen, Familiennamen usw. gefragt, ja sogar die alte Adresse in Deutschland oder Österreich vermerkte man genauestens, selbst wenn sie manchmal schon fünfzehn oder zwanzig Jahre zurücklag. Man wurde langsam von Tisch zu Tisch weitergereicht, hier Daumenabdruck, dort Schriftprobe, aber Post bekamen wir wieder nicht. Es ging das Gerücht, man werde uns auch photographieren, aber das erwies sich als Fehlanzeige. Trotzdem mußten wir der Französischen Republik wichtig sein. Man machte viel Aufhebens um uns und wollte unser Autogramm haben, als Andenken.

Jeden Sonntagabend war Kabarett. Ein paar Tische wurden zur Bühne umfunktioniert, und nach einiger Zeit gab es sogar einen Vorhang aus Wolldecken. Das Publikum saß auf Bankreihen, in Hut und Mantel wie in der Tram, und klatschte Beifall. Den Conférencier machte Rastowitz, genannt Rasputin. Mit seiner überdimensionalen Nase und den lang schlenkernden Affenarmen, die an seinem verdorrten Körper fremd, wie ausgeliehen, wirkten und ihm aus den zu kurzen, am Ellbogen abgeschabten Jackenärmeln bis zu den Knien baumelten, flanierte er auf der Bühne hin und her, gab eine sattsam bekannte Zote zum besten und sagte dann die nächste Nummer an. Und schon trat der ‹große Star› Janek von der Kantine auf, mit bleichem Gesicht, kohlrabenschwarzer Tolle und brauner Lederjacke: Janek, der sonst Würstchen, Sardinen und Schokolade schlemmte, sang jetzt mit knochentrockenem Falsett Arien zur Gitarrenbegleitung von Hans Peter. Epstein, unser ‹Kulturminister›, näselte durch seine plattgedrückte Boxernase lange, selbstverfaßte Gedichte, die nach Palästina führten und in denen häufig das Wort ‹Israel› mit Ausrufezeichen vorkam. Guggenheim, ein junger Stotterer aus Süddeutschland, verlas vom Blatt eine Parodie in Reimen über das Lagerleben, wobei jede Strophe mit dem Refrain endete: ‹Da denkt sich nun Kuschnitzki, denken auch Seligson und Kohn: / Oh, wie schön war's doch trotz allem – in Arandon!› Die Parodie ging ewig weiter, und die Zuschauer spotteten unbarmherzig. Einige wenige klatschten demonstrativ, aber Guggenheim hatte weitere Strophen auf Lager und ließ sich nicht aus dem Konzept bringen. Bart, der Riesenschädel mit Maulwurfsphysiognomie, sang das ‹Fiakerlied› mit i-a-ha, i-a-ha und pfiff dazu. Er sang so echt und natürlich, daß man das Bild plastisch vor Augen sah – wie er hoch auf dem Bock saß und durch nachtschlafende Wiener Straßen zuckelte, die Zügel schleifen ließ und leise im Trott der grauen Stute mitwippte, die über das Pflaster klapperte, hinein in die schwarzen Weiten der Nacht. Stilles Sehnen ergriff die Seele und besänftigte sie.

Danach führten Raskowitz, Maimon, Federbusch und Want ein paar Sketche auf. Want, ein junger blonder Schneider aus Wien, übernahm häufig Frauenrollen. Er schwenkte seinen falschen Hintern, wedelte mit dem Rock, der aus einer roten Wolldecke bestand, verfiel in Kreischton, wenn er etwa Maimons junge Frau spielte, die ihn mit Federbusch betrügen wollte. Zuerst trafen sie sich im Café – ein Tisch und zwei Stühle aus Deichmanns Produktion, dazu eine Weinflasche und zwei Gläser. Derselbe Tisch mit Stühlen, aber ohne Flaschen und Gläser möblierte dann auch das Schlafzimmer von Maimon, dem Trottel, der die beiden natürlich mittendrin störte. Seinen Busenfreund Federbusch beförderte er mit einem Fußtritt ins Freie, aber die junge Frau drehte die Sache so, daß er sie zum Schluß noch um Verzeihung bitten mußte.

So ging es weiter mit den Nummern, die jeden Sonntag ähnlich abliefen, abgesehen von kleinen Änderungen und Verbesserungen, die mit der Zeit Eingang fanden. Zum Abschluß trat das Orchester auf: drei Mandolinen und zwei Gitarren unter Goldsteins Leitung. Sie spielten nicht schlecht Strauß-Walzer, Operettenmelodien, ein Potpourri ungarischer und russischer Lieder und zu guter Letzt die ‹Arandon-Hymne›. Das Publikum sang mit, von Goldstein mit ausgestrecktem Finger dirigiert. Text und Melodie stammten vom Dirigenten. Er hatte zahlreiche Kopien davon hergestellt, die er für zwei Francs pro Stück an die Zuhörer verkaufte. Der Refrain lautete:

> Arandon, Arandon,
> Dir gilt heut' unser Chanson!
> Das Tagwerk hier viel Müh' beschert,
> Doch für uns hat's keinen Wert!
> Liberté, liberté!
> Oh, wann ist's, daß ich dich seh'!
> Mit dem Sacke in der Hand,
> Verlass' ich flink dann dieses Land!

Die Strophen selbst waren ähnliche Glanzstücke, und auch die Musik war himmlisch.

Um Viertel vor neun tappte das Publikum über den dunklen, schlammigen Hof zum Schlafsaal und freute sich noch weiter an den Späßen. Vor den Latrinen drängten sich die Leute in Scharen. Karlchen Ambach summte beim Bettenmachen vor sich hin. ‹Die sind talentiert, eure Österreicher›, sagte er halb zu sich, halb an mich gerichtet. ‹Wenn sie was anpacken, tun sie's richtig. Die Musik ist doch wirklich großartig. Was?! Du bist in der Mitte weggegangen? Dann hast du aber viel versäumt, nicht wahr, Richard?›

Dr. Fried ist eben dabei, seine Bruchbinde abzunehmen. Er steht mit dichtbehaarten, klapperdürren bloßen Beinen da und zittert vor Kälte. Dann zieht er nacheinander warme Unterwäsche, Pyjama, Wollsocken an, so viel irgend geht. ‹Johann, hast du noch einen Schluck Milch?› stellt er seine abendliche Standardfrage.

Johann Sternheimer reicht ihm eine bauchige dunkle Flasche. Mit seinem blauen Overall und der Nachtmütze über den Ohren gleicht er einem startbereiten Flugzeugpiloten.

Dr. Seligson hat schon die Brille abgenommen. Sein hageres Gesicht wirkt nackt, seine vorquellenden Augen lassen irrende Blicke hin und her schweifen, die nichts recht zu erfassen vermögen. Dann zwängt er sich in den Schlafsack und teilt mit Karlchen ein und dasselbe Federbett.

Deichmann auf der gegenüberliegenden Pritsche hat sich aus seiner roten Steppdecke einen Schlafsack genäht. Hineinklettern kann er nur im Stehen unter listenreichen Verrenkungen mit beiden Beinen gleichzeitig. Danach zieht er ihn langsam hoch, kann sich nun aber nicht mehr bücken, so daß er sich stocksteif aufs Stroh werfen muß. Zu guter Letzt deckt er sich mit großen braunen Packpapierbögen zu, mit denen seine Frau ihre Pakete für ihn einwickelt. So wird ihm ein wenig wärmer, und der Staub fällt nicht auf seine Decken.

Auf einem Brett am Pritschenende sind Name und Gruppennummer eines jeden vermerkt. Wenn der Adjutant (nach seinem Stab, von dem er sich nie trennt, ‹Stöckchen› genannt) zur Inspektion kommt, muß er gleich wissen, wer sein Stroh nicht sorgfältig zurückgekämmt hat, damit es nicht über den Pritschenrand quillt, bei wem die Decke nicht zum exakten Rechteck gefaltet am Kopfende liegt, und wer, Gott behüte, vergessen hat, seine Hausschuhe so wegzustellen, daß man sie nicht sieht. Für den Sieg der Franzosen gegen Hitler ist es äußerst wichtig, daß das Stroh auf den Pritschen in Arandon frei und offen daliegt, ohne herauszuhängen.

Aus der Küche kommen ständig neue Gerüchte. Im Lager nennen wir sie ‹Windbeutel›. Von dort verbreiten sie sich blitzartig über das ganze Lager. Zum Beispiel, daß wir bald alle in ein anderes Lager kämen, um in Arandon Platz für Kriegsgefangene zu schaffen. Oder: England lasse künftig alle jüdischen Flüchtlinge in Palästina einreisen, und demnächst würde eine Liste aller Interessenten aufgestellt, die dann nur noch an Bord eines Schiffes gehen und absegeln müßten. Die Küche hat eine gemeinsame Wand mit dem Büro, an der man abgerissene Worte von dort aufschnappen kann, auch Fetzen von Telefongesprächen. Die Köche rühren daraus Desserts, fügen Zucker hinzu, stäuben Zimt darüber und servieren das Ganze im Tagesraum.

Seit ein paar Tagen geht das Gerücht von einer Ärztekommission, die demnächst eintreffen solle. Manche sagen, sie käme in Sachen Fremdenlegion, um die Tauglichen einzuberufen. Nach dem Mittagessen verkündete Kraus einen Generalappell zwischen zwei und drei Uhr. Wie ein Mann müßten alle antreten, in Gruppenaufstellung. Die Außenarbeiter wurden nicht an ihre Arbeitsplätze geführt.

Draußen setzte bereits spätnovemberliche Abenddämmerung ein. Es herrschte keine strenge Kälte, aber klamme Feuchtigkeit. Im Tagesraum verbreiteten die Lampen fahles, schummriges Licht, das die Gesichter kränklich wirken ließ. Unter der Decke hing grauer Zigarettendunst.

Hauptmann Ledoux durchmaß langsam, in militärisch zackigem Schritt den gesamten Saal, zwischen den Scharen von strammstehenden Männern hindurch, gefolgt von Hauptmann Pleget, Stöckchen und Brillenschlange. Am Ende stieg er auf eine Bank und hielt mit monotoner Stimme, als lese er vom Blatt, eine kurze Ansprache. Brillenschlange, der neben ihm auf der Bank stand, übersetzte seine Worte in holpriges Deutsch. Am nächsten Morgen um acht Uhr werde eine Ärztekommission von der Fremdenlegion eintreffen. Bis heute abend könne jeder sich freiwillig melden. Keiner würde gezwungen, aber wir alle, die wir in Frankreich Unterschlupf erhalten hätten, seien doch eigentlich verpflichtet, in die Fremdenlegion einzutreten, um gegen Hitler, unseren gemeinsamen Feind, zu kämpfen. Alle, die sich freiwillig melden wollten, sollten im Saal verbleiben, die anderen auf den Hof abtreten.

Einer sagte: ‹Wir haben uns alle zum französischen Militär gemeldet, um an der Front zu kämpfen.› Darauf antwortete der Hauptmann, und Brillenschlange übersetzte: ‹Im französischen Militär können Fremde nicht dienen. Nur in der Fremdenlegion. Und die ist Teil der französischen Streitkräfte. Die Fremdenlegion verteidigt die französischen Kolonien, die Teil der Französischen Republik sind. Da gibt es keine Trennung.› Kraus fragte in unser aller Namen, ob es möglich sei, sich nur für die Dauer des Krieges zur Fremdenlegion zu verpflichten, nicht für die sonst üblichen fünf Jahre. Darauf erwiderte der Hauptmann, das wisse er nicht, er habe keine entsprechenden Weisungen erhalten. Weiter fragte Kraus, ob die Freiwilligen Erleichterungen beim Einbürgerungsverfahren erhalten würden. Auch das wußte der Hauptmann nicht. Danach erkundigte sich Kraus, ob die Familien der Legionäre Unterstützung erhalten würden wie die der französischen Armeeangehörigen. Der Hauptmann hatte keine Anweisungen. Er werde telefonisch beim General in Lyon anfragen. Das Alter spiele keine Rolle. Jeder dürfe sich melden.

Die Menge drängte verstohlen zum Ausgang, nahm schnellstens Reißaus wie vor einer Feuersbrunst. Im Saal verblieben ganze neun Mann, die sich auch nur für die Kriegsdauer verpflichten wollten. Hauptmann Pleget zischte im Vorbeirauschen: ‹Glaubt ihr etwa, ihr würdet freigelassen, um eure dreckigen Geschäfte in Lyon wiederaufzunehmen? Schlagt euch das aus dem Kopf! Freigelassen wird nicht! Entweder Fremdenlegion oder Lager. Und wir werden euch zeigen, was ein Lager ist!›

Jede halbe Stunde kam Hauptmann Pleget mit Mörderblick wieder, um eine Rede zu schwingen. Mit allen erdenklichen Mitteln wollte er uns möglichst viele Legionäre abpressen. Herlinger und Bruckner aus der Küche, beide über fünfzig, meldeten sich als erste. (Später erfuhren wir, daß man ihnen im Büro gesagt hatte, sie sollten sich nur pro forma einschreiben, als Vorbild für die Jüngeren, eingezogen würden sie nicht.) Schließlich kam Hauptmann Pleget, um mitzuteilen, daß man sich auch nur für die Dauer des Krieges verpflichten könne und daß die Familien Unterstützung erhielten.

Gegen Abend hatten sich schon rund fünfzig Mann gemeldet, darunter fast alle Köche und sämtliche Kantinenarbeiter. Viele waren über fünfzig oder invalide und wußten sehr wohl, daß man sie nicht einziehen würde. Alle hatten Frankreich eine ‹noble Geste› erwiesen, was ihrer schnellen Entlassung nur förderlich sein konnte. Nach dem Motto: Ich habe getan, was ich konnte. Ich war von ganzem Herzen bereit, mein Leben für Frankreich hinzugeben. Wenn man mich nicht nehmen will, ist das nicht meine Schuld. Andere hofften, ihre Angehörigen in Lyon wiederzusehen. Es hieß, im Rekrutierungszentrum der Legion bei Lyon bekäme man ein paar Tage Urlaub.

Am nächsten Morgen traf die Ärztekommission in einem Militärfahrzeug ein, auf den Köpfen purpurne Samtkäppis, die an umgestülpte Kasserollen erinnerten. Sie machten sich augenblicklich an die Arbeit. Hauptmann Pleget war ununterbrochen bemüht, auf Teufel komm raus neue Legionäre zu werben. Man könne sich noch den ganzen Vormittag über melden, und ausnahmsweise würden die Ärzte noch bis abends hin mustern.

Die Freiwilligen standen vor dem Büro Schlange und traten zu jeweils zwei oder drei Mann ein. Fast alle wurden für tauglich befunden.

Federbusch kam jubilierend heraus. Er hatte sie hinters Licht geführt. Als der Doktor ihm einen Moment den Rücken kehrte, hatte er schnell die Brille hervorgezogen und einen Schritt vor der Tafel alle Buchstaben richtig abgelesen. Bei der Augenuntersuchung danach wurde er für tauglich befunden. Er hatte erreicht, was er wollte. Er würde ins Rekrutierungszentrum einrücken und könnte seine Frau besuchen. Legionär würde er nicht werden. Schießen – ja! Aber dazu müßte man ihm den Feind drei Zentimeter vor die Nase stellen und ihn gut festhalten. Dann würde er ohne weiteres anlegen und ihn erschießen.

Ich rang den ganzen Tag mit mir, den Kopf voller Gedankensplitter. Ich wußte schon, daß sie mich nicht nehmen würden. Bei meinem Alter und meiner Krankheit war ich mir dessen sicher. Doch ich fürchtete, sie würden meine Untauglichkeit nicht gleich feststellen, und zu Fahrten hatte ich weder Lust noch Kraft. Dumpfe Benommenheit hatte sich meiner im Lager bemächtigt. Sollten sie mich bloß ungestört auf dem Stroh liegen lassen. Meine Frau hatte mir in ihrem Brief vor zwei Tagen indirekt angedeutet, es sei gut, sich zu melden und mustern zu lassen. Das hatten ihr gewiß unsere Pariser Freunde geraten, die sich für mich verwendeten. Am Nachmittag setzte ich mich zu einer Schachpartie mit Blech zusammen. Eigentlich hatte ich schon beschlossen, mich nicht zu melden. Doch gegen drei sprang ich plötzlich auf, sagte, ich müsse einen Augenblick hinausgehen, und lief, wie von einer geheimnisvollen Kraft getrieben, schnurstracks zum Büro. Dort näherte man sich schon dem Schluß. Nur die zwei letzten waren noch übrig.

‹Was wollen Sie?›

‹Was heißt, was wollen Sie? Zur Fremdenlegion will ich!› Und schon begann ich mich freizumachen. Der kleine Militärarzt mit Brille und großer Glatze legte mir das Ohr aufs Herz, kitzelte mich mit seinem langen Schnurrbart an der Brust, so daß ich mir nur mit Mühe das Lachen verkneifen konnte.

‹Haben Sie einmal an Rheumatismus gelitten?›

‹Ich leide noch jetzt daran. Das linke Bein tut mir weh, und Ischias habe ich auch gehabt. Das ist in einem belgischen Kurort auskuriert worden.›

‹Wir können Sie nicht nehmen›, sagte der Arzt. ‹Ihr Herz ist nicht in Ordnung.› Er rief den anderen Arzt hinzu, der mir ebenfalls das Ohr auf die Brust legte. ‹Rheumatisch›, erklärte der Glatzkopf seinem Kollegen.

Ich begann zu verhandeln: ‹Vielleicht könnten Sie mich doch nehmen…›

‹Kommt gar nicht in Frage! Haben Sie ab und zu Schwindelanfälle? Sind Sie oft müde?›

‹Ja, müde bin ich oft, und der Kopf dreht sich mir.›

‹Sehen Sie!› sagte er väterlich. ‹Das ist nichts für Sie. Der Dienst in Afrika ist hart, es ist heiß dort, und man muß viel durch den Wüstensand marschieren. Glauben Sie mir, das ist nichts für Sie.›

Über den Tisch rief er, auf mich deutend, zu Brillenschlange hinüber: ‹Der kleine Dicke da – untauglich! Rheumatisch!›

Es hatten sich über hundert Mann gemeldet. Rund achtzig waren für tauglich befunden worden. In ein paar Tagen würden sie hier wegkommen. Ich setzte mich hin und schrieb meiner Frau eine Postkarte des Inhalts, daß ich mich am 24. November freiwillig zur Fremdenlegion gemeldet hatte, um Frankreich zu dienen und an der Befreiung der Menschheit vom Joch der Barbaren teilzunehmen, die Ärztekommission zu meinem Leidwesen jedoch, meines schwachen Herzens wegen, ihre Zustimmung verweigerte.

Es folgten Schneetage. Die Temperatur fiel auf vierzehn bis sechzehn Grad unter Null, gelegentlich bis auf zweiundzwanzig. Im Schlafsaal waren es minus drei. Das Eis glitzerte wie Millionen Diamanten an den Wänden. Die Wasserleitungen auf dem Hof und in der Küche froren ein, obwohl man die Rohre mit Strohgarben umwickelt hatte. Wir wuschen und rasierten uns nicht mehr, schlichen wie wilde Tiere umher, mit steifgefrorenen Ohren, die im Lazarett mit braunem Jod eingerieben wurden. Nachts zogen wir uns nicht aus. Die Kommandantur verteilte Wolldecken – dünne Stoffbahnen, aus denen die Bauern Anzüge nähten, in Dunkelblau, Braun, Hellblau oder kariert. Wärmen taten sie nicht. Die Leute wickelten sich Lumpen um die Schuhe. Manche, darunter Karlchen Ambach, kauften sich in der Kantine Holzpantinen, die wie Kähne aussahen, polsterten sie mit Stroh und zogen sie über die Schuhe, was aber auch nichts half. Die Leute tanzten stundenlang singend im Reigen, um warm zu werden. Die Latrinen waren eingefroren und ließen sich nicht saubermachen. Hauptmann Ledoux antwortete mit seiner Standardausrede: ‹Auch die französischen Soldaten an der Front haben es nicht wärmer.› Allerdings befahl er der Küche, anstelle des Weins um zehn Uhr morgens heißen Tee um vier Uhr nachmittags auszugeben. Der Tee war nicht grandios, aber häufig doch heiß.

Paul Weiss, der Bademeister, verlor seine Stelle. Er hatte sich im Bad mit einem Jüngling namens Landau geprügelt, ihm dabei mit einer Eisenstange einen Hieb ins Gesicht versetzt und beinahe ein Auge ausgeschlagen. Er wurde vor Gericht gestellt, und Dr. Seligson verfügte seine Amtsenthebung. Den Leuten bereitete das eitel Freude. Besonders jubelte Rosenstiel. Er hatte hinter vorgehaltener Hand schon längst verbreitet, daß Paul Weiss ihm immer nur kaltes Wasser und davon auch noch wenig bringe, weil er nicht mehr als einen halben Franc zahlen könne, während die Reichen, die zwei oder sogar drei Francs gäben, ganz anders bedient würden. Insgeheim hatte er gehofft, Paul Weiss ausbooten und an seine Stelle treten zu können, aber diese Goldgrube wurde zwei anderen gemeinsam anvertraut.

Paul Weiss ging nicht lange müßig. Er klebte eine Anzeige ans Tor, auf der in großen Lettern stand: *Paul Weiss gegen Erkältung! Wer nachts Wasser lassen muß, braucht nur leise zu pfeifen, und schon kommt Paul Weiss mit dem Eimer und bringt Erleichterung. Zurückhalten ist ungesund. Austreten führt mit Sicherheit zu Erkältung. Ein leiser Pfiff – und Paul Weiss ist mit dem Eimer zur Stelle.* Außerdem vermietete er glühende Steine zum Anwärmen des Betts. Große Steine für einen Franc, kleine für fünfzig Centimes. Nach einigen Tagen hatte er bereits eine Reihe von Stammkunden. Gegen Abend legte er die Steine in den Ofen, und um halb neun schleppte er sie in einem großen Sack auf dem Rücken zum Schlafsaal und schob sie unter die Decken seiner Kunden. Morgens sammelte er sie wieder in den Sack ein. Zu seinem Leidwesen hatte er nicht genug Steine. Die Nachfrage war groß.

Acht Tage nach der Musterung erging Mitteilung vom Büro, am nächsten Morgen würden die Legionäre abmarschieren. Der Kantinenausschuß spendierte ihnen pro Mann eine Tafel Schokolade, eine Dose Sardinen, eine Packung Zigaretten und ein paar Francs in bar als Wegzehrung. Am Abend spielte die Kapelle zum Abschied, und Janek ließ zum letzten Mal seinen spröden Tenor erklingen. Dr. Seligson kletterte auf eine Bank mitten im Saal und sprach ein paar vorsichtige Worte, die im Büro bekanntwerden durften: ‹Freunde, ein paar Wochen haben wir zusammen gelebt und gelitten. Ein schmähliches Schicksal hat uns vereint. Häufig sind leichte Unstimmigkeiten zwischen uns aufgetreten, aber das waren nur oberflächliche Streitigkeiten aufgrund des harten Lebens, das wir führen mußten. Jetzt, da wir Abschied nehmen müssen, spürt jeder, wie nah wir uns in wenigen Wochen gekommen sind. Ihr zieht nun aus, um gemeinsam mit dem französischen Volk, gemeinsam mit allen Verteidigern der Freiheit, gegen den großen Feind der Menschheit zu kämpfen. Seid tapfer und stark! Und vergeßt nicht, daß wir Juden nicht nur gegen diesen bestimmten Feind, der uns heute entgegensteht, kämpfen, sondern mehr noch gegen das Böse prinzipiell, dessentwegen wir zu allen Zeiten und von allen Völkern verfolgt und gequält worden sind. Diesen krankhaften blinden Haß gegen uns Juden gilt es aus der Welt zu schaffen. Ich hoffe, wir sind unterwegs zu einer besseren Zukunft, die uns wahre Freiheit und Gleichberechtigung bescheren wird. Euch, teure Freunde, die ihr nun morgen zur Legion einrückt, fällt die Ehre zu, am Kampf für dieses große Ideal teilzunehmen. Wir sind mit euch und werden euch nicht vergessen. Im Namen aller, die hier zurückbleiben, wünsche ich euch Glück und uns allen Befreiung und schnellen Sieg.›

Wir klatschten. Dr. Seligson hätte gewiß lieber was anderes gesagt. Vermutlich das genaue Gegenteil. Aber wegen der ‹teuren Freunde› war jetzt Vorsicht geboten.

Am Morgen mußten sie schon um halb fünf aufstehen. Dick in die Lumpen eingemummelt, freute man sich, liegenbleiben zu dürfen. Durch ein Stückchen unbemalte Scheibe schimmerte kühl und gleichgültig der Mond wie ein Kloß noch nicht ausgerollter Nudelteig am blaukristallenen Himmel. Auf dem Hof knirschten die schweren Schritte des Wachsoldaten auf dem klirrenden Eis. Irgendwie schwang die leise Melancholie des Verlassenseins mit. Der Lärm ließ nach und entfernte sich. Um sieben Uhr durften wir in den Tagesraum gehen. Die Legionäre standen in Zweierreihe mit ihren Sachen auf dem Hof, traten von einem Bein aufs andere und rieben sich die Ohren. Der Mond stand immer noch an seinem Platz, aber viel bleicher jetzt, seiner Macht langsam enthoben. Es war schon hell draußen, und am flimmernd klaren Firmament zog, kaum wahrnehmbar, der rosa Glanz der ersten Sonnenstrahlen auf. Ein Streifen Horizont färbte sich rot. Vier große blaue Automobile fuhren nacheinander in den Hof ein.

Nach dem Abzug der Legionäre wurde es etwas geräumiger im Lager. Erheblich größere Leere herrschte jedoch in der Kantinenkasse. Alsbald stellte sich heraus, daß die teuren Freunde von der Kantine circa zwanzigtausend Francs von Grundfonds und Gewinnen mitgenommen hatten. Der Kantinenausschuß mit Karlchen Ambach (den die Sache auch ein paar Hunderter gekostet hatte) bemühten sich, das Defizit zu mildern, aber Weinstock mit seinem Bergstock triumphierte.

Am 9. Dezember wurde Johann Sternheimer herausgerufen und freigelassen. Nur aus der Ferne konnten wir von ihm Abschied nehmen. Die Prozedur dauerte ganze fünfundzwanzig Minuten. Verwirrt und hochrot im Gesicht, vergaß er nicht, seinen armen Freunden ein paar tausend Francs dazulassen und einige seiner Kleidungsstücke und Decken zu verteilen.

Im Dezember kamen auch ein paar Amerikafahrer an die Reihe, die man allerdings nicht jenseits des Tores freiließ, denn sie hätten ja unterwegs, Gott behüte, ein Stück Frankreich mitgehen lassen können. Eine Eskorte begleitete sie nach Lyon, und von dort würde man sie mit militärischem Geleitschutz nach Cherbourg zum Hafen bringen und mit ihnen warten, bis das Schiff in See stach. Bei solcher Sorgfalt mußte der Krieg ja gewonnen werden.

Einige Genossen erhielten von befreundeten Legionärsrekruten Postkarten voll künstlicher Begeisterung. Es ginge ihnen ungeheuer gut dort. Die Verpflegung sei ausgezeichnet. Sie hätten schon Uniformen erhalten. Von

Zeit zu Zeit machten sie Urlaub in Lyon. Und bald würde man sie nach Afrika schicken, nach Sidi-Bel-Abbès. Kurz: Das sei ein Leben! Sie bedauerten nur, sich nicht schon vor zwanzig Jahren freiwillig zur Fremdenlegion gemeldet zu haben.

Am Heiligabend war das Essen nicht zu überbieten. Je drei bekamen eine ovale kleine Dose Streichleber, wohl an die fünfzehn Jahre alt, schimmlig und bitter. Dann gab es Gänsebraten, von dem wir außer einem harten Gänseknochen nicht viel finden konnten. Und als Nachtisch erhielt jeder eine Apfelsine und einen Teelöffel Marmelade. Danach durften wir bis halb elf, elf im Tagesraum bleiben. Die Kabarettvorstellung war wirklich nicht schlecht. Besonders gelungen war die Nummer ‹Beim Heurigen in Wien› mit entsprechender Dekoration, bunten Lampions und Wienerliedern. Das Publikum schmolz vor Gefühl dahin, die Österreicher am meisten. Da seit dem Abzug der Legionäre einige Stars fehlten, hatte man neue Kräfte engagiert, darunter Helfer, ein untersetzter junger Mann mit beginnendem Bauchansatz, ein wahrer Büffel, mit dicken, kurzen Armen und Beinen, die wie abgehackt wirkten, und kleiner, sentimentaler Tenorstimme. Süß und gefühlvoll sang er aus voller Seele, mit leicht synagogaler Modulation ein weites Repertoire: Wienerlieder, neue Operetten- oder Filmmelodien, jiddische Weisen – was immer gewünscht wurde.

Bis zu später Stunde feierten die Leute noch nach Herzenslust in ihren Schlafsäcken weiter, sangen und summten Lieder und Melodiefetzen, wiederholten die Witze, freuten sich. Die Musiker verfaßten im Bett einen neuen Schlager, dessen Refrain lautete: ‹Leckt, leckt, leckt uns, leckt uns am…›, womit sie die Franzosen meinten. Alle waren begeistert davon und ließen nicht ab, den Kehrreim zu wiederholen. Er sprach ihnen aus der Seele. ‹Äußerst talentiert, eure Österreicher›, schwärmte Karlchen Ambach beim Ausziehen, ‹wirklich und wahrhaftig erstklassig. Und mit so dürftigen Mitteln! Solch eine Galavorstellung könnte doch in jeder Metropole konkurrieren, in Berlin, in Paris, überall – nicht wahr?›

Am nächsten Morgen begann ein sonniger Wintertag mit alten Schneeresten. Um zehn Uhr vormittags erschien ein erstes Grüppchen Frauen aus Lyon am Tor, fünf an der Zahl. Im Tagesraum schlug die Nachricht wie der Blitz ein, und alle eilten auf den Hof, drängelten und spähten von weitem, auch die, die ihre Frauen nicht erwarteten, ja sogar diejenigen, die gar keine hatten. Die farbenfrohen Mäntel und Hüte erfreuten das Auge wie Friedensfahnen. Wer nicht zu den Glücklichen zählte, wollte wenigstens ein Stückchen Freude mitbekommen. Zwei Wachen drängten uns etwa zwanzig Meter vom Büro zurück. Nach fünfzehnminütiger Wartezeit vor dem Tor eskortierte ein Sergeant die fünf Frauen ins Büro. Beim Gehen schickten sie uns von fern Grüße und ein Lächeln. Gewiß erschienen wir ihnen wie eine Horde unrasierter, zerlumpter Wilder. Eine wischte sich im Vorübergehen die Augen mit einem Taschentuch. Nach weiteren zehn Minuten trat Brillenschlage auf die Schwelle und rief die Namen der fünf Männer, die schon unweit des Büros warteten. Sie durften auf die Uhr genau zehn Minuten mit ihren Frauen zusammensein, mußten französisch sprechen, und neben jedem Paar stand ein Soldat zum Mithören. Als erstes kamen die Männer heraus, mit glühenden Gesichtern. Wenige Minuten später wurden die Frauen weinenden Auges weggeschickt und bis ans Tor begleitet. Von weitem winkten sie uns zu. Wir standen noch da und starrten ihnen nach, unfähig, die Augen von dem Wunder loszureißen, bis die Frauen in der Ferne verschwanden. Die fünf Männer waren gleich von der Menge umringt. Mit einem Schlag hatten sie in aller Augen Berühmtheit erlangt. Eine halbe Stunde später trafen neue Frauen ein, eine sogar mit einem Säugling auf dem Arm.

Jenen ganzen Tag herrschte große Aufregung. Meine Frau würde sicher nicht kommen. Sie war krank. Und es war auch besser so. Es hatte keinen Sinn, ihr für zehn

Minuten unter Zensur die Stimmung zu verderben. Ich lag hier in Arandon begraben – nur meine Ruhe nicht stören. Es war mir ja noch eines vergönnt – auf dem Strohlager zu ruhen.

Wieder nahm die Kälte zu. Der scharfe Wind fuhr einem durch Mark und Bein. Und das Lagerleben ging weiter seinen gewohnten Gang. Jeden Vor- und Nachmittag trieb Stöckchen Leute los, um Holz aus dem Wald zu holen. Im Tagesraum fröstelten die andern, lernten Sprachen, spielten Karten, kochten Tee, lenkten die Weltpolitik, wärmten Gerüchte auf, stritten sich, machten Kleinholz, reinigten Ofenrohre, rösteten Brotscheiben, wuschen, verkauften heiße Kartoffelpuffer, hielten Mittags- und Abendgebet vor einem Schrein, auf dem eine Kerze brannte, beziehungsweise spielten gegenüber Pingpong auf einem breiten Tisch, den der Genosse Deichmann angefertigt hatte, sangen im Chor zu Gitarrenbegleitung, wanderten auf und ab, um sich die Füße warm zu treten, standen mit leeren Marmeladegläsern in langer Schlage vor der Kantine an, um eine Portion heißen Kakao für achtzig Centimes zu kaufen, hielten Ausschau, ob Poliak, der ‹Postminister›, heute wohl Briefe verteilen würde. Die Gruppenführer erstellten neue Listen. Aus dem Büro verlautete, in ein paar Tagen werde die Ärztekommission wiederkommen, und es sei erneut Gelegenheit, sich zur Fremdenlegion zu melden. Etwa dreißig taten es. Andere waren unentschlossen. Kraus, der oberste Gruppenführer, wurde seines Amtes enthoben. Blaß und niedergeschlagen kehrte er aus dem Büro in den Tagesraum zurück, sagte allerdings, um so besser, er habe schon lange zurücktreten wollen. Später stellte sich heraus, daß er einem Sergeanten frech gekommen war. Von nun an gingen die Anweisungen direkt an die Gruppenführer. Karlchen Ambach strich, von heimlichen Hoffnungen beseelt, ums Büro herum, jedoch ohne Ergebnis. Aus war es mit Kraus' Ansprachen nach den Mahlzeiten und seinen Appellen an den Kameradschaftsgeist. In den ersten Tagen kam es einem eigenartig und unnatürlich vor, aber bald hatte man sich daran gewöhnt, wie an manches Schlimmere. Kraus selber meldete sich freiwillig zur regelmäßigen Waldarbeit und zog jeden Tag mit der Axt auf der Schulter los.

Am 31. Dezember, Samstag vormittag, wurde Dr. Fried freigelassen. Neben meinem Lager wurde es leer und traurig. Von uns aus Bourg waren nur noch drei übrig. Zum Bereitschaftsarzt wurde nun Dr. Karpat aus Ungarn bestimmt. Den Leuten war nicht wohl dabei. ‹Der Quacksalber soll mich untersuchen? Der macht mich ja erst richtig krank!› Die Abneigung gegen ihn bordete einige Tage später über, als er an einem der schlimmsten Frosttage auf Hauptmann Ledoux' Frage nach dem Gesundheitszustand im Lager knapp mit ‹ausgezeichnet› antwortete. Danach flüchtete er ins Lazarett und versteckte sich dort zwei Tage.

An einem Samstag abend Anfang Januar traf aus der Küche die Nachricht ein, am nächsten Morgen würden rund fünfzig Mann freigelassen. Durch die gemeinsame Wand zum Büro war die telefonische Mitteilung aus Lyon gesickert. Sogar Namen wurden genannt. Die Sache galt als ‹Windbeutel› und wurde viel bewitzelt. Trotzdem begannen manche, halb im Scherz, einiges zusammenzupacken. Man konnte nie wissen.

Am nächsten Morgen wurden schon um neun Uhr – die frostige Sonne war kaum aufgegangen – neun aus unserer Gruppe ins Büro gerufen. Und bald darauf hastete jeder einzeln in Begleitung eines Soldaten zurück, um seine Sachen zu packen. Schuster Kornfein, Blech, Linz, Dr. Popper... Als die neun fertig waren, wurden sieben andere aufgerufen. An jenem Sonntag kamen nicht weniger als achtzehn Mann frei. Der zweite Liechtenstein, der Dicke, war blaß vor Schreck. Er hatte noch nie bessere Tage erlebt als hier in Arandon: Nahrung und Schlafplatz gesichert und zudem ein paar Francs in der Tasche, aus dem Hilfsfonds und von diversen anonymen Spenden. Für mich hingegen brachen entnervende, turbulente Tage voll innerer Ungewißheit an. Gleich würde man auch mich rufen. Auch ich war ein Österreicher über achtundvierzig Jahre, gegen den kein Verdacht bestand, mußte also mit freigelassen werden. Unsere Gruppe Null war stark geschrumpft. Ich wartete. Warum sollte ich wegen irgendwas verdächtigt werden? Was hatte ich denn verbrochen? Bis zum Monatsende oder nächsten Monat würde ich sicher freikommen.

Unterdessen kehrten fünfzehn Abgelehnte aus der Legion ins Lager zurück, darunter Herlinger, der Chefkoch, der sich als erster gemeldet hatte, und Federbusch, der Schauspieler. Jeden Abend seien sie mit der Tram nach Lyon gefahren und hätten sich ein schönes Leben gemacht, erzählten sie.

Den Gerüchten zufolge mußte das Lager Arandon bis Ende des Monats geräumt sein. Bald würden wir hier weggehen. Ab und an wurden weitere ältere Österreicher freigelassen. Von unserer Gruppe waren nur noch sieben übrig. Dr. Seligson kam aus Krankheitsgründen frei. Die Betreffenden verschwanden sonderbar schnell, wie vom Herzschlag hinweggerafft. Eben noch waren sie Tag und Nacht mit dir zusammen gewesen, hatten mit dir gegessen, im selben Saal geschlafen, Streit angefangen – und nun mit einem Schlag weg! Für immer davon. Dr. Seligson war bleich und von Schauern überlaufen. Wir fürchteten, es könnte ihm etwas zustoßen. Er vergaß die Hälfte seiner Sachen, flüchtete, wie vom Feuer bedroht, und rief mit zitternder Stimme: ‹Auf Wiedersehen, Freunde, meine lieben, guten Freunde!›

Karl Ambach wurde mit einer Magenerkrankung ins Hospital nach Tullins verlegt. Tachau übernahm stellvertretend die Gruppenleitung. Er hatte schon lange auf eine günstige Gelegenheit gewartet. Geblieben war ihm ein Trupp von sieben Österreichern im Alter über achtundvierzig Jahren, die immer noch nicht freigelassen worden waren. Warum, verstand ich kein bißchen. Nervös zermürbte ich mich mit vergeblichen Hoffnungen. Vielleicht heute nachmittag, vielleicht morgen früh. Morgen ist Sonntag, ein guter Tag für Entlassungen. Auch mittags sind schon manche freigelassen worden. Der Appetit war mir völlig vergangen. Ich lief wie benommen herum. Ständig lastete mir dumpfer Druck auf dem Herzen. Vielleicht hatte man mich vergessen, fuhr es mir durch den Kopf. Vielleicht waren meine Papiere verlorengegangen. Oder hatte man irgendeinen Makel bei mir entdeckt? Ich ließ meine sämtlichen Jahre in Frankreich Revue passieren, fand aber kein Delikt. Meine Papiere waren immer in Ordnung gewesen, mit der Polizei hatte ich nie was zu tun gehabt, und Kommunist war ich auch nicht. Überhaupt hatte ich mich stets von politischen Dingen ferngehalten. War es womöglich wegen der Monatsmiete, die ich einmal schuldig geblieben war und bis heute nicht beglichen hatte? Eventuell auch wegen einer einmal nicht bezahlten Steuerschuld. Oder wegen der Schulden gegenüber dem Krankenhaus in Paris, in dem meine Frau wochenlang gelegen hatte, ohne daß ich seinerzeit imstande gewesen wäre, die Summe aufzubringen. Oder legte man mir die Briefe zur Last, die ich während des Bürgerkriegs aus dem republikanischen Spanien erhalten hatte? Diese Briefe waren gar nicht für mich bestimmt. Eine mir bekannte Ärztin aus Wien hatte sie an mich geschickt, damit ich sie an ihre Familie in Wien weiterleiten sollte, weil sie fürchtete, ihren Verwandten im damals schon unter faschistischer Herrschaft stehenden Österreich Schwierigkeiten zu verursachen. Ja, möglicherweise verdächtigte man mich deswegen. Die Pariser Polizei wußte doch immer bei jedem Fremden, woher er Post erhielt, mit wem er verkehrte, wann er zu Hause saß, wann er aus und ein ging, wann er sich schlafen legte und wann er aufstand, wer ihn besuchte, welches Café er frequentierte und in wessen Begleitung – kurz gesagt, sie war über jede unserer Regungen voll informiert. Daher war ich vielleicht verdächtig, weil ich mich zuletzt von Zeit zu Zeit mit einem alten Freund aus Wien getroffen hatte, einem prominenten Rechtsanwalt und Kommunisten, der einen Tag nach dem Anschluß an Hitler-Deutschland hatte fliehen können. Abgesehen von seiner kommunistischen Einstellung, die ich immer ausklammerte, um unsere Freundschaft nicht zu gefährden, war Dr. Licht ein hervorragender Mensch, mit dem ich gern ein Stündchen zubrachte. Und auch deswegen war ich gewiß verdächtig.

Klar wurde mir nichts. Noch zwei wurden entlassen. Nun waren wir fünf. Mich hatte man vergessen. Warum, wußte ich nicht.

Auch der zweite Schub Legionäre war bereits abgezogen. Die Gruppe Null wurde mit Gruppe Eins zusammengelegt, die ebenfalls geschrumpft war. Also zogen wir mit unserem Eßgeschirr an die Tische der Nummer Eins, die nahe der Tür standen. Dahinter lagen die Synagoge, die Garderobe, die Wäscherei, die Kantine – und auf der anderen Seite der große, rot beschichtete Pingpongtisch. Während des Essens zog es von der Tür her an den Beinen. Gruppenführer war Finkelstein, ein robuster Vierziger mit trägen Bewegungen, der Eier und Kondensmilch verkaufte, die seine Frau ihm aus Lyon schickte. In meiner neuen Gruppe hatte ich das Gefühl, in ein anderes Lager übergesiedelt zu sein. Wenn ich an den früheren Platz der Gruppe Null ging, kam mir alles völlig fremd vor, fremd die Tische, fremd der Geschirrschrank in der Ecke, fremd die Reihe Nägel an der Wand, an die wir unsere Mäntel gehängt hatten. Die Bindung, die sich über die Monate herausgebildet hatte, war mit einemmal wie weggeblasen. Ich konnte mir gar nicht mehr vorstellen, daß ich an diesen Tischen monatelang gesessen hatte, zusammen mit Schuster Kornfein, dem alten Linz, mit Sternheimer, Dr. Fried, Dr. Seligson, Blech, dem kleinen Liechtenstein und den anderen. Alle waren sie jetzt weit weg, frei, gingen in Lyon oder anderswo ihren Privatangelegenheiten nach, waren nicht mehr gezwungen, Essenstöpfe aus der Küche heranzuschleppen, Kartoffeln zu schälen, Holz aus dem Wald zu holen, zu frieren, sich im Stroh zu wälzen. Ich vermochte mir gar kein Bild mehr von dieser Freiheit zu machen – ohne Hauptmann, ohne Brillenschlange, ohne Stöckchen, ohne Listen, Seitengewehre, Massen von Fremden – allein, frei, mir selbst überlassen.

Es ist schon Anfang Februar.

Wir sind wintermüde. Aber es gibt auch sonnig milde Nachmittage. Auf den langen Bänken, die man ins Freie gebracht hat, sitzen wir vor dem Tagesraum. Manche lesen ein Buch, andere lernen eine Fremdsprache. Auf dem weiten Platz hinter den Latrinen, auf dem der Schnee bereits weggetaut ist, spielen wieder andere Fußball. Bald wird der Frühling einziehen. Unglücklicherweise sind meine Papiere zwischen die letzten gerutscht. Alles nur reiner Zufall. Eines Tages wird man plötzlich rufen: Weichert! Und ich weiß gar nicht, wie ich mit eigenen Kräften mein schweres Gepäck schleppen soll. Bis zum Tor wird mir schon jemand helfen. Aber vom Tor aus weiter ins nächste Dorf, zur Bahnstation nach Lyon? Ich werde zweimal gehen, werde langsam machen, Zeit ist genug, notfalls auch dreimal. Und es fragt sich, wohin ich entlassen werde. Vielleicht muß ich an meinen festen Wohnsitz, nach Paris, zurückkehren. Ich glaube nicht, daß man mir erlauben wird, in Hauteville zu wohnen. Hauteville liegt nahe an der Grenze, vierzehn Kilometer von der Schweiz entfernt. Dorthin wird man mich nicht fahren lassen. Oder vielleicht muß ich mich in Lyon niederlassen. Dr. Fried beispielsweise erhielt Order, in Lyon Wohnung zu nehmen, und durfte nicht zu Frau und Kindern nach Nizza zurückfahren. Und seiner Frau erlaubt man nicht, Nizza zu verlassen. Man setzt sich von allen Seiten für ihn ein, aber ohne Erfolg. Auch Dr. Seligson muß in Lyon bleiben. Nur Sternheimer hat man – nach großen

Bemühungen – gestattet, nach Montluel zurückzukehren, und von dort darf er nun nicht weg. Wenn ich nach Lyon gehen muß, ist das vielleicht sogar besser als Paris, obwohl ich noch nie da war und keinen Menschen dort kenne. Aber wen muß ich denn auch kennen? Ein Hotelzimmer wird man mir immer vermieten. Nach Arandon ist eine fremde Stadt das beste. Dann brauche ich mit niemandem zu reden und kann mich von den Menschen erholen. Bin allein für mich. Die Hunderte fremder Leiber lasten wie ein amorpher Haufen auf dir, erdrücken dich unter ihrem Gewicht. Der Mensch kann sich selbst kaum ertragen, bloß hat er sich daran mit den Jahren einigermaßen gewöhnt.

Es ist eng auf der Bank. Ich sitze zwischen meinen beiden Nachbarn eingezwängt. Aber die Sonne schnuppert Frühling. Ein Stückchen weiter spielen sie Schach und Karten an einem langen Tisch, den man aus dem Tagesraum herausgetragen hat. Die Sonne bescheint unsere schäbige Kleidung, die sonderbaren, schlampigen Flikken auf Hintern, Knien und Ellenbogen, an denen Strohhalme hängen.

Früher einmal saß ich so in der ersten Vorfrühlingssonne auf einer Bank im Jardin du Luxembourg oder einem anderen Pariser Park. Die noch kahlen Bäume rekken ihre skelettartig dürren, dunklen Zweige empor, ohne das geringste Geheimnis. Wie Kohlezeichnungen wirken sie gegen das Blau des Himmels. Unten im Buschwerk weht modrige Kälte. Junge Mütter und Kinderfrauen schieben elegante Kinderwagen mit in Watte gepackten Säuglingen. Kinder treiben begeistert Reifen, werfen einander Bälle zu oder hüpfen auf einem Bein von Quadrat zu Quadrat des Spielfelds, das sie auf den feuchten Wegen eingeritzt haben. Andere spielen Verstecken oder Hoppepferd – laufen wiehernd ein paar Schritte Galopp. Die Mütter auf den Bänken stricken, lesen ein Buch oder eine Zeitung. Weißhaarige alte Leute, auf ihre Stöcke gestützt, entkrauchen dem Winter, wärmen sich an der Sonne, niesen ein paarmal. Noch ein Winter ist heil überstanden, höhö, Gott sei Dank. Ein Mann mit grauem Spitzbart, umringt von gebannt guckenden Kindern, malt auf ein kleines Viereck Leinwand dunkle Bäume, eine graue Mauer und ein Stück rotes Dach, das durch die Eisenstreben leuchtet. Der nahende Frühling regt den Kreislauf an, läßt das Blut prickeln, belebt und wärmt. Das Herz schlägt schneller, fröhlicher, kleine Sorgen verlieren ihre Schärfe. Es wird sich schon irgendein Rat finden! Ein Trupp Studenten und Studentinnen der nahen Sorbonne erfüllen die kahlen Alleen mit jugendlich schallendem Lachen. Das brandende Großstadtleben ringsum klingt dumpf dröhnend, irgendwie unwirklich abstrakt, wie traumhaft verschwommen herüber, sanft durchzogen vom Quietschen und Klingeln der Trambahnen und dem Tuten der Automobile, verbindet sich mit den kahlen Bäumen, den spielenden Kindern, den heiteren Studenten, den stillen gelben Sonnenstrahlen zu zarter, ungestörter Lebensfreude.

In der Nacht hatte die Kälte zugenommen. Morgens, gegen zehn, brach plötzlich Aufregung im Lager aus, Grüppchen versammelten sich. Ich trat zu dem Kreis an der Kantine, um zu hören, was passiert war. Friede, den dicken Friede von unserer Gruppe, hatte man tot im Stroh gefunden. Beim Ausfegen des Schlafsaals hatten sie ihn entdeckt, unter seinem Lumpenhaufen begraben. Einer der Besendienstler hatte ihn scherzhaft wecken wollen: ‹Schon zehn Uhr! Aufstehen, Friede, aufstehen!› Er begann ihn hin und her zu zerren, den Besen in der Hand, bis er auf einmal merkte, daß es niemanden mehr aufzuwecken gab. Sofort alarmierten sie Dr. Karpat und machten Meldung im Büro. Hauptmann Ledoux, Brillenschlange und Stöckchen kamen im Laufschritt. Aber Friede war längst tot. Nun lag er in einer Ecke des Lazaretts auf dem Boden, bis über den Kopf in eine Decke eingehüllt. Nur durch Zufall hatte man ihn gefunden. Sein

Schlafplatz war abseits, auf den unteren Pritschen, ein Stück entfernt von den anderen. Seit Abzug der Rekruten und der Freilassung der Älteren war es geräumig geworden. Und in Friedes Nähe wollte keiner liegen, weil er so schnarchte. Jetzt hatten sie ihn mit steifen Gliedern gefunden. Dr. Karpat sagte, er sei schon in der Nacht gestorben, vermutlich gegen elf. Daraufhin fiel seinen Nachbarn ein, daß sie ihn tatsächlich einmal schwer aufseufzen gehört hatten, gegen zehn Uhr, oder vielleicht halb elf. Danach war er verstummt. Andere erzählten, sie hätten sich gewundert, daß sie ihn nicht wie gewöhnlich schnarchen hörten. Deichmann erinnerte sich, schon gestern sei er irgendwie leidend im Tagesraum herumgelaufen, doch man wußte, daß Friede immer krank spielte und nur von Mal zu Mal den Namen des Leidens änderte. Deichmann traten beim Reden Tränen in die Augen. Dann attackierte er Rosenstiel, weil er sich am Morgen zuvor mit Friede gestritten hatte, da der sich nicht waschen wollte. Sie hatten sich die schlimmsten Schimpfwörter an den Kopf geworfen und waren zum Schluß sogar handgreiflich geworden. Als hätte Rosenstiel voraussehen müssen, daß Friede in dieser Nacht sterben würde. Schwarzes Grauen packte uns alle. Der Tod hatte sich ins Lager eingeschlichen. Heute hatte man Friede im Stroh gefunden, morgen fand man vielleicht dich oder mich. Man glaubte Dr. Karpat nicht, daß er an Herzschlag gestorben war. Alle meinte, Friede sei erfroren. Das schien über jeden Zweifel erhaben.

Friede war fünfundfünfzig. Zwei Monate zuvor hatte man seinen Geburtstag gefeiert. Und damals noch viel gelacht. Am Nachmittag waren alle Köche mit Katzenmusik eingezogen – sie schlugen Topfdeckel und Pfannen, trommelten mit den großen Küchengabeln auf die Töpfe, zupften eine Gitarre. Mit dieser Musik stolzierten sie langsam über den Hof und durch den ganzen Tagesraum, bis sie an Friedes Platz oben bei Gruppe Null ankamen, und ein Geburtstagsgeschenk hatten sie auch dabei, eine

Riesengabel, auf der bannergleich ein Stück Braten von gut und gern einem Kilo stak. Friede, der eben erst sein Mahl beendet hatte, machte sich trotzdem über das Fleisch her, mit einem verschmitzten Grinsen im Gesicht: Sollten sie doch lachen nach Herzenslust, er hatte ein gutes Stück Fleisch! Gruppe Null schenkte ihm ein paar Packungen Tabak und eine Tafel Schokolade. Später schrieb Friede eine Postkarte an seine Frau Jenny in Lyon, um ihr die Feier im einzelnen zu erläutern, und wir von Gruppe Null mußten alle unterschreiben, als erstes sein Busenfreund, Dr. Jochen Seligson.

Ein Mann von fünfundfünfzig Jahren – was wundert's einen denn? Jüngere als er halten diese Kälte nicht aus. Der Ärmste hat durch Tricks freikommen wollen. Nun ist er frei, ganz und gar. Rosenstiel fühlt sich schuldig. Er hatte es doch nur gut gemeint. Wollte, daß Friede sich zu seinem eigenen Wohl wusch. Wir beschließen, für die ältliche, einsame Witwe zu sammeln. Alle geben nach ihren Möglichkeiten, als wollten wir irgendein Unrecht sühnen. In einer knappen Viertelstunde haben wir rund dreihundert Francs beisammen.

Ärgerlich und eingeschüchtert wird in den Grüppchen geredet. Wie auf Verabredung beschließen alle einen Hungerstreik. Natürlich ein Hungerstreik – sonnenklar! Bloß weiß man nicht, wie lange, und welche Forderungen wir aufstellen sollen. Die einen meinen, der Hungerstreik solle rein demonstrativ für sich stehen, als Ausdruck der Trauer um den verstorbenen Genossen Friede. Die anderen finden, man sollte auch Forderungen damit verbinden: in bezug auf Post, Zeitungen, das Essen – und überhaupt sollen sie uns in ein anderes Lager bringen. Rosenstiel erstellt eine Liste derer, die zu Friedes Beerdigung nach Lyon fahren wollen. Man wird den Hauptmann auffordern, Friede ein jüdisches Begräbnis zu sichern und jedem, der ihm die letzte Ehre erweisen möchte, die Fahrt zu gestatten. Man berät, ob man das Essen aus der Küche abholen und die Kessel dann voll wieder zurückbringen oder aber gar nicht erst hingehen soll. Und ob nur das Essen aus der Küche oder sämtliche Nahrung zu verweigern ist.

Scheinmann, der Führer von Gruppe Fünf, argumentiert, zu Kriegszeiten, noch dazu in Militärgewahrsam, sei es gefährlich, einen Hungerstreik auszurufen. Man droht ihm, ihn zum Krüppel zu machen, wenn er das geringste gegen den Streik unternimmt. Die Leute eifern sich im Tagesraum, auf dem Hof, als könne man Friede durch den Streik wieder zum Leben erwecken. Sie schreien, um die Stimme der Angst im Innern zu ersticken – daß wir hier nicht wieder lebendig herauskommen werden, daß einer nach dem anderen im Stroh liegenbleibt.

Es wird beschlossen, das Essen aus der Küche zu holen und es gleich wieder zurückzutragen. Die Köche sollen ebenfalls mitmachen, genau wie die Patienten im Lazarett. Hans Peter, der wie ein Goi aussieht, lacht, als er um elf aus der Küche ruft: ‹La soupe.› Die Essenholer stürzen los, um die Kessel zu holen, die sie ein Weilchen später einen nach dem anderen unangerührt zurückschleppen. Jetzt wird man sehen, wie es weitergeht. Die Küche meldet dem Büro, daß nichts gegessen wurde. Hauptmann Ledoux läßt die Gruppenführer zu sich rufen. Er befehle zu essen, andernfalls werde er Maßnahmen ergreifen, die uns empfindlich träfen. Die Anführer seien ihm bekannt, erklärt er. Hochrot im Gesicht, spricht er ruhig. Es herrsche Krieg, und Ungehorsam werde streng geahndet. Die Gruppenführer sollen uns seinen Befehl ausrichten, erst mal zu essen, wir hätten eine Viertelstunde Zeit, danach sei er vielleicht bereit, uns anzuhören. Die Gruppenführer kehren in den Tagesraum zurück. Nein, wir werden nichts essen. Soll er mit uns machen, was er will. Schlimmer kann es sowieso nicht mehr werden. Wir streiken. Uns erschießen, zweihundertachtzig Mann, kann er ja nicht. Die Gruppenführer überbringen unsere Antwort. Gut, sagt der Hauptmann, wir werden ja sehen. Schon ein Uhr. Zwei Uhr. Drei Uhr. Wir schleichen mit hohlem

Magen herum, immer noch aufgebracht. Nur ist die Wut jetzt anders – rührt von Hunger und Ungewißheit her. Friede, der ursprüngliche Anlaß, ist schon ein bißchen in Vergessenheit geraten. Er liegt auf dem Boden, in einer Ecke des Lazaretts, bis über den Kopf zugedeckt, neben ihm seine paar Lumpen, aufgerollt und mit einem Bindfaden verschnürt. Manche halten es nicht mehr aus und kauen, wenn keiner hinguckt, einen Brotkanten. Das Brot ist schon aus der Küche gekommen, bevor Friede tot aufgefunden wurde, deshalb darf man es essen. Nur die Gargerichte aus der Küche sind verboten. Und es sieht ja auch keiner aus dem Büro. Aber die meisten sind streng mit sich und rühren nichts an. Die Gruppenführer werden ab und zu ins Büro gerufen. Der Hauptmann ist nachgiebiger geworden. Fleht uns fast an, ihm und uns keine Schwierigkeiten zu machen. Er wird sich dafür einsetzen, daß wir Zeitungen bewilligt bekommen. Wird die Postzustellung beaufsichtigen. Und das Lager Arandon wird demnächst aufgelöst. Die Leute sind zufrieden. Freuen sich, daß man zu Abend essen kann, und über das Erreichte. Das Maß ist voll. Und wir haben schließlich gesehen, daß wir nicht nur Spielball sind. Ob er sein Wort halten wird, kann man nicht wissen. Aber sein Versprechen hat er gegeben. Mal sehen. Wir haben unsere Schuldigkeit getan, haben zum Gedenken an unseren Freund Friede demonstriert. Uns zur Beerdigung nach Lyon fahren lassen, wie der alte Narr Rosenstiel gedacht hat, kann der Hauptmann ja nicht. Das haben wir doch alle gewußt.

Um fünf Uhr wurde das Abendessen gebracht – das Mittagessen, wieder aufgewärmt. Doch Hauptmann Ledoux war sich seines Erfolgs offenbar nicht recht sicher. Er ließ eine Einheit Soldaten mit Gewehren und aufgepflanzten Bajonetten vorm Tagesraum Aufstellung nehmen. Der Hauptmann betrat, mit Stöckchen, Brillenschlange und ein paar Sergeanten im Gefolge, den Tagesraum (Hauptmann Pleget hatte ein paar Wochen zuvor Arandon verlassen). Die Soldaten präsentierten die Gewehre. Wir sprangen mitten bei der Suppe auf, Löffel in den Händen. Lastende Stille herrschte im Raum. Mit hartem, langsamem Schritt ging der Hauptmann zwischen den beiden Tischreihen hindurch, der Troß ihm auf den Fersen. Sein Gesicht war verschlossen. Auf Stöckchens Befehl setzten wir uns wieder und aßen schweigend weiter, machten uns gierig über die Suppe her, die inzwischen abgekühlt war. Bei Gruppe Sechs hielt Stöckchen inne. ‹Warum haben Sie gelacht?› wandte er sich an Pontl, der am Kopf des Tisches saß.

‹Ich habe nicht gelacht!›

‹Hüten Sie sich! Stehen Sie auf, wenn ein Offizier mit Ihnen redet!›

Pontl stand auf.

‹Essen!› befahl der Offizier.

‹Ich esse!›

Zwölf Soldaten unter dem Befehl eines Sergeanten warteten noch, bis wir die Mahlzeit beendet hatten. Dann zogen sie ab. Ledoux hatte sich also nicht getraut, den Tagesraum allein zu betreten, sondern brauchte zwölf bewaffnete Wachen zu seinem Schutz. Das freute uns besonders.

Am zweiten Tag nach dem Streik stahl ich mich ins Lazarett und wärmte mich vor dem Ofen. Auf dem Flur in der Ecke lag immer noch Friede, bis übers Gesicht zugedeckt. Neben seinem Kopf brannten zwei Kerzen. Kulp und Singer, zwei gottesfürchtige junge Männer aus Deutschland, kümmerten sich um ihn, wechselten sich beim Wachen ab, als könne er womöglich aufstehen und weglaufen. Sie murmelten Gebete. Draußen war die Wintersonne bereits aufgegangen. Auch im Lazarett war es nicht übermäßig warm. Der abgestandene Geruch von Medikamenten, Fieberschweiß, ungelüfteten Betten, ungewaschenen Leibern und säuerlichem Urin hing in der Luft. Gegen Mittag kam ein Krankenwagen, um Friede abzuholen. Wir standen vorm Lazarett Spalier, zwischen uns der Wagen mit den roten Kreuzen an den Seiten. Kulp und Singer und noch zwei weitere trugen Friede heraus, schoben ihn durch die Fondtüren in den Wagen und legten ihn dort auf den Boden, wie ein Bäcker, der Brot in den Backofen schiebt; dann stellten sie sein Lumpenbündel neben ihn. Kulp sprach leise das Kaddisch. Sechs Soldaten traten hinter dem Wagen an und präsentierten die Gewehre. Hauptmann Ledoux kam langsam aus dem Büro, im ordengeschmückten Galamantel, schritt gemessen an der Ambulanz vorbei und salutierte dem Leichnam. Wir standen still, die Köpfe gesenkt. Die Sonne schien warm. Dann wurden die Türen geschlossen, und der Wagen verließ das Lager. Friede trat am 15. Februar seine Reise in die Ewigkeit an.

Am Nachmittag eilte Tachau ins Büro, um dem Hauptmann in unser aller Namen für die letzten militärischen Ehren zu danken, die er unserem Kameraden Friede erwiesen hatte. Kein Mensch hatte ihn dazu beauftragt.

Von uns achtundzwanzig ersten Insassen Arandons waren nur noch sechs übrig. Nicht mehr. Die anderen waren freigekommen. Karlchen Ambach hatte uns per Postkarte mitgeteilt, daß auch er aus dem Krankenhaus in Tullins in die Freiheit entlassen worden sei. Der lange Eisik, Vater von fünf Kindern, und Hans Kirmse-Federn, der Capitano im republikanischen spanischen Heer, waren zur Legion gegangen. Friede war gestorben.

In den letzten Wochen hatten sich viele zum Arbeitsdienst gemeldet. Man versprach ihnen Unterstützung für ihre Familien, wie bei den eingezogenen Franzosen, und mit der Meldung entfiel auch die weitere Überprüfung ihres Falls durch die berühmte Untersuchungskommission als Vorbedingung zur Entlassung. Die Leute redeten sich ein, sie würden im Nu die Erlaubnis erhalten, ihre Frauen zu besuchen, und dazu bekämen die Familien auch sofort Unterstützung. Das würde ein Leben! Daß sie Schwerstarbeit beim Ausheben von Schützengräben an der Front und dem Entladen von Rüstungsmaterial würden leisten müssen – daran dachten sie vorerst nicht. Hauptsache, sie fuhren in die Freiheit. Alle Freiwilligen wurden für tauglich befunden.

Wieder hüllte einen dieses schmerzliche Gefühl des Verlassenwerdens ein, obwohl einem die Menschen doch fremd waren. Ein ähnliches Gefühl wie das, das dich häufig bei der Abfahrt eines Zuges befällt, selbst wenn keiner deiner Lieben darin sitzt. Jetzt, da auch die Arbeitsdienstler abzogen, würden nur noch achtzig Mann im Lager zurückbleiben. Bald würde der Lärm verebben. Vom Hof würden noch ein paar vereinzelte Rufe herüberklingen, das Gestampfe schwerer Nagelstiefel auf der gefrorenen Erde, das Tuckern schweratmiger Automobile.

Sobald die Automobile das Tor verlassen hatten, legte sich mit einem Schlag Totenstille über das Lager. Erst jetzt merkten wir, wie riesig der Tagesraum war und wie kalt. Erstmals kam uns so recht zu Bewußtsein, daß wir eingesperrt waren, als hätte unsere Gefangenschaft erst jetzt begonnen. Mit einemmal schien alles unwichtig, belanglos. Nach einer Weile ließ Brillenschlange uns auf dem Hof antreten und teilte uns in vier Gruppen ein. Tachau wurde zum Führer der neuen Gruppe Null ernannt. Endlich war die Reihe an ihn gekommen. Und gleich erhielten wir auch Arbeit: den Aufenthaltsraum blitzblank zu scheuern, die frei gewordenen Tische und Stühle abzureiben und am Ende des Saals aufeinanderzutürmen. Auch den zweiten Schlafsaal mußten wir putzen, Stroh und Abfall hinausschaffen und alles gründlich schrubben. Wieder wie gehabt.

Die Tage werden wärmer. Im Lager lastet die Stille. Die Post trifft regelmäßig ein. Zeitungen sind nun erlaubt. Es heißt mit Sicherheit, in knapp einem Monat würden wir nach Loriol verlegt. An einem Sonntag vormittag hat man Hauptmann Ledoux' Gepäck aus dem Stockwerk über dem Büro heruntergeholt und in den Wagen verladen. Dann hat er sich von Stöckchen und Brillenschlange verabschiedet und ist davongebraust. Es heißt, er sei nach Loriol gefahren, um das Kommando über das dortige Lager zu übernehmen. Man kommt nicht von ihm los. Inzwischen ist ein Stellvertreter eingetroffen, der Hauptmann aus dem Lager Vezeronce, ein umgänglicher Mann, ohne Ledoux' Verbissenheit. In Vezeronce sind alle Österreicher über achtundvierzig Jahre schon vor zwei Monaten entlassen worden. Ich bin noch hier. Und schon betrachten mich die Genossen mit heimlichem Mißtrauen. Klar, daß hier was nicht ganz koscher ist, denken sie. Wer weiß? Er sieht zwar ganz passabel aus, aber wie soll man in unseren Tagen sicher sein? Man kann doch nicht in den Menschen hineinschauen, in das Innerste seiner Seele vordringen. Und warum sitzt er denn sonst noch hier, nachdem die andern längst freigelassen worden sind?

Wir kommen nach Loriol. Auch die Lyoner Frauen schreiben das.

Ich habe Fieber. Bin furchtbar müde, kann nichts essen, kann nicht schlafen, mag nicht rauchen. Den ganzen harten Winter über habe ich irgendwie durchgehalten, und ausgerechnet jetzt werde ich krank. Die Nerven haben schlappgemacht. Die Brust tut mir weh. Ich torkle benommen herum. Bei jedem Husten droht der Kopf zu bersten. Ich will nicht nach Tullins ins Krankenhaus verlegt werden. Wer hat denn jetzt Kraft, die Sachen zu packen und wegzufahren? Hier liegt man nun schon mal, hat sich eingewöhnt, hat seine Höhle. Und ich weiß, eines schönen Morgens wird man mich rufen: ‹Weichert!› Nur hier in Arandon kann das geschehen, nirgendwo anders. Deshalb darf ich auf keinen Fall hier weggehen. Hier habe ich vielleicht noch eine Chance. Hier regt sich was. Hier haben wir schon gesehen, daß viele freigelassen wurden. Anderswo kann man nicht wissen. Womöglich vergißt man mich.

Pfleger Gutmann hat mir geraten, mich ins Lazarett zu legen. Nach ein paar Tagen Bettruhe in der warmen Stube würde meine Erkältung abklingen. Ich bringe also Decken und Schlafsack, Eßgeschirr und den übrigen Kleinkram dorthin. Das Zimmer ist klein, und der Ofen brennt. Es ist heiß wie im Schwitzbad. Das Bett ist weich, mit Sprungfedern und einer richtigen Matratze. Wann habe ich zum letztenmal in einem Bett gelegen? Das Zimmer hat eine Decke und ein blindes Fenster mit blau gefärbten Scheiben. Nach dem riesigen Schlafsaal, in dem der Blick an nichts hängenblieb, befällt mich hier ein Gefühl der Enge, einer gewissen erzwungenen Intimität mit den anderen Kranken, die unangenehm und bedrückend ist. Das Fenster lassen sie einen nicht aufmachen. ‹Kalt!› schreien sie, als wolle man sie abschlachten. Draußen scheint die Sonne wohltuend mild, und hier drinnen herrscht unerträgliche stickige Hitze.

Am Nachmittag gehe ich ein bißchen nach draußen, um mich in der Sonne zu wärmen. Der Tagesraum steht sperrangelweit offen. Die paar Zurückgebliebenen drücken sich untätig in ein Eckchen oder schlendern auf und ab, um die Langeweile zu vertreiben. Die Kantine ist fast ausverkauft, wird aufgelöst. Brillenschlange, Stöckchen und ein paar Sergeanten stehen oft draußen vor der offenen Tür und unterhalten sich. Auch ihre Tage sind jetzt unausgefüllt. Den neuen Hauptmann sieht man nur selten. Er läßt uns machen. Wir wandern dreckig und gelangweilt im Kreis herum, die Zeitungen offen in der Hand, wie im Café. Komisch: jetzt fehlt einem der Tumult der Menge. Wir sind der Stille schon entwöhnt. Nun hindert einen nichts mehr, auf die Verzweiflung im Innern zu lauschen, die den Frühlingstag trübt, seine Schönheit beeinträchtigt. Wer weiß, wie lange der Krieg noch dauert. Vielleicht kommen wir hier nicht mehr lebend hinaus.

Von den Arbeitsdienstlern treffen unerfreuliche Nachrichten ein: Die Arbeit ist schwer, das Essen schlecht, von Urlaub keine Spur, für jede Bagatelle wandert man in den Kerker. Vergebens haben sie sich bemüht, dorthin zu gelangen. Sie beißen auf Granit.

Morgen ist der 28. Februar. Morgen früh bei Sonnenaufgang fahren wir nach Loriol. Es heißt, das sei ein wahres Internierungslager für die, deren Entlassungschancen gleich Null sind. Dort werden wir bleiben, bis der Krieg vorbei ist. Hauptmann Ledoux sehnt sich dort nach uns, möchte uns mit seinem stählernen Blick willkommen heißen.

Ich bin noch nicht vollständig genesen. Mühe mich sehr mit dem Packen, obwohl meine Taschen eigentlich die ganze Zeit kaum ausgepackt waren. Unablässig hämmert es mir rhythmisch im Kopf: Vorbei, vorbei, vorbei. Auch in Loriol hat man die älteren Österreicher längst entlassen. Meine Frau liegt krank, das Kind ist bei Fremden. Wer weiß, wann oder ob ich sie je wiedersehe. Ich habe den Krieg zweifellos so oder anders verloren. Ich hoffe auf Hitlers Fall, aber auch den Franzosen hier wünsche ich eine anständige Lektion. Ich habe nur ein Leben, ein einziges, zeitlich begrenzt. Und mein Leben ist mir lieb, teurer als sämtliche Nationen der Welt mitsamt ihren törichten Konflikten. Mein Leben ist mir allein gegeben, um es bis zum Ende zu leben, bis zur Neige auszukosten. Ich will es niemandem schenken, und kein Mensch hat das Recht, es mir zu verbauen. Möglicherweise wäre ich bereit, mein Leben zu opfern, aber nicht für Frankreich. Nur gegen Hitler, für die Juden. Aber dafür müßte ich mich auf eigenen Antrieb entscheiden, ganz aus mir selbst heraus. Mich dazu zwingen darf keiner, und ich schulde niemandem etwas. Jedes Menschenleben ist einmalig, und jeder kann mit seinem Leben anfangen, was er will. Da darf kein anderer hineinreden. Aber was nützt all diese Erkenntnis, solange ich ihnen ausgeliefert bin? Sie haben Gewehre und Patronengürtel, sind stärker als ich. Wäre ich ledig, ohne Familie, würde ich versuchen zu fliehen, mich über die Grenze zu schmuggeln, in die Schweiz oder nach Italien. Aber jetzt bin ich gebunden. Es gibt keinen Ausweg. Wenn sie befehlen, muß ich gehen. Muß nach Loriol fahren.

Loriol

Brillenschlange befehligte den Konvoi. Er trug volle Felduniform, mit bodenlangem Mantel, Tornister, Gewehr, Patronentasche, Gasmaske. Sein kleiner Schädel verschwand schier unter dem großen Stahlhelm mit den breiten Rändern vorn und hinten. Vier Soldaten mit geladenen Gewehren saßen vorne in jedem Wagen. Der Tag war gerade erst angebrochen, als die Mannschaftswagen einer nach dem anderen den Hof verließen. Leb wohl, Arandon! Wir haben ein stupides, unsinniges Stück unseres Lebens in dir verbracht, viereinhalb vergeudete Monate, uns und der Menschheit ein Greuel. Du kannst vom Erdboden verschwinden, Arandon! Ich will dich nicht wiedersehen. Doch wer weiß? Wir sind noch nicht fertig. Vielleicht wird uns Arandon noch mal als Paradies erscheinen. Wenigstens wird es etwas wärmer werden. Wir fahren in den Sommer, nach Südfrankreich. Passieren Dörfer, die gerade erst aus dem Schlaf erwachen. Irgendwo schaut eine Bäuerin auf der Schwelle unseren vollen Wagen nach. Vielleicht denkt sie an Mann, Sohn oder Bruder an der Front. Ein Hund rennt uns hechelnd und bellend ein Stück Weges nach, bis er kehrtmacht und sich nach Hause trollt. Wir weiden uns an flüchtig aufblitzenden Geschäften – Schuhe in einem Schaufenster, Hüte, ein schickes Mädchen. Aber all das ist nicht für uns bestimmt. Wir können nicht anhalten, einen solchen Laden betreten, ein paar Worte mit solch einer jungen Verkäuferin wechseln, einfach nur lächeln, weil Frühling ist und die Sonne scheint und die Bäume schon blühen. Es ist Krieg. Wir können nicht über unsere Zeit verfügen. Wir müssen gefangen bleiben und uns schnellstens nach Loriol begeben. Hauptmann Ledoux wartet. Wir durchfahren mittelalterliche Städtchen mit engen, gewundenen Steilgassen, von dunklem Schatten erfüllt – eng gedrängte, graue Häuser, trübsinnige, geduckte alte Kirchlein, die sich an andere bessere Zeiten erinnern, als es noch Inquisitionsverfahren, Hexen, Alchimisten gab. Der Wagen hat eben eine Brücke überquert. Unten fließt ein Fluß, kommt von irgendwoher und strömt der Ewigkeit zu. Kein Mensch hat gedacht, uns je hier zu sehen. Wir fahren bergauf und bergab, vorbei an großen Reklameschildern für *Chocolat Meunier, Dubonnet, Pernod fils*. Die Felder haben sich noch nicht für eine Färbung entschieden, zögern zwischen welkem Grün, dürrem Braun und dunkler Erdtönung. Die Sonne scheint warm, gleichgültig wie immer. Wir sitzen wie Sardinen geschichtet, die Beine kribbeln uns. Jetzt zieht sich eine Asphaltstraße vor uns hin, glatt und leer. Nur gelegentlich kommt ein Militärauto vorbei. Mein Kopf fiebert mit dumpfem Schmerz. Wenn ich ihn schüttle, habe ich das Gefühl, das Hirn schwabble darin, wie losgelöst. Die Augen brennen. In der letzten Nacht habe ich kein Auge zugemacht. Und ich bin immer noch nicht gesund. Wie gern würde ich mich irgendwo schlafen legen. Erst mal ein bißchen ausruhen – danach kann man weitersehen. Die ganze Sache ist lächerlich. Da werden achtzig und mehr Mann unter schwerer Bewachung herumgekarrt, als hüte man einen hochkarätigen Diamanten, der in Wirklichkeit nichts als ein einfacher Glasscherben ist.

Die Begleitsoldaten holen Wurst und Brote heraus. Mit Messern, die an ihrem Koppel angekettet sind, säbeln sie Wurstscheiben und dicke Stücke Weißbrot ab, und von Zeit zu Zeit legen sie den Kopf zurück und nehmen einen langen Zug Rotwein aus ihren graugrünen Feldflaschen. Es meldet sich der Wunsch, ebenfalls was zu sich zu nehmen. Mit List und Tücke gelingt es mir, die Tafel Schokolade, die ich vorgestern in der Kantine gekauft habe, aus der Manteltasche zu fischen. Ich teile sie mit Deichmann und Tachau, die links und rechts neben mir sitzen.

Im Vergleich zu Arandon war der Hof hier eng, umgeben von unterschiedlichen Gebäuden. Die Wagen mußten hin und her rangieren, bis sie endlich in Zweierreihe quer über den Hof geparkt standen. In einer Ecke waren Leute damit beschäftigt, Wäsche auf eine zwischen zwei Pfählen gespannte Leine zu hängen. Soldaten der Kolonialtruppen mit purpurrotem Fez schlenderten auf und ab. Sommerliche Sonne lag über allem. Jetzt waren wir tief im Süden, kurz vor Marseille, fern von unseren Familien.
Wir wurden in eine riesige, leere Halle geführt, die fast die halbe Fläche des Hauptgebäudes einnahm, doppelt so breit und lang wie der Tagesraum in Arandon, aber fensterlos, beleuchtet nur durch ein Oberlicht, das in die Mitte des hohen Daches eingelassen war und sich in voller Länge hinzog. Die Steinwände waren kahl und staubig, und auf dem unebenen, nackten Erdboden versanken unsere Füße in feinem grauem Staub. Ein paar junge Leute luden unser Gepäck aus und brachten es in die Halle. Wenn wir in diesem Staub schlafen mußten, würde es kein großes Vergnügen sein. Wir standen mit unseren Habseligkeiten in einer Ecke zusammengedrängt, nahe dem Eingang, verloren in der Größe des Saals. Draußen hörte man die Wagen hinausmanövrieren. Dann kam ein großer, blonder Sergeant mit rotem Fez und scharf funkelnden blauen Augen und erklärte uns, wir dürften fürs erste auf den Hof hinausgehen, aber nach einer Stunde, um halb zwei, müßten wir zum Appell im Saal antreten. Aus der Küche verlautete, es sei Suppe übrig. Einige von uns holten sich einen Schlag dünne Brühe. Mein Eßgeschirr war so tief verpackt, daß ich es nicht erreichte. Außerdem verspürte ich keine Lust auf diese Suppe.
Durch ein Stück Stacheldrahtzaun konnte man ins Rhonetal blicken. Auf seinem Grund verlief die Eisen-

bahnlinie Lyon–Marseille, auf der von Zeit zu Zeit lange Züge lautlos in beide Richtungen glitten, von einer dichten Rauchfahne überweht. Hinter dem erhöhten Bahndamm, etwa einen Kilometer von uns entfernt, strömte vermutlich die Rhone in ihrem breiten Bett, doch konnte man sie von hier nicht sehen. Dahinter schloß ein sanft gewellter Gebirgszug den Horizont in voller Länge ab. Die Landschaft wirkte insgesamt klarer, wärmer und heiterer als in Arandon, weniger öde und trübsinnig.

Unsere Leute knüpften im Hof alsbald Informationsgespräche mit den Loriolern an, die dort umherschlenderten. Viele trafen Bekannte, aus Chambaran oder aus dem Lyoner Stadion. Die neuen Genossen liefen in den seltsamsten Aufmachungen herum. Es gab unter ihnen ehemalige Fremdenlegionäre in Uniform und sogar zwei deutsche Offiziere und einen an Syphilis erkrankten Matrosen in Marineuniform, die von den Franzosen auf einem deutschen Handelsschiff festgenommen worden waren – insgesamt rund hundertzwanzig Mann: Deutsche, Tschechen, Österreicher, Ungarn, Slowaken, doch nur wenige Juden. Aus den Physiognomien einiger dieser neuen Kameraden ließ sich ablesen, daß sie zu allem fähig waren. Nachts in einer dunklen Seitengasse wäre ich ihnen lieber nicht begegnet. Plötzlich wurde mir schwarz vor Augen. Und gleichzeitig befiel mich ungeheure Müdigkeit. Mit letzter Kraft schleppte ich mich in den Saal, stieg über Taschen und Bündel und sank auf meinen Koffer nieder, wie auf einem seltsamen Bahnhof. Ich wollte nichts mehr. Nur, daß man mich auf meinem Gepäck sitzen ließ, das noch ein Teil von mir war – ein letzter Rest meines früheren Selbst.

Um halb zwei nahmen wir in Dreierreihen im Saal Aufstellung. Dann kam ein schmaler Leutnant mit kurzem grauem Haar, fahler Gesichtsfarbe und matten, gar nicht unsympathischen Zügen, aus denen große Jungmädchenaugen blickten. Einen Moment musterte er uns stumm und eindringlich, in der Hand ein paar Listen.

Dann sagte er in ruhigem Ton, derjenige, dessen Namen er vorlese, solle aus dem Glied treten, seine Sachen nehmen und sich damit an den Ausgang stellen. Nach jeweils zwanzig werde er innehalten, und ein Soldat werde die Betreffenden mitsamt ihrem Gepäck weiterleiten. Nach welchen Kriterien er die Leute gruppierte, wurde uns nicht klar. Jeden Aufgerufenen musterte er intensiv. Wir gewannen dabei den Eindruck, er sei mit ungewöhnlichem Gedächtnis begabt und könne sich sein jeweiliges Gegenüber mit diesem einen kurzen Blick für immer einprägen. Er wirkte eher wie ein Verwaltungsbeamter, den man in Offiziersuniform gesteckt hatte. Seine ganze Haltung war unnatürlich, gezwungen stramm, und seine hohe runde Mütze, die wie ein umgestülpter Topf aussah, war ihm sichtlich zu groß, sackte ihm bis auf die großen Ohren ab. Unter dem breiten Schirm wirkte sein ausgedorrtes Gesicht noch kleiner und blasser. Meinen Namen rief er fast als letzten auf, zusammen mit Tachau, Deichmann, Rosenstiel und anderen. Durch einen zweiten Ausgang, nahe dem zum Hof, führte uns der Soldat im selben Gebäude weiter. Wir durchquerten einen großen, leeren, dämmrigen Saal und erklommen eine breite Holzstiege. Hier, dem Eingang gegenüber, im ersten Stock öffnete sich ein länglicher, tür- und fensterloser Saal, der ebenfalls durch ein Oberlicht erhellt wurde. Der Soldat befahl uns, Schlafplätze zu suchen. Ringsum, paarweise mit den Kopfenden an den drei Wänden aufgereiht, standen niedrige, schmale Betten, achtunddreißig insgesamt, jedes Paar durch einen engen Zwischenraum von vielleicht zehn Zentimeter vom nächsten getrennt. Jedes Bett bestand aus vier niedrigen Holzblöcken, auf denen ein Geviert aus vier rohen weißen Holzlatten mit einem dicken Metallrost ruhte. Ich stürzte mich auf ein Bett in der helleren Mitte des Saals. Auf jedem Bett lagen eine Strohmatratze, ein Strohkissen und ein langer, leerer tabakfarbener Sack, der als Schlafsack oder Laken gedacht war. Ein Lager mit Matratze – immerhin ein Fortschritt! Meine Nachbarn gefielen mir allerdings weniger. Auf der einen Seite, Rücken an Rücken, richtete sich Willi Lang ein, ein plumper, träger junger Mann aus Deutschland, Halbjude, der vor dem Krieg viereinhalb Jahre in der Fremdenlegion gedient hatte. Auf der anderen Seite, gegenüber dem schmalen Durchgang, saß der alte Kopinek, zwar ein äußerst ehrwürdiger Mann, der aber, bei seinen Jahren, im Schlaf gewiß schon allerlei Alterszipperlein hatte. Ich spähte nach einem anderen freien Bett, doch inzwischen waren die meisten schon besetzt.

Sogleich ging das Geklopfe los. Man schlug Nägel in die Wände, rückte Koffer und Betten, stritt sich um jeden Zentimeter Zwischenraum, wirbelte fürchterliche Staubwolken von den Matratzen auf. Ich lieh mir von Deichmann einen Hammer und ging daran, ein paar Nägel einzuschlagen, die ich in Arandon aus den Wänden gerissen hatte, um sie mitzunehmen. Nur wollten die Nägel partout nicht in die Wände, wurden krumm, sprangen mir entgegen. Mit großer Mühe gelang es mir zum Schluß, sie ein bißchen wacklig zwischen die Mauersteine zu klopfen. Ich hängte Mantel und Hut, Handtuch und Toilettentasche auf, schob meinen Koffer unters Bett, breitete Schlafsack und Decken aus und war nun fertig eingerichtet im neuen Haus.

Der Leutnant kam herauf, um uns mitzuteilen, daß man im Lager Decken bekommen könne, falls jemand keine habe. Wir hatten alle unsere Decken aus Arandon mitgebracht, die man uns dort nach genauer Registrierung von Name und Anzahl ausgegeben hatte. Eine Weile später stieg Hauptmann Ledoux zu uns herauf. Es war also kein leeres Gerücht gewesen! Er lächelte uns freundlich an wie alte Bekannte, so gar nicht nach seiner sonstigen Art, wollte wissen, ob wir uns gut eingerichtet hätten, und bestimmte sogleich Tachau zum Stubenältesten, verantwortlich für unseren Saal Sechs. Alle standen stumm in Habtachtstellung, jeder an seinem Platz. Dann erklärte der Hauptmann, wer im Besitz einer größeren Geldsumme sei, müsse sie im Büro hinterlegen. Dort werde sie ihm gutgeschrieben, und wenn er etwas brauche, könne er es in Raten von jeweils fünfzig Francs abheben. Wegen möglicher Diebstähle sei es nicht gut, mit viel Geld herumzulaufen. Meine Francs, ein paar hundert, würde ich nicht abgeben. Sie waren bei mir sicherer als im Büro. Bevor er ging, versprach er, einen Ofen aufstellen zu lassen. Jetzt im Frühling und in einer warmen Region kamen sie mit Öfen – und in Arandon waren wir den ganzen Winter über der Kälte ausgesetzt!

In der Mitte des Saals lag eine Tür auf zwei wackligen Holzblöcken. Das war der Tisch für zweiunddreißig Mann. Aber man konnte auch auf dem Bett sitzend essen, den Napf zwischen den Knien. Es geht alles auf der Welt. Deichmann stöberte sogleich auf dem Hof nach alten Brettern (Nägel und Werkzeuge hatte er aus Arandon mitgebracht) und begann, Stühle, einen Tisch und Wandregale zu zimmern.

Gegen fünf, vor dem Abendbrot, erschallte auf dem Hof ein heiserer Trompetenstoß zum Appell. Wie ein Mann mußten wir militärisch stramm vor unseren Betten antreten. Hier herrschte also Kasernendrill. Viermal pro Tag wurde zum Appell gerufen. Der Sergeant trat ein und ließ sich vom Stubenältesten die Mannschaftszahl melden, ehe er in Begleitung von zwei Soldaten den Saal abschritt und mit dem Finger zählte. Häufig vertat er sich und mußte von vorn anfangen.

Das Abendessen verteilte Tachau mit strenger Generalsmiene auf dem Tisch, Widerspruch ausgeschlossen. Wir aßen auf den Betten. Es war die übliche Verpflegung, nur wurde hier zweimal pro Tag Wein ausgegeben. Nach dem Essen brachte der Sergeant kleine Zettel, um jedem Mann seine Nummer mitzuteilen – Rudolf Weichert, Nummer 360. Tachau machte sich sofort daran, Einkaufslisten zu schreiben. Eine Kantine gab es hier nicht, aber außer Alkoholika konnte man alles bestellen, und nach zwei Tagen lieferte eine Krämerin das Gewünschte aus dem nächsten Städtchen.

Gegen Abend, als draußen die Dunkelheit einsetzte, wurde erneut geblasen. Jetzt mußten alle die Säle aufsuchen. In jeden Saal wurden große braune Kübel gestellt, die beißend nach Chlor rochen – für intime Bedürfnisse. Danach blieben die Tore bis zum nächsten Morgen von außen abgeschlossen. Die Leute spielten auf den Betten Karten, bildeten Gesprächskreise, sangen, schrien herum. Durch die teils zerbrochenen Scheiben des Oberlichts wehte kalter Nachtwind herein. Irgendwann tief in der Nacht ließ eine Lokomotive ein dumpfes, schrill endendes Pfeifen ertönen, weckte damit in irgendeinem verborgenen Winkel der Seele längst vergessene Bilder nächtlicher Reisen zu fremden Städten, in die man an frühen Sommermorgen einfährt, sie still zu entdecken, voll verhaltener Lebensfreude. In meinen Gliedern spürte ich noch immer das Rütteln der morgendlichen Autofahrt. Aus dem angrenzenden Saal Drei kamen ein paar junge Österreicher ihre alten Bekannten aus früheren Lagern besuchen. Sie schmetterten österreichische Volkslieder und spielten auf einer kleinen Mundharmonika dazu. Aus Saal Zwei, unter uns, dröhnten langgezogene, tiefe Baßtöne einer lädierten Ziehharmonika herauf. Ich zog mich aus und ging in das neue Bett, das Frankreich mir bereitet hatte, zwischen dem alten David Kopinek und Willi Lang. Kopinek lag auf dem Rücken ausgestreckt, ein wenig länger als das Bett, die tiefliegenden Augen unter den buschigen, borstigen weißen Brauen reglos in den Saal gerichtet. Er grübelte, der alte Kopinek. Vielleicht malte er sich eben jetzt sein einsames Häuschen aus, inmitten von Feldern, weitab vom nächsten Ort, den kleinen Garten, den er jetzt hacken müßte, um Tomaten, Zwiebeln, grüne Bohnen, Kohl, Erbsen und Petersilie zu pflanzen, stellte sich seine Frau aus angesehener Schweizer Familie vor, die nun ganz allein dort wohnte, alt und krank. Seine schmalen Lippen waren fest verschlossen.

Ihm würde man jetzt kein Wort mehr entlocken. Unmittelbar neben mir, zu nahe, lag Willi Lang, der Ex-Legionär, mit seinen abgebrochenen Vorderzähnen. Er stank nach Wein, hatte hier viele ehemalige Legionäre getroffen und mit ihnen etliche Becher geleert. Wie besessen schrie er etwas quer durch den Saal, dann brach er in dröhnendes, albernes Lachen aus. Ich verlagerte mich an die Bettkante, um so weit wie möglich von ihm abzurücken, aber es half nichts – die Betten waren äußerst schmal. Er war vom Wesen her eigentlich ein guter Kerl, bloß war ich nicht gewohnt, mit Legionären in einem Raum zu schlafen.

Geräuschwellen brandeten durch den Saal – ein Gewirr aus Rufen, Singstimmen, Gesprächsfetzen, von orangenem elektrischem Licht überflutet. Dunkle Nacht lagerte auf dem Oberlicht. Einige lagen schon in den Betten. Andere zogen sich aus. Wieder andere standen vor dem hohen braunen Kübel. Manche kauten an Brotkanten mit oder ohne Belag, im Stehen oder auf ihren Betten sitzend. Willi Lang hatte sich Herlinger, seinem Nachbarn zur anderen Seite, zugewandt, der halbnackt im Bett saß, rauchte und dabei einem dreiköpfigen Hörerkreis etwas erzählte. Willi Lang lachte schallend, ohne Grund, an Stellen, die gar kein Lachen erforderten. Hermann Bickels kam heran und setzte sich bei mir ans Fußende. Doch er wollte wohl nicht mich, sondern eher Willi Lang besuchen.

Bickels war ein eigenartiger Typ, um die Dreißig, groß, die farblosen Züge bereits faltig und durch zwei behaarte Warzen entstellt, das graublonde Haar nach hinten gekämmt. Um seinen zu breiten Mund spielte ein verstecktes, ironisches Grinsen. Und immer baumelte was an ihm: ein offener Schnürsenkel seiner schiefgelaufenen Schuhe, ein Winkel in seinen verschlissenen Hosen, ein paar Fäden des ausgefransten Pullovers, ein abgerissener Ärmel. Aber um die Pflege und Verschönerung seines Kopfes war er unablässig bemüht. Er rieb sich das Gesicht mit allerlei Cremes ein, besprengte sein Haar flaschenweise mit Kölnisch Wasser, kämmte, bürstete, kämmte wieder und betrachtete sich in einem Spiegelscherben. Doch es half alles nichts – das Gesicht wurde nicht schöner, die Falten ließen sich nicht ausbügeln. Der Rest des Körpers scherte ihn weniger. Damit gab er sich nicht viel ab. Häufig vergaß er sogar, ihn zu waschen. Wie ein Tintenfisch verbreitete er dichte Nebel um sich. Er murmelte unverständliche Wortfetzen, begleitet von ironischem Grinsen, und wenn er seine Worte wiederholte, hörten sie sich genau umgekehrt an, wieder mit demselben ironischen Zug. Das Gesicht, das er nach außen hin aufsetzte, war weder abstoßend noch frappierend, sondern eher zurückhaltend und bescheiden. Und sein ganzer Aufwand beruhte weniger auf dem Wunsch, Eindruck zu schinden, als auf einem unbewußten Spieltrieb. Er besaß durchaus eine gewisse Kultur und war keineswegs dumm. Unzählige Geschichten rankten sich um ihn, deren Wahrheitsgehalt nicht nachprüfbar war. Es hieß, er sei Schauspieler gewesen, sei Halbjude, Nazi-Spion und noch so dies und das. Eines gab er unumwunden zu – seine Homosexualität. Ich kannte ihn noch von Arandon, gelegentlich hatten wir Schach miteinander gespielt. Bei jedem Wetter, in Regen und Kälte, konnte es ihm plötzlich einfallen, ohne Hut und Mantel mit seinen langen Schritten in einen Winkel des Hofes zu schlendern und mit tiefer Baritonstimme schauspielreif Abschnitte von Goethe oder Nestroy zu deklamieren. Normalerweise freundete er sich mit niemandem an, außer mit ein paar abartigen Jünglingen, die er wie junge Mädchen umflirtete. Manche hatten die entsprechende Neigung schon von zu Hause mitgebracht, wie eben Hermann Bikkels. Andere entwickelten sie erst im Lager. Sie spielten die ganze Palette des Liebesabenteuers durch, mit Intrigen, Ziererei, Eifersucht und Untreue, warben mit kleinen Geschenken, sehnsüchtigem Gehabe, verliebten Blikken. Es gab Wutszenen, nach denen einer den Laufpaß bekam, sich einen anderen suchte, und später unter zärtlichem Versöhnungsgetuschel wieder zum ersten zurückkehrte, und es gab schlaflose Nächte, Romantik, Sentimentalität, Brutalität, Despotismus, Charme und Schmeichelei.

Bickels saß auf meinem Bett und beobachtete insgeheim Hans Peter, den jungen österreichischen Studenten, beim Ausziehen. ‹Gefällt mir nicht, dieser Peter›, warf er plötzlich unwillig hin. ‹Er ist dick und fett wie eine Bäuerin. Ja, deshalb scheint mir. Er sieht ein bißchen aus wie eine junge, robuste Schickse.› Und einen Moment später: ‹Wir sprechen nicht miteinander. Er ist vollgepfropft mit lauwarmer sozialdemokratischer Bürgermoral. Wagt einfach nichts.› Worauf er erklärend fortfuhr: ‹Ich sage das nicht deswegen – wie du vielleicht meinst... Er hat mir noch nie gefallen. Hast du seinen Freund Hentschel gekannt, der zum Arbeitsdienst gegangen ist? Das heißt... Ich meine, er wagt nichts, was vom bürgerlichen Weg abweicht. Sein Freund Hentschel, kannst du dich an ihn erinnern? Das war ein schöner Knabe.› Ich hatte den blonden Hentschel gekannt, sein graziles Gesicht, die mädchenhafte Stupsnase. Wenn er eine Schwester hatte, die ihm ähnlich sah, war sie zweifellos eine hübsche Schickse. ‹Du hättest sehen müssen, wie er flirtete.› Bickels' breiter Mund grinste lüstern ob dieser angenehmen Erinnerung. ‹Wenn er an mir vorbeikam, schwenkte er den Hintern und zeigte die Schenkel, indem er seine kurzen Hosen ein Stück lüpfte. Es waren schon ein paar hübsche Knaben in Arandon.› Er stand auf. ‹Gehen wir schlafen. Gute Nacht!› Einen Moment blickte er sich im Raum um, dann ging er zu Wolf gegenüber, der bereits im Bett lag und an einer kurzen, dicken Pfeife sog.

‹Komm her, Bickels, bitte, setz dich.›

Bickels setzte sich nicht. Groß und müßig stand er vor Wolfs Bett, ließ den Blick nach allen Seiten schweifen. Einige Betten weiter saß Lewandowski und nähte etwas, in einem ärmellosen Unterhemd, das seine muskulösen

Arme offenbarte. Dorthin schlenderte Bickels. Doch plötzlich rief jemand: ‹Appell!› Tachau schreckte von den Karten hoch und wiederholte mit seiner hohen Stimme: ‹Appell! An-tre-ten!› Alle eilten zu ihren Betten. Die Nachbarn von nebenan hasteten in ihren Saal zurück. Die Schritte der Soldaten dröhnten schwer auf den Holzstufen. Sie schlängelten sich zwischen den Betten hindurch und zählten, irrten sich und zählten von neuem. Danach wünschte der Sergeant gute Nacht, und die drei Mann zogen in den nächsten Saal. Jetzt mußten wir uns schon hinlegen und das Licht ausmachen. Dunkel senkte sich über die Welt.

In Loriol wurde kein Mensch mit Namen aufgerufen, nur mit seiner Nummer – bei der Postverteilung, bei der Arbeitsvergabe und so weiter. Hier mußte jeder arbeiten, jeden Tag. Die Sache fing mit ‹freiwillig melden› an. Wer meldet sich freiwillig zum Holzhacken im Wald oder zur Arbeit beim Bauern? Viele meldeten sich, um ein bißchen aus dem Lager herauszukommen. Doch wenn man einmal mitgemacht hatte, war es aus. Dann kam hinfort jeden Abend der lange Sergeant Montegossi mit seinen kühlen, stahlblauen Augen in den Saal und rief die Nummern auf: Wer zum Bauernhof 6 oder 10 gehen sollte, wer zum Bahnhof Livron, um dort den ganzen Tag Kohlensäcke auszuladen, wer in den Steinbruch zum Steinehauen, wer zum Straßenbau. Das waren Schwerarbeiten, und soviel man während der Arbeitsstunden auch trödelte, in der Abenddämmerung kam man doch völlig erschöpft mit hängendem Kopf, zerschlagenen Gliedern und zerschundenen Händen und Füßen zurück. Für diese Arbeit bekamen wir nichts. Manchmal fand sich eine Bäuerin, die vor lauter Mitleid – in dem Gedanken, welches Los wohl dem Sohn, dem Mann, dem Bruder dort drüben blühen mochte, falls sie in Gefangenschaft gerieten – jedem vier Zigaretten und ein Viertel Wein spendierte. Für solche Höfe gab es viele Anwärter. Die Zigaretten und der Wein waren eine großzügige Spende, denn die Höfe mußten der Lagerverwaltung ja für unsere Arbeit zahlen. Arbeitsverweigerung wurde mit Kerker bestraft.

Auch die im Lager Zurückbleibenden mußten arbeiten: Latrinen säubern, Gruben ausheben, im Steinbruch hinter dem Lager Steine hauen, mit Schubkarren Erde und Steine zur Ausbesserung des Hofes ankarren, beim Legen der Betonplatten im großen Saal helfen, die neue Küche und das neue Lazarett bauen, ein überflüssiges Gebäude abreißen. Es gab immer etwas im Lager zu tun. Nur die Stubenältesten waren von jeglicher Arbeit befreit, ebenso wie die über Sechzigjährigen. Vorbei die schönen Zeiten von Arandon, in denen man ganze Tage mit Karten-, Schach- und Fußballspielen, Sprachenlernen und mit Teekochen auf dem Ofen zugebracht hatte. Endgültig Schluß mit dem Müßiggang.

Um sechs Uhr früh wurde die Trompete geblasen, gellte einsam und traurig in die weite Morgenstille. Durch das blinde Oberlicht fiel grauer Schimmer. Man konnte nicht wissen, ob es draußen klar oder bewölkt war. Die Gestalten auf den Betten gerieten in Bewegung, kamen hoch, kratzten sich, gähnten sperrangelweit. Dann hasteten sie, das Handtuch wie einen Schal um den Hals, die Holzstiegen hinunter auf den Hof, um sich vor den Latrinen und danach im ‹Waschsaal› anzustellen. Letzterer war ein offener, leerer Raum mit zerbrochenen Fensterscheiben, in dem immer ein reger Wind wehte. Aus einem Schlauch an der Wand rannen nie versiegende Rinnsale zu Boden, die sich dort zu trüben Pfützen sammelten. Man machte sich Schuhe, Hose und auch sonst alles naß, nur das Gesicht nicht richtig.

Zur Stunde, in der das heisere Wimmern der Trompete die Schlafenden aufschreckte, war Rosenstiel längst fertig gewaschen und angezogen, inklusive geputzter Schuhe. Er holte sich schon am Vortag ein wenig Wasser für die Morgenwäsche. Nun stand er mit zwei Töpfen bereit, den Kaffee aus der Küche zu holen. Die Verteilung des Morgenkaffees war seine Aufgabe. Das hatte er bei Tachau, dem Stubenältesten, erreicht – will sagen, er hatte es zum Wohl der Kameraden übernommen, damit sie nicht ein paar Minuten früher aufstehen mußten, während er, Rosenstiel, sowieso ein Frühaufsteher war. Nur tat Rosenstiel nichts ohne einen Seitengewinn. Wer den Kaffee austeilt, kann mit einigem Geschick immer eine Tasse mehr für sich selbst herausschlagen. Doch wenn man ihm das sagt, kommt er gleich mit Beschwerden, er renne schießlich für uns in die Küche, um den Kaffee zu holen, und man bereichere sich auf seine Kosten – als habe ihn jemand darum gebeten. Zweimal pro Tag geht Rosenstiel auch für uns den Wein in stoffumkleideten Krügen holen und schenkt ihn aus, jeweils vor dem Mittag- und Abendessen. Außerdem hat er einen Milchhandel aufgezogen. Jeden Abend bestellt er auf Tachaus Einkaufslisten bei der Krämerin ein paar Liter Milch, die er dann nach Maß weiterverkauft. Dabei bleiben ihm ein paar Centimes Gewinn und ein wenig Milch für den Morgenkaffee. Dazu hat er noch fünf, sechs Kunden, denen er für zwei Francs pro Woche nach dem Essen das Geschirr spült. Dieser Rosenstiel würde nicht für Geld und gute Worte entlassen werden wollen. Auch Deichmann hat sein Einkommen. Er zimmert Stühle und Tischchen für die Leute, die vorerst auf ihren Betten sitzen.

Um sieben Uhr ertönt die Trompete ein zweites Mal – zum Generalappell. Der Stubenälteste stellt sich an die Spitze seiner Leute, die Liste in Händen. Die Sergeanten rufen die Nummern auf: 281, 193, 225. Wo ist 225? ruft es von allen Seiten. Da ist er! Die Aufgerufenen treten aus dem Glied und sammeln sich an der Seite zu Arbeitsgruppen – Wald, Bauernhof 12, Bauernhof 5, Straßenbau. Von jeder Gruppe ziehen zwei in die Küche, um die Tagesverpflegung abzuholen. Die Begleitsoldaten stehen schon bereit, mit Helm und geschultertem Gewehr. Die Nummern schallen weit in die Stille. Von Zeit zu Zeit schnauft unten auf den Gleisen ein endlos langer Güterzug vorbei, die flachen Waggons mit schweren Geschützen beladen, deren große, dunkle Rohre uns unter den Tarntüchern heraus drohend anstarren. Ja, es herrscht jetzt irgendwo Krieg auf der Welt, Menschen schießen aufeinander.

Der Hof leert sich nach und nach. Manchmal ist es morgens noch empfindlich kalt. Mal fällt feiner Nieselregen, der einen wie Nadeln ins Gesicht trifft. Mal dringt der Mistral einem eisig in die Knochen. Der Mistral, dieser kalte Fallwind, der in Südfrankreich von Norden her weht, Menschen umwirft und Dächer abdeckt, hat einmal das schmale hölzerne Schilderhäuschen der Wache, dessen Tür zur Straße und zum Lagertor führt, hinweggefegt. Es flog in ein Meter Höhe über den Boden hinweg, berührte ein paarmal das Pflaster und hob wieder ab, trudelte ein Stück wie ein Rad, wurde schließlich mit einem Schwung in die Luft gerissen und zerschellte auf der Erde.

Sobald die Leute zur Arbeit weg sind, wird es ruhig in den Sälen. Jetzt können sich die Nerven doch ein bißchen erholen. In unserem Saal bleiben der Stubenälteste und ein paar Alte und Kranke. Ich habe mich mit meinen verschiedenen Leiden beim Arzt gemeldet, und er hat mich drei Tage von der Arbeit freigestellt. Es wird ihnen nichts helfen, ich werde nicht mehr viel für sie schuften. Doch auf den im Lager Verbliebenen lauert die Gefahr, daß er zu irgendeiner Arbeit vor Ort herangezogen wird: Kohle oder Holz abladen, den Hof mitsamt der stinkenden Gosse reinigen. Jeden Augenblick kann ein Soldat heraufgerannt kommen. Ich bin krank. Werde nicht gehen. Der März ist kalt dieses Jahr. Der Mistral pfeift durch die Dachritzen und die geborstenen Scheiben. Der Ofen brennt in der Saalmitte, nützt aber nicht viel. Mit dem Ofen gibt sich wie gewöhnlich der alte Kopinek ab, er säubert ihn, räumt die Asche aus, zündet ihn an. Er ist der ‹Stubenwart›. Wenn Deichmann nicht ständig an seinen Tischen und Stühlen sägen und hämmern würde – mitten im Saal auf der Türfüllung, die als Tischplatte dient –, könnte man sich ein wenig ausruhen.

In Loriol war Zeitungslektüre erlaubt. Gegen halb zwölf, nach dem Mittagessen, brachte Frisch, ein ehemaliger Legionär, die Zeitungen in die Säle. Sie gingen weg wie warme Semmeln. Der Krieg zwischen Rußland und Finnland war beendet. Am Abend erklärte Weinstock wissend: ‹Trotzdem... Ihr werdet schon sehen! Werdet an meine Worte denken...› Jetzt konnte er endlich mit seinen Kommentaren glänzen. Er legte die Nachrichten und Artikel aus der Zeitung auf seine Weise aus, drehte und wendete die Worte mit viel Scharfsinn und Haarspalterei, bis das Gegenteil von dem herauskam, was geschrieben stand. Da er kein Französisch konnte, mußte er jemanden bitten, ihm die Zeitung Wort für Wort von Anfang bis Ende zu übersetzen, ohne auch nur das geringste auszulassen, wie ein frommer Jude bei seinem Gebet, und danach gab er seinen eigenen Senf dazu. Zu seinem Leidwesen mußte er sich gedulden, bis Hermann Bickels in der Abenddämmerung von der Arbeit zurückkehrte und für ihn übersetzte. Als Vertrauten hatte er sich den alten Kopinek ausgesucht, und die beiden führten dann leise langwierige Erörterungen, die von geradezu chassidischer Begeisterung für Stalin und seine Klugheit getragen waren.

Den alten Kopinek hatte ich in Verdacht, insgeheim ein bißchen antisemitisch zu sein, wie die meisten Gojim. Das zeigte sich bei ihm gelegentlich an einer unwillkürlichen Gebärde oder einer indirekten Bemerkung, die ihm ungewollt herausrutschte. Bei solchem verstecktem Antisemitismus richtet sich der Judenhaß zumeist gegen die polnischen Juden. Die seien doch nun mal anders, nicht wie unsere, die deutschen Juden, die kultivierte Menschen seien, Europäer wie wir, und so weiter. Was auch nicht weiter verwundert, denn die deutschen Juden denken ja genauso. Mit Weinstock, einem typischen Galizier in Aussehen, Charakter und Gestik, der noch dazu gebrochen Deutsch sprach und leicht zigeunerhafte Züge hatte, war Kopinek trotzdem eng verbunden. Wegen ihrer gemeinsamen kommunistischen Einstellung sah er ihm alles nach.

In den ersten Tagen in Loriol schimpfte Weinstock lauthals über angeblichen Diebstahl. Den ganzen Tag lief er aufgebracht in Arandoner Kreisen herum, im Saal und auf dem Hof, und beschuldigte die früheren Köche: Die da, das Arandoner Küchenpersonal, hätten kilogrammweise Kaffee und Zucker gestohlen und mitgebracht, dazu Dutzende Dosen Sardinen und Streichleber. Schnell bildeten sich streitende Parteien, und fast wäre es zu Handgreiflichkeiten und Verpfiffen beim Hauptmann gekommen. Weinstock wurde sogar von dem langen Pole geohrfeigt, worauf sein halbes Gesicht glühend rot anlief. Der Wahrheit war nicht auf den Grund zu kommen. Doch viele Tage später sah man die früheren Köche Sardinen und Streichleber unter sich verteilen. Und als acht Tage nach unserer Ankunft in Loriol ein Ofen in unserem Saal aufgestellt wurde, begannen Saale und der kleine Liechtenstein große Töpfe Kaffee zum Verkauf zu kochen – die Tasse zu einem Franc. Noch lange boten sie mehrmals täglich schwarzen Kaffee mit Zucker feil, und noch sehr lange bestrichen sie ihr Brot mit Schweineschmalz.

Der kleine Liechtenstein war, anders als der lange Pole, klein und hager, mit grünlicher Hautfarbe. Alles war spitz an ihm: das Kinn, die lange Nase, die Zähne, der Blick seiner schwarzen Knopfaugen. Seine Augen stachen wie Stecknadeln, bohrten in allem herum, unverschämt gierig. Es war ein alles entblößender, alles entweihender Blick, der jede Intimität raubte. Er war zweiundzwanzig Jahre alt, aber verbittert wie ein Fünfhundertjähriger – ein wütender, bissiger Zwergköter. Er zerstritt sich mit jung und alt, ein Frechmaul und Grünschnabel. Seine Herkunft und Vergangenheit blieben unergründlich. Er selbst behauptete, er sei in Norwegen geboren, stamme von deutschen Eltern, sei staatenlos und Student. Als Jude wollte er auf keinen Fall gelten. ‹Katholisch›, erklärte er bei jeder Gelegenheit. Als wir in den ersten Tagen in Loriol gemeinsam Erde hinter dem Büro aushoben und per Schubkarren wegschafften, sagte er demonstrativ: ‹Jude bin ich Gott sei Dank nicht.› Seit jenem Ausspruch war mir zu meinem Bedauern bereits klar, daß er sehr wohl Jude war, und ein häßlicher obendrein. Mit dieser Physiognomie, und kein Jude! Zu gern hätte ich ihn den Gojim überlassen, sollten sie ihn behalten, aber es bestand keinerlei Zweifel.

In Loriol herrschte ein wahres Völkergemisch. Juden machten nicht mehr als dreißig Prozent aus. Es gab auch Staatenlose, die niemals Fuß auf deutschen oder österreichischen Boden gesetzt hatten. Ja, es gab hier sogar einen alten Goi, über sechzig Jahre alt, der in Frankreich geboren war, dort sein ganzes Leben verbracht hatte und kein Wort Deutsch konnte. Manche hatten zehn, fünfzehn, fünfundzwanzig Jahre in der Fremdenlegion gedient, ein halbes Menschenleben. Der Dank Frankreichs bestand darin, daß sie in Loriol bevorzugt zu Stubenältesten oder zur Küchenarbeit berufen wurden. Es gab auch sture Nazis, Antisemiten, Denunzianten und sonstige Verdächtige. Die beiden Offiziere von dem deutschen Handelsschiff in ihren Uniformen mit den blauen Schulterstücken stolzierten oft im Hof herum und redeten mit niemandem. Zur Arbeit wurden sie nicht herangezogen.

Eines Tages traf ein großer Transport von rund hundert Mann ein. Wir wurden bei ihrer Ankunft in unsere Säle eingeschlossen. Sie kamen mit Gepäckstücken aller Arten und Formen, teils ärmlich, teils elegant. Es gab hübsche hellbeige Schweinslederkoffer darunter und Schrankkoffer aus schwarzem Lack, auf denen die Aufkleber europäischer und amerikanischer Grand-Hotels prangten. Die Ankömmlinge erweckten den Eindruck, als seien sie gerade erst aus der großen weiten Welt, aus quirligen Metropolen voll Leben und Freiheit hier eingetroffen. Doch in Wirklichkeit kamen sie aus dem Lager Les Milles bei Marseille, in dem sie schon einige Monate gesessen hatten. Die älteren Österreicher in ihrer Mitte waren längst freigelassen worden. Unter den Neuen gab es viele, die nie zuvor französischen Boden betreten hatten. Die Franzosen hatten sie auf neutralen – meist italienischen – Schiffen unterwegs nach Spanien oder Südamerika festgenommen, obwohl sie Pässe und Visa besaßen. Wochenlang hatte man jeden Fetzen Papier bei ihnen aufgestöbert und von Militärspezialisten überprüfen lassen – wobei zahlreiche Papiere abhanden kamen. Einer verlor seinen Paß, der zweite seine Geburtsurkunde, der dritte sein Schiffsbillett. Man trennte ihnen das Futter aus der Kleidung, schlitzte die Koffer auf, suchte überall nach versteckten Notizen, verhörte sie hundertmal, stellte alles auf den Kopf – und schickte sie letzten Endes ins Lager. Manche lebten schon dreißig Jahre in Brasilien, andere besaßen Kaffeeplantagen auf Kuba. Sie waren vor Kriegsbeginn auf Verwandtenbesuch gefahren, und nun auf der Rückreise hatten die Franzosen sie gekapert. Einige junge Juden aus der Tschechoslowakei hatten sich lange um Einreisevisen nach Bolivien bemüht, und auch die Deutschen hatten ihnen die Ausreise aus ihrem Land gestattet. Alles schön und gut, man ist schon wohlbehalten an Bord auf See – doch da dreht der Wind und verweht sie nach Frankreich, das sie am Wickel packt und ins Lager sperrt. Die Frauen durften in Marseille bleiben, und sie selbst sitzen hier. Nun ist alles zunichte: das Visum ist abgelaufen, die Schiffskarte verfallen... Zweifellos gibt es unter den Leuten aus Les Milles einige dunkle Gestalten, vielleicht sogar ein paar Spione, wie es auch unter uns Typen gibt, die zu allem fähig sind. Die würde ich in Kriegszeiten selbst nicht frei herumlaufen lassen. Aber all das berechtigt nicht dazu, viele im Lager festzuhalten, deren Redlichkeit sonnenklar ist. Das große Frankreich hat die Möglichkeit, die Spreu vom

Weizen zu trennen. Jedesmal, wenn Neue eingeliefert werden, flackert anfangs das Gefühl auf: Aha, das sind die Richtigen! Doch sehr bald stellt sich heraus, daß sie sich nicht von uns unterscheiden. Auch unter den Franzosen selbst gibt es schließlich Spione, sogar in Offizierskreisen. Trotzdem werden nicht alle französischen Bürger in Loriol eingesperrt, um vor Spionen sicher zu sein.

In meiner Stube, Saal Sechs, sind wir zweiunddreißig. Wenn jemand weggeht – zum Arbeitsdienst oder in einen anderen Saal oder ins Krankenhaus nach Montélimar –, bleibt sein Bett leer, bis Neue eintreffen. Mit den meisten meiner Nachbarn habe ich nie ein Wort gewechselt. Ich könnte zwanzig Jahre so mit ihnen zusammenleben, ohne je ein Wort mit ihnen zu reden. Ihre Gebärden und ihr Gang, ihre Reden und Witze, ihre Freude und Trauer sind mir schwer erträglich. Man hat schon Mühe, auf Dauer mit einem guten Freund oder der eigenen Ehefrau zusammenzuleben – wieviel mehr erst bei wildfremden Menschen. Für die Lagerstellen bist du eine bloße Nummer, eine Rechnungseinheit wie alle anderen auch. Die sechs Monate im Lager, in einem dichten Menschenpulk, ohne eine Minute Eigenleben, haben schon die meisten liebgewordenen Angewohnheiten ausgelöscht, die kleinen Ticks, welche die Individualität des einzelnen ausmachen. Trotzdem hat jeder von uns sich noch ein Stückchen von dem Menschen bewahrt, der er in Freiheit gewesen ist. Wirklich enge Freunde habe ich kaum je gehabt. Und gerade ich muß nun Tag und Nacht, ohne jede Zuflucht, auf engstem Raum mit einem Wust von Fremden leben.

Tachau, Deichmann und Rosenstiel haben die Ecke hinter der Treppe für sich besetzt, mit Möbeln aus Deichmanns Produktion. Tachaus Bettnachbar ist Balin, ein deutscher Jude von zweiundfünfzig Jahren mit gelblichem Teint, fliehendem Kinn und einer langen, dicken Nase, die das halbe Gesicht einnimmt. Er liegt dauernd im Bett, krank. Aber essen kann er für drei. In Lyon führen seine Frau und die erwachsene Tochter ein jüdisches Delikatessengeschäft. Seine Frau, mit der er längst nicht mehr zusammenlebt, schickt ihm Pakete. Und seine Freundin, mit der er bis zur Internierung zusammenlebte, tut desgleichen. Er spielt nur krank, mit dem Ziel, als unheilbar entlassen zu werden. Einstweilen läßt er sich von seinen Freunden bedienen. Ab und zu fällt er urplötzlich in Ohnmacht. Das kriegt er fabelhaft echt hin. Man ruft eilends Pfleger Gutmann oder, falls es vormittags passiert, den Arzt. Man verabreicht ihm Tropfen oder eine Spritze. Alle paar Tage fällt ihm ein, daß es wieder mal Zeit ist, ohnmächtig zu werden. Rosenstiel und Tachau profitieren von seinen Paketen. Sie kennen ihn noch vom Stadion in Lyon. Balin, sagen sie, sei ja sehr krank. Sie kümmern sich um ihn. Abgesehen von seinen sonderbaren Bemühungen, um jeden Preis freizukommen, ist er ein anständiger Mensch. Er spricht mit leiser Stimme (wie es sich für ihn als Schwerkranken gehört) und streitet mit niemandem.

Auf der anderen Seite von Balin, nach Hermann Bikkels' Bett, hat Otto Stocker seinen Platz, der Mann mit der lupuszerfressenen roten Gesichtshälfte, jener deutsche Goi, den sie zu uns nach Bourg gebracht und dann nach Chambaran verlegt hatten. Er ist ein ruhiger Mensch. Man hört ihn nie. Im Lager hat man ihm die Pflege von ein paar Schweinchen und zwei Pferden jenseits des Zauns anvertraut. Morgens und abends schleppt er ihnen volle Abfalleimer aus der Küche hin. Auch einen Gehilfen hat er dafür engagiert, weil es viel Arbeit ist. Ich leihe ihm jeden Tag meine Zeitung. Manchmal unterhalte ich mich auch ein wenig mit ihm, schließlich sind wir alte Bekannte. Er ist nicht dumm, aber mir fällt es schwer, seine Wange anzuschauen. Außerdem hat er eine dünne, hohe Stimme, die irgendwo über seinem Kopf herauskommt, als entstamme sie gar nicht seinem Körper. Man muß ihm die Worte entlocken, denn er ist schüchtern und zurückhaltend. Inzwischen habe ich von ihm erfahren, daß er ein berühmter Radrennfahrer ist, der schon an der Tour de France teilgenommen hat. Er braucht seinen rötlichen Bart nur auf einer Wange zu rasieren, ähnlich wie ein Beinamputierter nur ein Hosenbein und einen Schuh trägt.

Neben ihm liegt Albert Locker, ein Zwerg von der Größe eines achtjährigen Kindes, aber mit einem gelben, zerknitterten Greisengesicht. Beim Sprechen hört er sich immer an, als werde er jeden Augenblick an einer Gräte ersticken. Überhaupt redet er nur halbe Sätze und verschluckt den Rest. Genug! Mehr ist nicht nötig! Er spricht nur Französisch, und sein ganzer Wortschatz in dieser Sprache besteht aus den fünfzig derbsten und häßlichsten Ausdrücken. Das ist Locker: aus Grenoble, Laufbursche in einer Druckerei (er nennt sich Drucker), ein Quasimodo von eherner Gesundheit, der für drei arbeitet. Äußerst stolz ist er auf sein Glied, das nicht seiner sonstigen Körpergröße entspricht, als sei es ein besonderes Himmelsgeschenk, wie ein hervorragendes künstlerisches Talent. Wer immer möchte, der gucke und staune. ‹Na, Locker, laß mal einen Moment sehen›, und schon zeigt er es vor, ohne dafür mehr als eine Zigarette zu fordern, ja, eine Kippe tut's auch. Manchmal findet er sich sogar gratis bereit, gewissermaßen in künstlerischer Generosität. Die Leute amüsieren sich köstlich. Bereitwillig erzählt er von seinen Triumphen bei Frauen, in allen Einzelheiten mit dem begrenzten Wortschatz eines Bordells. Das ist auch das einzige Thema, über das er sich unterhalten kann. Vom Bett nimmt er nur die halbe Länge ein, man könnte meinen, es läge dort ein beleibter Mann ohne Beine, aber im Schlaf schnarcht er wie ein abgestochener Ochse. Der alte Kopinek ist auf Willi Langs andere Seite umgezogen, sobald das Bett dort frei wurde; er fand es unerträglich, neben Locker zu schlafen.

Kopineks Bett wurde von Fleischmann übernommen, einem baumlangen Kerl, dreimal so groß wie Locker. Er hat ein krankes Herz und rote Augenbrauen und war in

Wien Eisendreher. Dieser Fleischmann ist ein gefährlicher Bursche, ein aufbrausender Schlägertyp mit Mörderfaust, eng befreundet mit Paul Weiss, dem früheren Bademeister in Arandon. Beide haben lange bei den Deutschen im Konzentrationslager gesessen. Von Fleischmann heißt es, er sei in Österreich im Kerker gewesen, weil er eine Frau in die Donau geworfen habe, wo sie ertrunken sei – seine eigene Ehefrau. Jedenfalls würde ich niemandem raten, mit ihm Streit anzufangen. Auch vor den Lagerstellen hat er keine Angst. Was sollen sie ihm denn tun? Ihm ist alles egal. Er war schon in deutschen Konzentrationslagern, ohne daß man ihn erschossen hatte. Wenn er Französisch könnte, würde er ihnen hier längst die Meinung sagen. Zu ihrem Glück ist er stumm. Sprachlos. Aber das macht nichts, sollen sie Deutsch lernen! Mit ihm müssen sie deutsch sprechen – und zwar Wienerisch. Er ist nicht verpflichtet, ihr Französisch zu können! In Arandon hat er nach dem Hungerstreik zum Gedenken an Friede drei Tage auf eigene Faust weitergestreikt. Forderte leichte Kost, Milch und Reis, wegen seines kranken Magens. Damals war Hauptmann Ledoux schon nicht mehr im Lager, und so erreichte er, was er wollte. In Loriol schickte Montegossi ihn zur Arbeit auf einen Bauernhof. Anfangs war Fleischmann sauer, aber als er nach zwei Tagen mitkriegte, daß der Bauer ihnen jeden Tag ein Päckchen Zigaretten und dazu noch Wein und ein Stück Käse gab, wollte er nur noch bei diesem Patron arbeiten. Doch der Sergeant verlangte, daß von Zeit zu Zeit gewechselt wurde, warum, weiß ich nicht. Ein paar Tage schickte er ihn hierhin, ein paar dorthin. So wollte er es haben. Fleischmann stellte sich stur: Wenn man ihn nicht zu diesem Bauern, auf Hof Fünf, schickte, ginge er überhaupt nicht arbeiten. Man sperrte ihn zwei Tage in den Kerker, aber er gab nicht nach. Wenn er wolle, brauche er gar nicht zu arbeiten. Er sei herzkrank und leide an chronischem Durchfall. Montegossi ergriff die Gelegenheit, dem Theater ein Ende zu bereiten; der Arzt dispensierte Fleischmann auf Dauer vom Arbeiten. Doch auch jetzt ist Fleischmann unzufrieden, denn trotz seiner Krankheit könnte er ja besser als andere schuften, wenn er nur wollte. Jetzt langweilt er sich den ganzen Tag, fertigt für ein paar Francs Filzpantoffeln aus alten Decken, spielt Karten. Von Zeit zu Zeit befällt ihn Herzschwäche. Dann liegt er ausgestreckt und totenbleich da, ohne sich zu rühren. Man massiert ihn, bringt ihn wieder zu sich, und eine halbe Stunde später ist er gesund. Eines Tages wird er liegenbleiben und nicht mehr aufstehen. In Arandon meldete er sich als einer der ersten zur Fremdenlegion, aber nach ein paar Wochen schickten sie ihn zurück. Das sei bloß passiert, weil Liptmann, dieser Dieb, dieser Ganove, ihn angeschwärzt habe, er sei Kommunist und singe die Internationale. Er und Kommunist? Nie und nimmer. In Wien sei er, als Dreher, Mitglied der Metallarbeitergewerkschaft gewesen, aber mit Politik habe er sich nie beschäftigt. Bloß habe er eben zu viel über Liptmanns Diebstähle gewußt. Eines Tages würde er dem noch mal begegnen! Seit seiner Rückkehr aus der Legion schreibt er unablässig lange Briefe an den Lagerkommandanten, in denen er erklärt, kein Kommunist zu sein, und Liptmann aller möglichen Diebstähle und anderer Vergehen beschuldigt. Er faßt die Briefe auf deutsch ab und läßt sie übersetzen. Schon über drei Monate ist er mit diesen Eingaben beschäftigt. Unterdessen sind Postkarten von seinen Kameraden in Afrika eingetroffen, aus denen zwischen den Zeilen herauszulesen ist, daß sie in der Legion keineswegs Honig schlecken. Wenn sie ihn jetzt nehmen wollten, würde er ablehnen. Doch er sei zutiefst getroffen. Bis ins Mark. Daß man ihm, Fleischmann, so was antue? Und warum? Wegen der Machenschaften jenes Liptmann, der in Lyon das geklaute Kantinengeld für Wein und Weiber verjubelt habe, während die Armen in Arandon unter Hunger und Kälte litten! Dieser Liptmann sei noch keine siebzig. Eines Tages würde er ihm noch begegnen! Ich lebe mit

Fleischmann in Frieden. Würde er bei seiner Filzpantoffelproduktion mit den alten Deckenresten nicht so viel Staub aufwirbeln, wäre er ein guter Nachbar. Er leiht mir sogar seine Kriminalromane.

Häufig besucht ihn ein Trupp aus Saal Drei. Es sind desertierte Wehrmachtssoldaten, die sich unter Lebensgefahr über die Schweizer und französische Grenze geschlagen haben, nächtelang durchs karge Hochgebirge gewandert sind und sich, als sie glücklich in Frankreich gelandet waren, selbst der Grenzwacht gestellt haben. Sofort wurden sie wegen illegalen Grenzübertritts ins Gefängnis gesteckt, wo man ihnen die Knochen brach und nichts zu fressen gab. Zum Schluß kamen sie ins Lager. Sie sind anständige junge Gojim mit einem erheblichen Maß an Naivität, starkem Glauben an die Menschheit, hehren kommunistischen oder sozialdemokratischen Idealen und einer unerschütterlichen Ehrlichkeit. Sie kommen zu uns und bringen noch weitere mit, legen sich auf die Betten, auf Fleischmanns und die in der Nachbarschaft, singen im Chor Arbeiterlieder – und rauchen dabei. Ich mag nicht, daß andere sich auf mein Bett setzen, möchte keine fremden Flöhe drinhaben. Überhaupt ist mir der Körperkontakt mit fremden Männern unangenehm. Ich verbitte es mir – aber einen Moment später hat es einer schon wieder vergessen und setzt sich doch. Wie soll man sie eine geschlagene Stunde in Tumult und Gesang fernhalten. In Fleischmanns Umgebung herrschen dauernd Lärm und Aufruhr. Mal wirft er sich auf sein Bett, daß der ganze Holzboden ins Schwingen gerät, mal springt er unvermittelt wieder auf, mal ruft er lautstark zur anderen Zimmerecke hinüber. Erst jetzt sehe ich ein, daß ich mit dem alten Kopinek als Nachbar besser gefahren wäre. Er hatte zwar alle möglichen Altersticks, aber um ihn her herrschte doch immer eine ruhige, bedächtige Atmosphäre und nicht ständiges Getriebe.

Willi Lang, mein unmittelbarer Bettnachbar, stammt aus einer süddeutschen Kleinstadt, am Rhein gelegen, und ist Müller von Beruf. Als die Nazis an die Macht kamen, erfuhr er zum ersten Mal, daß seine Mutter, die er jung verloren hatte, Jüdin gewesen war. Als er nämlich sein Mädel, mit dem er seit einiger Zeit ging, heiraten wollte, erklärte man ihm auf dem Standesamt, daß er als Halbjude keine arische Frau ehelichen dürfe. ‹Wenn das so ist›, sagte er mit deutscher Gründlichkeit, ‹bin ich ja kein halber, sondern ein ganzer Jude.› Damit flüchtete er nach Frankreich und meldete sich zur Fremdenlegion. Lernte sogar ein bißchen Hebräisch, um beten zu können. Er ist nicht blond, wirkt äußerlich aber wie ein junger Deutscher, ohne jüdischen Einschlag, doch bei jeder passenden Gelegenheit betont er mit dem Stolz eines Konvertiten, daß er Jude sei. Als einmal ein besoffener Legionär auf dem Hof die Juden beschimpfte, verprügelte Willi Lang ihn bis aufs Blut. Dafür kam er drei Tage in den Kerker, zusammen mit dem Trunkenbold. Aus der Legion wurde er nach viereinhalb Jahren Dienst entlassen, weil ihm ein Araber ein Messer in den Bauch gerammt hatte und er danach nicht mehr tauglich war. Kaum in Marseille von Bord gegangen, schickte man ihn zum deutschen Konsulat, um seine Rückkehr nach Deutschland einzuleiten. Willi Lang ging nicht hin. Dann brach der Krieg aus, und er wurde interniert.

Auf der anderen Seite von Kopinek hat Steiner sein Bett, ein Wiener Jude um die Fünfzig, alter Junggeselle, dessen dicke Oberlippe eine höchst eigenartige Form hat – gewissermaßen zwei Lippenwülste übereinander, wie eine aufgegangene Semmel. Beim Reden und besonders beim Lachen wölbt sich der obere Teil, während der untere am Kiefer und den großen Zähnen haftenbleibt. Dadurch wird ein Streifen Fleisch entblößt, der normalerweise verdeckt ist. Um seine bierbraunen Augen zieht sich ein Netz dünner Fältchen. Daran und an den Furchen auf der hübsch geformten Stirn erkennt man, daß er nicht mehr so jung ist, wie sein insgesamt jugendlicher Gesichtsausdruck, sein schlanker, geschmeidiger Körper und sein erst von wenigen grauen Strähnen durchzogenes schwarzes Kraushaar nahelegen. Er ist es zufrieden, im Lager zu sitzen. Tut alles, um nicht entlassen zu werden, ja fürchtet geradezu eine plötzliche Entscheidung in dieser Richtung. ‹Was soll ich denn in der Freiheit anfangen?› sagt er. ‹Bei Lehmann fünf Francs schnorren gehen? Oder Socken an der Haustür verkaufen? Dafür gibt es keine Abnehmer mehr. Die wenigen Juden, die den Flüchtlingen mal ein Paar Socken abgekauft haben, um ihnen auf ehrbare Weise ein Almosen zu geben, sind schon bis ins sechste Glied eingedeckt oder können selber einen Strumpfhandel aufmachen.› Soweit Steiner. Doch was ungesagt blieb: Nicht alle Tage bietet sich die Gelegenheit, mit so vielen Männern aller Altersstufen zusammenzuleben, alten, mittleren und jungen. Steiner selbst hatte nichts. Seine ganze Habe war ein sich auflösender, verbeulter Koffer, in dem er einen verschlissenen blauen Anzug wie seinen Augapfel hütete. Doch er beschaffte sich, keine Ahnung, woher, ein wenig Tee und Zucker. Sonntags lud er zum Fünfuhrtee auf seinem Bett einen jungen Mann aus dem Nebensaal ein, einen blonden, etwa achtzehnjährigen Goi mit dummem Gesicht. Steiner kochte sorgfältig den Tee auf dem Ofen, und die beiden tranken ihn dann andächtig, aßen ein Stück Brot dazu, mit Margarine bestrichen, so es welche gab. Danach blieben sie noch lange auf dem Bett sitzen, wie in einem prominenten Salon, und unterhielten sich angeregt. Was die beiden so lange miteinander zu tuscheln hatten, weiß ich nicht. ‹Steiner hat heute Besuch›, sagten die Genossen gutmütig. Er war ein guter Mensch, der Steiner.

Eines Morgens kamen per Militärwagen zwei Kommissare in bodenlangen schwarzen Talaren und breiten schwarzen Baretten auf dem Kopf, wie Würgeengel. Gleich darauf wurden Todt aus Saal Sieben und Baldauf aus unserem Saal gerufen. Beide verhehlen ihre kommunistische Einstellung nicht. Jeder wurde mit einem Kommissar eingeschlossen. Nicht einmal zum Essen ließ man sie heraus. Unterdessen stöberten Soldaten in ihren Sachen, schleppten ihre Bücher und Briefe zur Überprüfung. Der alte Kopinek hatte ein wenig Angst um sich. Möglicherweise würden sie auch ihn holen. Vielleicht kämen sie alle irgendwo ins Gefängnis. An diesem Tag war Kopinek sehr aufgeregt, versuchte es aber zu verbergen. Am Nachmittag flüsterte er mir die Anschrift seiner Frau ins Ohr und bat mich, falls die Sache ins Rollen käme, ihr nur eine Zeile zu schreiben – daß er, Kopinek, an dem und dem Tag von hier verlegt worden sei. Ich versprach es ihm, doch sofort befiel mich Reue. Was soll ich mich in diese Dinge einmischen? Bin ich denn Kommunist? Ich habe genug eigene Sorgen. Gegen sieben, beim letzten Trompetenton, noch vor dem Einschluß, kehrten Todt und Baldauf zurück. Beide kippten wie Besoffene um. Auf unsere Fragen antwortete Baldauf mit schwachem Lächeln, es sei nichts weiter gewesen, man habe was nachforschen wollen. Mehr war aus ihm nicht herauszuholen. Von jenem Tag an arbeiten die beiden innerhalb des Lagers. Vermutlich fürchtet man, sie könnten fliehen.

Ein alter deutscher Jude von über sechzig, dessen Söhne und Schwiegersöhne sämtlich französische Staatsbürger sind und in der französischen Armee dienen, ist nach vielen Bemühungen endlich freigelassen worden. Nachdem er seine Sachen gepackt hatte, war er zu einem anderen Saal geeilt, um von den Freunden Abschied zu nehmen. Doch Sergeant Montegossi rannte ihm quer über den Hof nach, packte ihn am Kragen und warf ihn aus dem Lager. Wenn du einmal draußen bist, lassen sie dich nicht wieder herein. Wie gern würde auch ich mich hier hinauswerfen lassen.
 Die Tage waren sonnig und klar. Der Qualm der vorbeifahrenden Züge malte leichte Wölkchen an den blitzblanken Himmel. Einen Augenblick blieben sie stehen, dann fransten sie aus und verflogen. Auch Sally Dreyfus'

Zeit kam. Er wurde ins Büro gerufen, und als er, schon in Begleitung eines Soldaten, zurückkehrte, war er blaß und zitterte. Die Tränen strömten ihm aus den Augen, und es schüttelte ihn wie im Fieber. Es gelang ihm nicht, seine Sachen zu packen. Tachau, Rosenstiel und Wolf sammelten alles für ihn zusammen, verschnürten seine Decken und Kissen. Als Erbe hinterließ er ihnen einen Spirituskocher, eine Flasche Spiritus, Zucker, Kaffee, eine Dose Kekse, mehrere Gläser Gelee, eingelegte Heringe, ein Stück Wurst und eine ganze Packung dickes braunes Toilettenpapier. ‹Nehmt alles, könnt ihr alles haben›, wiederholte er ein ums andere Mal, ‹ich brauche nichts. Verschnürt die Decken mit diesem Band hier. Das Kissen mit hinein.› Willi Lang erbte einen Schemel und einen kleinen Tisch. Sie trugen ihm die Sachen und stützten ihn auf dem Weg zum Tor. Mit Tachau und Rosenstiel wechselte er Abschiedsküsse. Dann verließ er das Lager.

Ich muß um eine Unterredung mit dem Hauptmann ansuchen, doch ich schiebe es von Tag zu Tag hinaus, kann mich nicht entscheiden. Ich weiß, daß ich keine klare Antwort erhalten werde. Würde man mir ein für allemal sagen, daß ich keine Chance hätte, würde ich die ganze Sache vergessen und fertig! Ich wüßte, daß ich bis zum Ende des Krieges hier sitzen muß: ein Jahr, zwei Jahre, drei Jahre. Aber das tun sie nicht. Doch ich kann mir selbst nicht entfliehen. Habe mir in den Kopf gesetzt, eine Unterredung herbeizuführen, und das läßt mir keine Ruhe.

Schließlich nahm ich allen Mut zusammen und schrieb mich bei Tachau ein. Ich würde das Meine tun. Am nächsten Tag wartete ich gegen Abend zusammen mit ein paar anderen etwa eineinhalb Stunden auf dem Hof, und endlich war ich an der Reihe. Das Büro ist hier kleiner als in Arandon. Hauptmann Ledoux sitzt stramm und streng an dem großen Tisch und raucht. Er läßt mich einen Moment im Stehen warten. Überfliegt etwas. Vermutlich meine Karteikarte, überlege ich. Dann fixiert er mich kühl und fragt, was ich wolle. Ich wolle anfragen, warum man mich noch im Lager zurückhalte, während alle anderen ehemaligen Österreicher meines Alters längst entlassen worden seien. Meine Frau sei beunruhigt, fahre ich töricht fort. Sie sei krank.

‹Ihre Frau ist beunruhigt›, sagt er, ‹und Sie selbst sind ruhig?›

‹Auch ich bin unruhig.›

‹Haben Sie sich zum Arbeitsdienst gemeldet?›

‹Ich... Nein. Das habe ich nicht. Ich bin damals eigens ins Büro gekommen, um mich zu erkundigen, und Sie haben mir selbst gesagt, in meinem Alter bräuchte ich das nicht zu tun. Ich bin ja knapp neunundvierzig Jahre alt. Ich habe mich zur Fremdenlegion gemeldet, bin jedoch untauglich. Das Herz.›

Er drehte die längliche Karte um. ‹Ja, Sie haben sich zur Legion gemeldet. Was wollen Sie machen, wenn Sie entlassen werden?›

‹Was heißt machen? Ich werde tun, was ich immer getan habe. Ich bin Schriftsteller.›

‹Und wovon wollen Sie leben?›

Plötzlich hat Frankreich keine anderen Sorgen, als sich den Kopf darüber zu zerbrechen, wovon ich leben werde, damit ich bloß nicht etwa verhungere. ‹Ich bekomme regelmäßig Geld aus Amerika. Das kann ich beweisen.›

‹Aber Sie sind noch keine neunundvierzig›, erklärt er nun.

‹Ich dachte, laut Order würden Österreicher über achtundvierzig entlassen. Und außerdem werde ich in zwei Monaten neunundvierzig. In genau zwei Monaten.›

‹Ich habe keine Akte für Sie angelegt›, sagt er seelenruhig.

Keine Akte! Den ganzen Winter haben sie endlos Listen aufgestellt, haben dich tausendmal nach Namen, Geburtsort, Namen der Eltern gefragt, haben dir Fingerabdrücke abgenommen, dir das Innerste nach außen gekehrt, deine letzten verborgenen Winkel ausgelotet – und auf einmal erzählt er dir kaltblütig, er habe keine Akte über dich angelegt. Plötzlich wird mir klar, was das bedeutet – er hat meine Freilassung beim Oberkommando in Lyon gar nicht beantragt. Denn Akten haben sie ja mehr als genug angelegt. Mich hat man einfach vergessen. Da soll man wohl der Freilassung harren! Auf die Art kann man hier ja hundert Jahre sitzen. Aber warum müssen sie gerade für mich eine besondere Empfehlung aufsetzen? Warum werde ich nicht automatisch entlassen wie all die anderen? Heißt das, daß ich ihnen irgendwie verdächtig bin? Ich gefalle ihnen nicht. Warum sollten sie mich sonst festhalten? Oder heißt das womöglich, daß er den Akten, die sie den ganzen Winter angelegt und naturgemäß ans Oberkommando geschickt haben, meine beizulegen vergessen hat? Dann wissen sie dort im Oberkommando womöglich gar nichts von meiner Existenz! Jedenfalls werde ich das niemals erfahren.

Plötzlich befällt mich furchtbare Müdigkeit.

‹Haben Sie ein Gesuch eingereicht?› fragt er mit hohler Stimme.

‹Ich dachte, man würde automatisch freigelassen. Generell. Meine Frau hat übrigens noch im November ein Gesuch eingereicht.› In allen anderen Lagern wurden die Österreicher sofort nach Erlaß der entsprechenden Order freigelassen, und bei ihm muß man Gesuche schreiben!

‹Schreiben Sie ein Gesuch›, sagt Hauptmann Ledoux.

‹Soll ich es einreichen oder lieber meine Frau?›

‹Sowohl Sie als auch Ihre Frau, beide›, erwidert er lächelnd.

‹An wen muß ich das Gesuch richten?›

‹Richten Sie es an mich und leiten Sie es dem Büro zu.›

Damit war die Unterredung beendet. Das Abendbrot brachte ich nicht mehr hinunter. Willi Lang durfte meinen Anteil mitessen. Doch ich ließ mich für den folgenden Tag wieder für eine Unterredung einschreiben. Ich würde das Gesuch aufsetzen und es persönlich abliefern.

Am nächsten Mittag wurde ich ins Büro gerufen. Der Leutnant stand im Begriff, eine Akte für mich vorzubereiten. Der Hauptmann war nicht im Büro. Aber diesmal hatte er es nicht vergessen. Wieder flammte ein Funken Hoffnung in mir auf.

‹Haben Sie ein Loyalitätszeugnis?›
‹Ja, Herr Leutnant.›
‹Wo ist es?›
‹Wieso, ich habe es doch gleich zu Anfang abgeliefert, in Arandon!›
‹Nicht da. Es befindet sich nicht unter Ihren Papieren.›

Mein Loyalitätszeugnis hatten sie also auch verschlampt! Der Leutnant fragte mich nach ein paar Einzelheiten und versprach mir, die Papiere noch heute abzusenden. Ich hatte mein Gesuch noch nicht fertig abgefaßt. Ich solle es am Nachmittag bringen, und er würde es beifügen. Doch als ich nachmittags mit dem Gesuch ankam, für das ich, gemeinsam mit anderen, viel Sorgfalt verwendet und auch einige Francs bezahlt hatte, um es mit der Maschine abtippen zu lassen, gab der Leutnant es mir zurück. ‹Wird nicht mehr benötigt›, sagte er. ‹Ich habe Ihre Papiere bereits nach Lyon abgeschickt.› Wieder warf er einen Blick in seine Kartei. ‹Ja, ist schon abgegangen.›

Dem Leutnant glaubte ich wenigstens. Seine Züge – die großen, traurigen Augen – wirkten ehrlich. ‹Es kann ein paar Wochen dauern›, sagte er. ‹Sobald Antwort eintrifft, werde ich Sie benachrichtigen.›

Vor einigen Tagen ist einer entflohen. Es war Heinemann, ein ehemaliger Legionär, der Französisch wie ein Einheimischer spricht. Ein zwielichtiger Typ. Er erzählte, er stamme von deutschen Eltern, sei aber in Belgien geboren. Jude wollte er keineswegs sein, trotz seines typisch jüdischen Aussehens. Als kürzlich ein protestantischer Pfarrer ins Lager kam, um mit den Protestanten unter uns vor ihrem Osterfest einen Gottesdienst zu halten, hatte Heinemann, wie es hieß, mit großer Inbrunst mitgebetet.

Doch er war der erste, der sich absetzte. Er hatte ständig gesagt, hier bleibe er nicht. Und diesmal hielt er Wort. Zwei geschlagene Tage herrschte helle Aufregung im Lager. Leutnant Delacourvois fuhr mehrmals mit dem Rad in die Stadt Loriol, vom Büro wurde ständig in die ganze Umgebung telefoniert, Abgesandte schwirrten in alle Richtungen aus, der Stubenälteste seines Saals, Saal Zwei, wurde x-mal ins Büro gerufen und mußte auch sein Amt abgeben – aber Heinemann war weg. Später stellte sich heraus, daß er es frühmorgens geschafft hatte. Er war mit den Latrinenputzern hinausgegangen, um die Jauche draußen auf die Wiese zu schütten, wobei gewöhnlich kein Soldat mitging, und hatte dann die Beine in die Hand genommen. Der Wachposten am Tor merkte nichts, und die Kameraden hielten dicht. Da er einen alten Militärmantel und eine Soldatenmütze trug, wird man ihn nicht so schnell schnappen.

Draußen geht der Krieg weiter. Mordgeist wütet auf der Welt. Jetzt kämpfen die Deutschen gegen Norwegen und sind offenbar überall auf dem Vormarsch. Weinstock versucht das zu widerlegen. Rußland habe vier Monate gebraucht, um Finnland zu besiegen, weil Stalin gewiß schon heimliche Absichten verfolgte, die uns unbekannt seien. Andernfalls hätte es höchstens zwei Wochen gedauert. ‹Ihr habt es mit Rußland zu tun, der stärksten Militärmacht der Welt! Ihr werdet sehen, das letzte Wort in diesem Krieg wird Rußland gehören, den Werktätigen, der Weltrevolution. Ihr könnt euch auf Stalin verlassen!› Dabei blitzen seine Zähne unter dem dicken Zigeunerschnurrbart voll Verachtung für uns Unbedarfte, die keinen blassen Schimmer haben, wer Stalin und was Rußland ist. Er sagt, ‹Ihr könnt euch auf Stalin verlassen›, als wolle er sagen, ‹Ihr könnt euch auf mich, Weinstock, verlassen›, denn er und Stalin hüten ein Geheimnis, das sonst keiner kennt. Danach dreht er sich um und stapft langsam davon, als wolle er sagen, was soll man auf diese kleinbürgerlichen Rindviecher noch viel Worte verschwenden. Rosenstiel ruft ihn zurück. Es ist Nachmittag. Die meisten arbeiten draußen. Im Saal sind nur wenige. Einige schnarchen auf ihren Betten. Durch das Oberlicht filtert ein schräger Sonnenstrahl, in dem Millionen Staubkörnchen wimmeln. Rosenstiel möchte Aufklärung haben: ‹Weltrevolution – schön und gut! Aber was wird dann zum Beispiel aus Menschen wie mir? Ich bin alt und krank...›

‹Du?› erwidert Weinstock glatt. ‹Nutzlose Subjekte an die Wand!›

Rosenstiel fährt nicht aus der Haut. Er hat seinen guten Tag. Lacht übers ganze Gesicht, das sich derart zusammenzieht, daß die schelmischen Augen hinter den Brillengläsern gar nicht mehr zu sehen sind. Hermann Bickels amüsiert sich insgeheim. Sein Mund zieht sich von einem Ohr zum andern, teilt das Gesicht wie mit einem Beilhieb entzwei. Wenn Weinstock Hiebe austeilt, ist das für ihn immer ein lustiges Spektakel. Er findet Weinstock originell – seine Redeweise, seine Besserwisserei, seinen Abscheu vor jeglicher Ungerechtigkeit, sein gebrochenes Deutsch.

In den Wochen hier habe ich Glück gehabt. Einige Tage war ich auf ärztliches Attest von der Arbeit befreit, und nachher ist keiner gekommen. Man hatte mich wohl vergessen. Ich wurde nur zu allen möglichen Arbeiten innerhalb des Lagers herangezogen beziehungsweise zum Ausheben von Sand und Steinen hinter dem Lager, die ich mit der Schubkarre auf den Hof bringen sollte. Gestern morgen beim Appell rief der Sergeant plötzlich meine Nummer auf: 360. Im ersten Moment glaubte ich, nicht recht gehört zu haben. Gewiß war ich gar nicht gemeint. Ich rührte mich nicht. Der Sergeant wiederholte die Nummer: Da war kein Zweifel. In einem Trupp von zehn Mann wurden wir zum nächstgelegenen Bauernhof geführt, etwa einen halben Kilometer vom Lager entfernt. Die Jüngeren mußten den Garten umgraben, die übrigen wurden mit mir in den Weinberg gebracht. Wir mußten ihn säubern, nämlich abgefallene Ranken und Zweige zwischen den langen Rebreihen einsammeln und sie auf dem Hauptweg mit Draht bündeln. An sich war das Frauenarbeit, aber durch das ungewohnte ständige Bücken konnte man sich nach einiger Zeit kaum noch aufrichten. Die Erde zog einen mit doppelter Kraft nach unten. Nach einer halben Stunde war ich bereits für den Rest des Tages erledigt. Der Soldat, ein wütender kleiner Franzose mit alterslosem, knochenhartem Gesicht, auf dem kein Bart wuchs, trieb unablässig zur Eile an. Die Leute ließen sich davon kaum beeindrucken. ‹Was soll's denn?› erklärte Kurzholz ihm. ‹Wenn sie nicht zufrieden sind, sollen sie uns halt nicht wieder nehmen. Nur langsam, meine Herrschaften, bloß nichts überstürzen. Wenn's ihnen nicht paßt, dürfen sie uns den Lohn kürzen.› Der kleine Soldat tobte. Zum Schluß stopfte er die Mantelschöße ins Koppel und zeigte uns, wie man ein Reisigbündel schnürt. Er trat auf die trockenen Ranken, die wie Stroh krachten, und zog mit beiden Händen die rostigen Drahtenden zusammen. Zwischen den langen Reihen stapelten wir Reisighäufchen auf, die wir dann zum Mittelweg trugen. Von Zeit zu Zeit brauste ein Zug vorbei. Aus den schmalen Waggonfenstern winkten uns Frauen mit Händen oder Taschentüchern zu. Einen Moment, dann entschwanden sie für immer. Die Frauen wußten nicht, daß wir Feinde waren. Manchmal waren die Waggons mit Soldaten überfüllt – Güterwagen mit offenen Türen, in denen die Soldaten gedrängt standen oder auf dem Boden saßen und die Beine hinausbaumeln ließen. Gelegentlich kam ein Rotkreuzzug vorüber. Durch die breiten Fenster blickten für einen Augenblick Verwundete von ihren Liegen.

Singer, ein gottesfürchtiger Jude, bärenstark, mit einem großen, runden Kürbiskopf, amüsierte sich die ganze Zeit. Ab und zu bequemte er sich, ein strohtrockenes Zweiglein von ein paar Zentimeter Länge aufzuheben und es wie eine schwere Last langsam zu einem

Häufchen zu tragen. Von Zeit zu Zeit umschwänzelte er den Soldaten, drückte ihm eine Zigarette in die Hand. Bat um Erlaubnis, bei der Bäuerin ein Dutzend Eier kaufen zu dürfen. Der Soldat zog genüßlich an Singers Zigarette, erlaubte aber gar nichts. Das könne er nicht verantworten. Wenn es herauskäme, würde er, der Soldat, bestraft. ‹Mieser Schlappschwanz›, schimpfte Singer. Bei anderen Soldaten war es ihm immer geglückt. ›Soll ihn der Tod holen – ich werd' doch noch Eier kaufen dürfen.› Singer war ein junger Mann aus Frankfurt. Er verpaßte keine Gebetszeit, wippte beim Beten kräftig mit dem ganzen Körper und aß koscher. Er und Kulp wetteiferten insgeheim in Frömmigkeit.

Um neun Uhr wurde eine Pause eingelegt. Wir versammelten uns im Schuppen, dort, wo die Leitern, Bottiche, Eimer und Karren standen und die Hühner Körner aus verborgenen Ritzen pickten. Die Bäuerin brachte für uns alle zwei Liter sauren Wein. Seit Arbeitsbeginn schien eine Ewigkeit vergangen, und dabei war es ja erst neun.

Als wir um elf zum Mittagessen zurück ins Lager geführt wurden, konnte ich kaum noch gehen. Mühsam schleppte ich mich hinter den anderen her. Aus dem Lager tönte bereits der trübselige Trompetenstoß. Der Soldat trieb uns zu eiligerem Marsch in Zweierreihe an, doch ich taumelte mit letzten Kräften vorwärts, völlig benommen, der Kopf schwer, wie besoffen, die Glieder bleiern und zerschlagen. Im Saal warf ich mich aufs Bett, konnte mich nicht regen. Zum Essen stand ich nicht auf. Mir war alles gleich, nur sollten sie mich in Ruhe liegen lassen. Dann wurde mir schwarz vor Augen. Die Laute um mich her erreichten mich gedämpft, wie durch eine Mauer. Müdigkeit fesselte mir die Glieder wie mit Ketten, aus denen es kein Entrinnen zu geben schien. Und um eins ging die ganze Geschichte von neuem los.

Wieder sammelte ich mit Singer Reisig im Weinberg, nahe den Eisenbahngleisen. Die anderen gruben weiter weg tote Baumwurzeln aus, zersägten und zerhackten sie. Der Soldat blieb bei ihnen, wir zwei waren uns völlig allein überlassen. Singer schlenderte tatenlos umher, zündete ab und zu eine neue Zigarette an und setzte sich zwischen zwei Rebreihen zum Ausruhen auf den Boden. ‹Komm, setz dich ein bißchen›, lud er mich jedesmal ein, als sei er der Hausherr. ‹Nicht genug, daß sie dich von deiner Familie weggerissen haben und dich hier wie einen Verbrecher einsperren – willst du auch noch für sie schuften? Nein, ohne mich. Wenn ich beim Arbeitsdienst wäre, müßte ich arbeiten. Und wüßte auch, daß Frau und Tochter wenigstens Unterstützung erhalten. Aber dort haben sie mich nicht genommen – also bin ich ein einfacher Gefangener. Nach internationalem Recht dürfen Gefangene nicht zur Arbeit gezwungen werden. Es steht ihnen frei, sie zu verweigern. Und was passiert denn zum Beispiel, wenn ich bei der Arbeit Invalide werde? Wenn ich mir beispielsweise Arm oder Bein breche? Vor ein paar Tagen war Deichmann in eben dieser Sache bei Hauptmann Ledoux, und der ist ihm auch prompt dumm gekommen und hat gesagt, dafür seien sie nicht verantwortlich. Es sei schließlich Krieg. Aber wir sind keine französischen Soldaten. Wenn die verwundet und danach arbeitsunfähig werden, bekommen sie eine Rente. Der Lastwagenfahrer, der die Waldarbeiter fährt, ist dauernd stockbesoffen. Eine ständige Lebensgefahr. Dir ist sicher zu Ohren gekommen, was vor ein paar Tagen war – da ist er mit dem Wagen unterwegs umgekippt, und alle dreißig sind rausgefallen. Zu ihrem Glück waren sie nur leicht verletzt. Aber immerhin mehrere. Was wäre wohl gewesen, wenn sie Arme und Beine gebrochen hätten? Oder womöglich umgekommen wären? Der Fahrer kriegt ab und zu mal Kerker, und die Verletzten kommen zum Auskurieren ins Lazarett...›

Ich bin todmüde. Bloß die Beine ausstrecken. Singers Geschichten lausche ich mit halbem Ohr. Seine Worte ergeben keinen zusammenhängenden Sinn, tröpfeln einzeln dahin. Der heutige Tag wird wohl nie ein Ende nehmen. Mir ist, als trottete ich schon Jahre zwischen den niedrigen, knorrigen Reben des Weinbergs, über die braune Erde, auf der abgefallene Ranken verdorren – viele Jahre, seit jeher schon, und so würde ich auch ewig weiterstapfen, mit letzten Kräften, bis an mein Lebensende. Ich habe schon vergessen, warum. Ich weiß nur dumpf, daß man Reisig auflesen und an das Ende des Pfads bringen muß, aufsammeln und forttragen bis in alle Ewigkeit.

Jeden Morgen versammelten sich vor dem Büro die Kranken, die sich schon am Vorabend beim Stubenältesten gemeldet hatten. Ein Soldat eskortierte sie zum Lazarett und wartete dort, bis sie fertig waren, meist gegen Mittag. In dem Vorraum mit dem geborstenen Fenster und dem unebenen Fußboden stand eine weiße Bank an der Wand – Platz für vier Mann. Die anderen standen. Ich wartete. Pfleger Gutmann rief mich herein, als ich an der Reihe war. Der Arzt, der mit seinem bleistiftdünnen schwarzen Schnurrbart wie ein Kurzwarenverkäufer wirkte, wandte mir das Gesicht zu, eine brennende Zigarette im Mund, als ich betont langsam an der Wand entlangtastend hineinhumpelte. Ich hob das eine Hosenbein an und zeigte ihm das Bein, das mich bis hinauf zur Lende schmerzte. Er warf einen kurzen Blick auf die entblößte Wade und diktierte sofort, ohne das Bein auch nur anzufassen oder die Zigarette aus dem Mund zu nehmen, dem schriftführenden Sergeanten auf der anderen Seite: ‹Schwerer Fall von Ischias und Rheumatismus. Bis zur Genesung von der Arbeit dispensiert. Tägliche Einreibungen mit Kampfer und diese Tabletten hier dreimal am Tag.› Die Tabletten werde ich natürlich nicht nehmen. Sie nützen gar nichts – das weiß ich besser als er. Hauptsache, er hat mich bis zur Genesung von der Arbeit befreit. Und ich werde mich mit dem Gesundwerden nicht beeilen! Sie wissen ja nicht, wann die Schmerzen nachlassen. Jetzt bin ich durch die Krankheit geschützt, und sie kriegen mich zu nichts. Trotz meiner starken Schmerzen empfand ich beim langsamen Zurückhinken ein Gefühl der Befreiung. Der Leutnant hatte ja irgendwann meine Papiere abgeschickt. Vielleicht würde man sich endlich meiner erinnern.

Die warmen Apriltage sind angebrochen. Der kalte Mistral weht seltener. Ganze Tage liege ich in dem verrauchten, schlecht gelüfteten Saal. Raus gehe ich nur nachmittags, wenn die Patienten zur Behandlung ins Lazarett geführt werden. Gutmann reibt mir jeden Tag Bein und Hüfte mit Kampfer ein. Er macht es ausgesprochen schlecht, wendet unnötige Kraft an, verschafft keine Linderung – im Gegenteil, die Haut schmerzt nach der heftigen Abreibung noch mehr. Ich rieche ständig penetrant nach Kampfer – Kleidung, Bett, Wolldecke, ein Geruch, den ich nicht ausstehen kann. Ich lese im Liegen ein Buch, wenn ich eines finde, oder Zeitung oder liege einfach nur da und starre zum Dach empor, auf die blinden Scheiben des Oberlichts, auf die breiten Spinnwebschleier, die dort hängen, auf das feuchte Handtuch über Kellers Bett, das lehmgrau geworden ist und nie mehr ganz trocknen wird, weil er es schon acht Monate benutzt, ohne es ein einziges Mal gewaschen zu haben. Die Tage ziehen sich ewig hin. Jeden Morgen muß ich mich mühsam mit Händen und Füßen zur zweiten Tageshälfte durchhangeln, wie bei der Besteigung eines himmelhohen Berges. Der Krieg wird eines Tages zu Ende gehen, aber ich werde vermutlich reglos auf meinem Fleck sitzen bleiben, des ewigen Wanderns müde. Ein Paradies wird nicht entstehen. Wo Menschen sind, kann es kein Paradies geben.

Jeder neue Befehl, jede Anordnung traf mich, als seien sie gegen mich persönlich gerichtet. In den Sälen wurden Anschläge des Inhalts angebracht, daß wir unsere zwei Briefe und vier Postkarten pro Monat nicht mit Tinte, sondern nur mit Bleistift schreiben dürften und sie, soweit irgend möglich, auf französisch abzufassen hätten, daß der Brief in der Länge ein doppelseitig beschriebenes

Blatt nicht überschreiten dürfe, die Buchstaben groß und deutlich zu schreiben seien und der Abstand zwischen den Zeilen, deren Höchstzahl vorgegeben war, mindestens acht Millimeter betragen müsse. Ferner dürften wir eingeschriebene Sendungen weder abschicken noch erhalten, dürften nicht über geschäftliche Angelegenheiten korrespondieren und keine Abkürzungen oder Monogramme verwenden. Das alles erregte mich nun tagelang, obwohl ich sowieso keine Einschreibebriefe schickte oder erhielt und meine Briefe auch nie sehr lang waren, weil ich die Wahrheit weder erzählen konnte noch wollte. Und ebenso war es dann auch, als wir plötzlich den Befehl erhielten, jeder einzelne, ohne Ausnahme (Zuwiderhandlungen würden bestraft), müsse in der Kleiderkammer Militärkleidung abholen, Jacke, Hose, Mantel, Mütze – alte, speckige, verschlissene Uniformstücke verschiedener Waffengattungen noch aus dem vorigen Krieg, bei denen nichts zusammenpaßte. Auf den Rücken der Jacke und auf die eine Hosenseite war in braunen Riesenlettern *TE* aufgedruckt – *Travailleur Étranger*, Fremdarbeiter. Von nun an durfte man sich nicht mehr in Privatkleidung sehen lassen, was selbst für diejenigen galt, die nicht auf Außenarbeit gingen. In der geräumigen Kleiderkammer lagen in getrennten Haufen auf dem Boden alte Jacken, Hosen, Mäntel, Gamaschen, schiefe Militärstiefel, Mützen, alte Militärdecken, dicke Säcke und Hüllen für Strohmatratzen und Strohkissen. Bei jeder kleinsten Berührung wirbelte eine Staubwolke auf. Es roch penetrant nach Schweiß, altem Leder und Schuhwichse. Die ersten konnten sich farblich noch einigermaßen passende Stücke zusammensuchen, die nicht zu abgetragen waren. Die letzten mußten sich mit den Resten begnügen. Ein paar Jünglinge waren stolz auf diese Uniformsachen, die versteckte Soldatenlust bei ihnen weckten. Mit diesen Klamotten wirkten sie schneidig, ohne sich groß in Gefahr zu begeben. Mit einem Schlag lief das ganze Lager in bunt zusammengewürfelten Phantasieuniformen herum – blau, grau, khaki –, eine bizarre Kollage aus Hosen, Jacken, Mänteln, Mützen aller Provenienz, auf denen die Buchstaben TE von weit her in die Augen stachen. Als die Soldatenhosen ausgingen, wurden die braunen Lettern den Zivilhosen aufgemalt. Zum Glück war ich ja krank. Im Bett konnte ich meine alten Sachen tragen. Nur wenn ich zum täglichen Einreiben ins Lazarett ging oder zur Latrine, mußte ich Uniform anlegen. Der alte Kopinek mit seinen schneeweißen Haaren trug eine Khakijacke, aus deren Ärmeln seine mageren Arme wie dürre Reiser hervorstaken. Tachau hatte Jacke und Mütze eines Korporals ergattert. Die Litzen mußte er zwar abtrennen, aber er bot trotzdem noch einen erfreulichen Anblick. Der Unteroffizier, der er im Ersten Weltkrieg bei den Deutschen gewesen war, erwachte in ihm. Das schirmlose Schiffchen rutschte ihm auf dem kahlen, spitzen Schädel verwegen schief, wodurch seine lange Hakennase und die abstehenden roten Ohren noch größer wirkten. Das ganze Gesicht sah aus wie ein komischer Vogel, der seine purpurnen Flügel spreizt, um erhobenen Schnabels abzuheben. Die Mütze nahm er hinfort nur noch zum Schlafen ab.

Irgendwas war immer im Anzug. Beim morgendlichen Aufstehen konnte man nie sicher sein, daß man sich abends im selben Saal ins selbe Bett neben dieselben Nachbarn legen würde. Plötzlich konnte das Büro befehlen, daß Soundso in eine andere Stube umziehen müsse, oder daß der ganze Saal Zwei seine Bleibe räumen und mit Sack und Pack in eine neue Unterkunft am anderen Ende des Hofes übersiedeln müsse, die bisher nicht belegt gewesen war. Warum, wußte kein Mensch. Es begann ein Wandern mit Betten, Matratzen, Decken aller Schattierungen, Koffern, Bündeln, wackligen Tischen, sonderbaren Stühlen und natürlich Töpfen, Tassen und Löffeln. Mühsam angebrachte Nägel und Regale wurden von den Wänden gerissen – und das ganze Theater ging von vorne los.

Es konnte passieren, daß ein Korporal im Laufschritt ankam und befahl, weitere vier Betten im Saal aufzustellen. Wo das bei dieser Enge noch möglich sein sollte, war uns schleierhaft, aber Befehl war Befehl. Es begann ein Geschiebe und Gerücke, und die neuen Betten wurden irgendwie hineingezwängt, doch ein Zwischenraum zum Durchgehen und Entkleiden blieb nun nicht mehr. Und es kam dabei auch heraus, daß deine Nägel mit deinen Kleidungsstücken und deinem Handtuch sich plötzlich am Kopfende deines dritten Nachbarn befanden. Du mußtest sie also herausreißen und neu einschlagen.

Plötzlich paßte es einem Sergeanten nicht, daß das Gepäck offen sichtbar vorn zu Füßen des Betts stand. Nein, alle sollten es ans Kopfende räumen, zwischen Bett und Wand. Ein paar Tage später gefiel ihm auch das nicht. Die Sachen dürften weder am Kopfende noch am Fußende stehen. Hier müsse Ordnung einkehren. Das Gepäck gehöre auf Wandregale. Doch woher sollten wir auf einmal Regale nehmen? Fußende – nein. Kopfende – nein. Zwischen den Betten – kein Platz. Darunter – geht nicht, zu niedrig. Eine große Affäre mit den Koffern. Es gab ein paar Tatmenschen, die die Beine ihrer Betten schon gleich bei unserem Eintreffen hier hochgebockt hatten, auf dicken Backsteinen, die sie irgendwo gefunden hatten. So konnten sie nun alles Gepäck darunter verschwinden lassen. Sie waren auch von Anfang an im Besitz von Regalen. Ich hingegen verfluchte mich selber wegen des schweren Koffers, den ich mitgeschleppt hatte. Wer brauchte all das?

Eines Tages kam vom Büro Befehl, die Matratzen seien prall wie eine Wurst zu stopfen. Was kümmerte es die dort, wenn ich nun mal lieber auf einer großen, dünnen Strohmatratze schlief? Jetzt ging ein Geschleppe mit den Matratzen über der Schulter los, wie eine Kolonne Ameisen mit ihren Eiern, vom Saal zum Lager und zurück, ein manisches Stopfen und Ziehen bei erstickendem Staubgewirbel.

Einmal entschieden sie im Büro, die Betten seien nicht richtig gemacht. Die Decken seien auszubreiten und die Enden nach einem bestimmten System unter die Matratze zu stopfen: das Strohkissen am Kopfende frei, alles andere linealgerade ausgerichtet, die Militärdecke zuoberst, private Decken darunter verborgen. So wollten sie es haben! Noch heute sehe ich mich im Traum manchmal mutterseelenallein mitten auf einem öden Feld stehen, mit Bett, Strohmatratze, unzähligen Koffern und ein paar Brettern und Nägeln – im strömenden Regen, ratlos, wo ich mich niederlassen soll, während man mich dauernd drängt und treibt, mit alldem schnellstens irgendwohin zu ziehen, ohne daß ich einen Platz finden könnte. Dann wache ich auf, in kalten Schweiß gebadet.

Bei schönem Wetter legten sich ein paar junge Leute gern mit entblößtem Oberkörper zum Sonnen auf den Hof. Das sah Hauptmann Ledoux – und aus war's. Einmal entdeckte er im Waschraum ein paar Männer, die sich zum Waschen splitternackt auszogen, von Kopf bis Fuß. Sogleich erging Befehl, das zu unterlassen. Es verstoße gegen das Schamgefühl. Wusch man den unteren Teil des Körpers, mußte der obere bekleidet sein und umgekehrt – obwohl der Waschraum inzwischen bereits eine Tür besaß, Fremde keinen Zugang zum Lager hatten und es auch keine Frauen im Lagerbereich gab.

Unvermittelt erließ Ledoux den Befehl, während der Arbeitsstunden sei es denjenigen, die nicht arbeiteten, untersagt, sich im Hof blicken zu lassen. Sie hätten in den Sälen zu bleiben. Zur Latrine mußten wir heimlich schleichen. Aber damit nicht genug. Einige Tage später erging der Befehl, alle wegen Krankheit von der Arbeit Befreiten kämen bis zu ihrer Genesung tagsüber in Arrest. Offenbar wollte Ledoux damit die Heilung fördern. Jeden Morgen führte der Sergeant des Lazaretts den Trupp Kranker zum Kerker – bis zum Mittagessen und danach wieder bis zum Abendbrot. Wir wurden in ein leeres Zimmer gesperrt, in dem es keine Sitzgelegenheit gab.

Die Leute brachten Decken mit und streckten sich damit auf dem unebenen, staubigen Boden aus, um ein Buch oder die Zeitung zu lesen oder Karten zu spielen. Von Zeit zu Zeit pochte einer an die Tür, um den Soldaten, der uns von draußen bewachte, zu rufen, damit er ihn zur Latrine eskortierte. Im ersten Moment stellte der Soldat sich stocktaub, aber zum Schluß mußte er aufmachen. Ich selbst nahm mir ein Stück Eisengeflecht, das an der Wand hing, und setzte mich darauf. Als nach zwei Tagen kein Ende abzusehen war, schrieb ich mich erneut zum Arztbesuch ein. Ich könne wegen meiner starken Schmerzen weder stehen noch sitzen, müsse in meinem Bett liegen. Der Arzt dispensierte mich vom Arrest. Die anderen mußten noch tagelang im Kerker einsitzen, bis ein neuer Transport eintraf und der Raum gebraucht wurde.

Am Sonntag, dem 14. April, waren alle im Lager. Gegen zwei Uhr blies die Trompete zum Generalappell im Hof. Wir traten in Zweierreihen, nach Saal geordnet, an, der jeweilige Stubenälteste an der Spitze. Die stickige Hitze lastete mit voller Wucht, umhüllte uns wie heißer Brei. Die Sonne brannte erbarmungslos. Aus dem Büro trat Leutnant Delacourvois, hager und elastisch, mit seinem grauen Haar und den großen, ernsten Blauaugen, nach ihm der hochgewachsene Sergeant Montegossi, Unteroffizier Müller, der Dolmetscher, der oft besoffen war, und ein paar weitere. Der Leutnant rief eine Liste Nummern auf, und die Genannten hatten ‹Hier!› zu rufen, aus dem Glied zu treten und sich auf der Gegenseite erneut in Zweierreihen zu formieren. Nachdem ein bestimmtes Kontingent erreicht war, hielt er inne, um den Betreffenden mitzuteilen, in welchem Saal sie von nun an wohnen würden und wer ihr Stubenältester sei. Das ganze Lager wurde mächtig durchgerührt wie eine brodelnde Suppe. Es gab nun getrennte Säle für Österreicher, für Staatenlose, einen gemeinsamen Saal für Tschechen, Slowaken und Sauerländer, einen für chronisch Kranke, Invalide und Arbeitsunfähige, einen für Männer über fünfzig, und alle Deutschen wurden in Gruppen auf den großen Saal verteilt. Die Umverteilung dauerte etwa zwei Stunden, danach stürmten alle auf einmal in ihre Säle, um mit Sack und Pack umzuziehen. Ein derartiges Durcheinander war sogar im Lager selten. Wir mußten bis zum Abend fertig sein. Im Raum wurde es schwarz vor Staub.

Um mein Bett drängten die Neuen, Tschechen und Saarländer, die auf meinen Auszug warteten, doch ich konnte mich vor Schmerzen nicht rühren. Zum Schluß versprach Hermann Bickels, mir beim Transport meiner Sachen zu helfen, sobald er mit seinen fertig sein würde. Trotzdem begann ich mit den Vorbereitungen, zog Nägel aus der Wand, warf Töpfe, Nägel, Zucker, schmutzige Wäsche, Schuhe, Jacken, Waschzeug und das feuchte Handtuch auf die Decke, alles bunt durcheinander, und verschnürte das Ganze. Dann schleppte ich mich in Saal Fünf, zwängte und schob mich zwischen Menschen und Gepäckstücken hindurch.

Saal Fünf war enger als unser voriger, und dort mußten sich jetzt vierunddreißig Mann mit einem Berg Koffer zusammendrängen. Die guten Plätze waren bei meinem Eintreffen bereits vergeben. Klein, der Stubenälteste, ein aus Ungarn stammender Wiener, deutete auf das dritte Bett von der Tür. ‹Wenn du das nicht gleich nimmst, ist es auch noch weg. Schnapp's dir sofort.› Hier würde nachts der Kübel hergestellt. Außerdem mußte es ziehen, und alle würden vorbeikommen und an mein Bett stoßen. Aber es blieb keine Wahl. Hauptsache, die Affäre nahm ein Ende. Bloß hatte Klein das Nebenbett für Elias Keller vorgesehen. Ausgerechnet. Dagegen wehrte ich mich nun heftig: ‹Neben den lege ich mich unter keinen Umständen.› Zu meinem Glück war auch Keller nicht damit einverstanden. Schnell sprudelte er hervor, halbe Worte verschluckend: ‹Neben den Polack will ich nicht.› Vor lauter Wut war ihm so schnell nichts Besseres eingefallen. Ich rief Klein beiseite und erklärte ihm, daß Keller vor Läusen wimmelte. Letzten Endes wurde alles friedlich geregelt. Rastowitz, der Geiger, tauschte mit Keller die Plätze. Auch mit ihm als Nachbar war ich nicht gerade glücklich, aber Hauptsache, nicht Keller!

Hermann Bickels brachte mir später meine restlichen Sachen. Alles war gutgegangen – nichts vergessen und nichts gestohlen worden. Jetzt türmte sich das Ganze zu einem großen Haufen auf meinem Bett. Ich warf mich erschöpft auf das nackte Drahtgestell. Das dürftige gelbe Licht wurde noch schwächer. Unwirklich schemenhaft, wie aus weiter Ferne durch einen düsteren Vorhang, nahm ich die geschäftig rufenden und schleppenden Menschen um mich her wahr. Die Luft ging mir aus. Man konnte nicht atmen.

Unterdessen hatten sich die Leute an ihren Plätzen eingerichtet. Nur hier und da wurden noch vereinzelt Nägel eingeschlagen. Mein Nachbar zur anderen Seite, Franz, der Schreiner des Lagers, hatte über seinem Kopf geschickt einen zweifächrigen Schrank angebracht, der an seinem Bett und der Wand befestigt war. Sogar für mich klopfte er unaufgefordert im Handumdrehen mehrere Nägel in die Wand und fragte dann: ‹Na, noch ein paar?› Das Abendessen wurde gebracht, mit zwei Stunden Verspätung. ‹Ißt du nicht?› fragte Franz.

‹Ich kann nicht essen. Du darfst meinen Teil nehmen, wenn du möchtest.›

Seine langen Affenarme reichten ihm bis an die Knie. Die vorquellenden Augen blickten jedes woanders hin, wie bei einem Huhn. Ein derart häßliches Gesicht wie seins hatte ich noch nie gesehen. Mit Gewalt zwang ich mich, mein Bett zu machen. Auch nach Löschen des Lichts ging das Reden und Rumoren weiter. Karl, ein massiger, breitschultriger Österreicher mit athletischer Kraft und weiblicher Brust torkelte besoffen durch die Gegend, schwankend wie eine pralle Ähre im Wind. Im Dunkeln tastete er sich zu dem Kübel vor, stieß auf Schritt und Tritt an Betten und Koffer und zielte schließlich daneben. Aus dem unteren Stock drang Geschrei, weil er ihnen auf den Kopf gepinkelt hatte.

Lange konnte ich nicht einschlafen. Gewiß war es schon Mitternacht. Im Saal erklang vieltöniges Schnarchen. Jemand schrie im Schlaf: ‹Ich will nicht! Wirf's weg!› und verstummte wieder. Danach seufzte er ein paarmal schwer. Durch die zwei breiten Fenster mir gegenüber fiel das schwache Licht der großen elektrischen Laterne, die vor dem Büro brannte. Der Schimmer beleuchtete die lange Reihe liegender Gestalten längs der Wand. Die Kleidungsstücke, die aus vielen Betten hingen, warfen bizarre Schattengebilde. Mein Nachbar Rastowitz ließ beim Atmen unablässig ein monotones ‹pa-pa-pa› ertönen, das sich wie Nägel in mein müdes Wachen bohrte. Von Zeit zu Zeit schnaufte ein Zug vorbei, ließ urplötzlich einen langgezogenen, klagenden Pfiff ertönen, der die Stille zerriß. Sobald er verklungen war, lastete die Stille noch tiefer, unheimlicher. Eine Weile hallte mir der Pfiff noch in den Ohren. Dann verfiel ich in unruhigen Schlaf, in dem er sich zu einem grauenhaften Alptraum von endlosen Tunnels ohne Ausgang verwob, in dem Elias Keller, mit wechselnden Gesichtern, hinter jeder fremden Biegung lauerte, ein Bett als Mordinstrument in der Hand schwingend.

Aus Saal Fünf gingen alle zur Arbeit, außer Rastowitz, den Klein zum Stubenwart ernannt hatte. Er sollte den Saal ausfegen, morgens den Kaffee holen, Wasser bringen und das Essen austeilen. Da er die Stube jedoch nie richtig putzte und auch kaum je Wasser holte, war er praktisch jeglicher Arbeit ledig. Unser Saal war der schönste und hellste, mit zwei Fenstern ins Freie. Um in den Hof zu gelangen, mußten wir die schmale, gewundene Holztreppe hinabsteigen und das neue Invalidenzimmer durchqueren. Den ganzen Tag über herrschte Ruhe in unserem Saal. Lang und schlaksig, die überlangen Arme bis fast zu den Ellbogen aus den ewig zu kurzen Ärmeln ragend wie bei einem im Wachstumsschub befindlichen Jüngling, tigerte Rastowitz ruhelos im Saal umher. Er erweckte ständig den Eindruck eines Menschen, der sich an etwas Wichtiges zu erinnern sucht oder etwas verlegt hat. Die kurze Pfeife in seinem unrasierten ovalen Gesicht ging ihm dauernd aus. Ab und zu kam er an mein Bett: ‹Verzeihung, ich muß dich wieder mal stören.› Ich langte nach meinem Feuerzeug und brannte seine Pfeife an. Das wiederholte sich hundertmal am Tag. Auch wenn jemand ein Zündholz anrieb, sprang er gleich hinzu: ‹Einen Moment, bitte nicht ausblasen.› Ich bewertete ihn sofort als einen Menschen, der spart, wo immer er kann. Häufig legte er sich auf sein Bett neben mir und versuchte, mich in ein hochfliegendes Gespräch zu verwickeln. Er interessierte sich sehr für die Psychoanalyse von Freud und Adler und interpretierte alles danach. Geistig und körperlich besaß er die servile Flexibilität von ewigen Trinkgeldjägern. Er schmeichelte allen und war allseits beliebt, weil er Geige spielte, mit seiner gewandten kabarettistischen Mimik auf wienerisch seichte Witze erzählte, der beste Schachspieler im Lager war und in seiner glatten Geschmeidigkeit zu allem taugte. Als Bettnachbar war er angenehmer als andere, abgesehen von seinem pa-pa-pa im Schlaf und der Tatsache, daß er hätte sauberer sein können. Auch sein Hemd hatte im vorigen Jahr zum letzten Mal Wasser gesehen. Der Ärmste war zu beschäftigt, hatte keine Zeit. Sein Bett war nie richtig gemacht. Darunter lugten unweigerlich einzelne, verwaiste Schuhe hervor, an denen noch der Lehm von Arandon klebte, Schuhe, die früheren Glanz erkennen ließen, jetzt aber bereits schiefgelaufen und an der hinteren Naht bis zum Absatz aufgeplatzt waren, weil er wie in einen Hausschuh in sie hineintrat, ohne auch nur mit dem Finger zu helfen. Der Stubenälteste tadelte ihn häufig: ‹Guck dir doch bitte dein Bett an. Wenn das der Sergeant sieht, droht *mir* ein böses Ende.›

‹Bloß nicht wütend werden. Du könntest dir noch deinen werten Appetit verderben.› Und sogleich breitete er mit einem Schwung die dunkelbraune Decke darüber. ‹Da, fertig.› Doch unter der Decke wölbten sich deutlich sichtbar Berge und Täler.

Klein, der mitten beim zweiten Frühstück – Butterbrot und Milch – war, langsam und hingebungsvoll kaute, ohne einen Krümel zu vergessen, stand trotzdem auf und trat an Rastowitz' Bett. ‹Und das? Und das hier?›

Rastowitz strich mit seinen langen Armen das Krumme gerade und stopfte alles gut unter die Decke.

‹Du als Stubenwart mußt mit gutem Beispiel vorangehen›, predigte ihm Klein, ‹und dabei ist dein Bett schlimmer als andere, völlig regelwidrig.› Zum Schluß setzte sich Klein ergeben wieder an sein Essen. Der war nicht mehr zu ändern, ein hoffnungsloser Fall. Durch die offenen Fenster strich majestätisch ein golden klarer, friedlicher Frühlingsmorgen. Rastowitz faßte mit einem Streich einen Entschluß: Heute würde er sich ein bißchen rasieren. Über dem Mitteltisch schabte er vor einer Spiegelscherbe, die an seiner grauen Aluminiumschüssel lehnte, die harten Stoppeln mit einer stumpfen Klinge ab. Aus dieser Operation ging er mit bläulich-wundem Kinn hervor. Nachdem er sich das Gesicht abgespült hatte, klebten ihm vor den Ohren und am Hals noch trockene Seifenreste.

Um halb elf erschienen die Lagerarbeiter zum Mittagessen, und kurz darauf polterten die Arbeiter der nahe gelegenen Bauernhöfe herein. Karl holte den Wein, das war sein Privileg. Mit dem stoffbespannten Krug, dessen Hülle schon weinrot durchtränkt war, machte er die Runde von Bett zu Bett und teilte jedem gerecht sein Maß aus, grundehrlich, ohne jemanden zu benachteiligen. Blieb etwas übrig, schenkte er ringsum ein Tröpfchen zu.

Mein Nachbar, Schreiner Franz, schimpfte dauernd über die Essensrationen. Mißgünstig zählte er den anderen die Bissen in den Mund. ‹Müßiggänger›, pflegte er zu sagen, womit alle gemeint waren. Er selbst fühlte sich benachteiligt. Sein Antisemitismus trat nicht offen zutage, sprach aber indirekt aus seinen Reden und den wütend schielenden Blicken. Nach außen hin war er ein Judenfreund, aber in seinem Innern pulsierte blinder Haß, wie ein nicht operables Krebsgeschwür. Die Juden waren schuld daran, daß er häßlich war und schielte, sie hatten ihn dazu verdammt, Schreiner zu werden und sich sein Leben lang abzurackern, statt Millionär zu werden. Er nannte die Juden ‹Israeliten›. Wenn ein Goi mir bemäntelnd mit ‹Israeliten› kommt und sich nicht einfach mit dem Wort ‹Juden› begnügt, weiß ich gleich, daß ich einen eingefleischten Judenhasser vor mir habe, der zu einem Pogrom fähig wäre. Ich hielt Franz auch für einen Nazi, obwohl er durchblicken ließ, er sei Sozialdemokrat. Falls das Rad umschlug und Hitler, Gott behüte, Siege davontrug, würde er sein wahres Gesicht zeigen. Zum Essen setzte sich Franz an seinen stabilen selbstgezimmerten Tisch, ohne seine bereits löchrige Schürze aus dicker Sackleinwand abzunehmen. Mich lud er mit zu Tisch, doch ich lehnte ab. Lieber aß ich auf meinem Bett, das Eßgeschirr zwischen den Knien. Daran war ich schon gewöhnt.

Abends sangen die Jungen im fernen Winkel zur Gitarrenbegleitung. An Sonntagen fand Rastowitz sich häufig bereit, die Geige zu spielen, oder es wurde der Bibelforscher aus dem Nachbarsaal eingeladen, seine Harfe für uns zu schlagen. Im Dämmerlicht, nach dem Abendappell, zupfte er sanft die Saiten, entlockte ihnen zarte, leise, wehmütige Töne, die sich wie mit feiner Nadel ins Dunkel wirkten. Er saß am Tisch, nicht weit von meinem Bett, und das Grüppchen um ihn zeichnete sich wie ein schwarzer Schattenriß im Dämmerschein ab. Hier und da glühte eine Zigarette im stillen. Jetzt gab es keinen Krieg auf der Welt, wir saßen nicht im Lager. Wir waren an einem dunklen Waldesrand, den die untergehende Sonne mit Myriaden letzter Goldfünkchen pünktelte. Die Nacht säuselte sommerlich leise, hielt den Atem an. Die Luft duftete nach warmen Ähren und kühlem Heu.

Ein Wagen mit fremden jungen Mädchen fuhr in die Nacht. Irgendwo muhte ein Kalb. Die Harfe verstummte. Einen Augenblick hallten die Klänge noch in den Ohren nach. Dann waren wir wieder im Lager, auf harten Betten, umringt von Soldaten und Stacheldraht. Die Zuhörer applaudierten im Dunkeln.

Es waren zwei Bibelforscher bei uns, von der Sekte der Zeugen Jehovas. Sie legen die Bibel auf ihre Weise aus und finden alles darin, auch Prophetien für die Zukunft. Sie haben weder Kirchen noch Riten. Wegen des Gebots ‹Du sollst nicht töten› sind sie gegen Kriege und gehen nicht zum Militär. Werden sie trotzdem eingezogen, weigern sie sich, irgend etwas zu tun oder auch nur Uniform anzulegen. Deswegen sitzen sie in allen Ländern im Gefängnis. Vor den Nazis mußten sie ebenso fliehen wie Juden und Kommunisten. Unsere beiden weigerten sich auch stur, Ledoux' Uniformsachen anzuziehen, und zum Schluß pinselte man ihnen das braune *TE* halt auf die Zivilkleidung. Blasser, der zweite Bibelforscher, liegt neben Schreiner Franz, auf der anderen Seite. Ein feiner, sauberer junger Mann, der aussieht wie ein Bräutigam am Tische seines Schwiegervaters. Die Leute machen sich gutmütig über ihn lustig. Er kommt mit Beweisen aus dem Buch Jesaja, daß jetzt der Tag des Jüngsten Gerichts, des Weltendes, angebrochen sei. Hitler sei Gog und Magog, und die ganze Welt werde zugrunde gehen. Aber Gog und Magog werde ein Ende nehmen und einer neuen Welt der Gerechtigkeit und Wahrheit Platz machen. Auch der Messias werde kommen.

Zwei Sergeanten brachten Heinemann zurück, der drei Wochen zuvor geflohen war. Sie hatten ihn in der Gegend von Lille geschnappt, wo er schwarz über die belgische Grenze gehen wollte. Hier wanderte er für dreißig Tage in den Kerker. Die Genossen unterhielten sich mit ihm durch die dünnen Wände der Latrine, zu der ein Soldat mit aufgepflanztem Bajonett ihn eskortierte. ‹Macht nichts!› rief er durch die Lattenwand, ‹ich scheiße auf die und ihren Kerker. Beim nächstenmal stell ich's schlauer an!›

Vom Büro verlautete, wir gälten als Kriegsgefangene. So wolle es das Kriegsministerium. In sämtlichen Sälen wurden Riesenanschläge von einem Meter Länge an die Wand geheftet: alle einschlägigen Bestimmungen der Genfer Konvention. Kriegsgefangene dürfen zur Arbeit gezwungen werden, müssen aber entlohnt werden. Auf einmal waren wir Kriegsgefangene, aber Lohn bekamen wir keinen. Die machen, was sie wollen.

Seit ein paar Tagen heben unsere Leute hinter dem Büro Schützengräben aus, zum Schutz vor Luftangriffen. Blasser hat diese Arbeit verweigert. Bunkerbau sei eine militärische Tätigkeit, die er nicht verrichte. Er könne beim Bauern arbeiten oder im Wald Bäume fällen – aber keine Gräben ausheben. Blasser beharrte auf seiner Weigerung und bekam vierzehn Tage Kerker. Ich traf ihn im Lazarett, wohin ihn ein Soldat gebracht hatte. Er war grün im Gesicht. Schon vorher hatte ich ihm geraten, bei seinem angegriffenen Herzen müsse er ein ärztliches Attest einholen, das ihn von jeglicher Arbeit befreie. Hätte er auf mich gehört, wären die Dinge nicht so weit gekommen.

Jetzt sind sie im Büro ganz scharf darauf, daß wir unser Geld dort hinterlegen. Es ist eine neue Order ergangen, der zufolge wir ihnen unser gesamtes Geld abliefern müssen. Dafür erhalten wir ratenweise Gutscheine, mit denen wir alles, was wir im Lager brauchen, bezahlen können. Das Guthaben eines jeden wird auf sein Konto gutgeschrieben, und wenn er aus Loriol entlassen wird, bekommt er den Rest ausbezahlt. Wer hinfort im Besitz von Bargeld angetroffen wird, verliert es durch Beschlagnahme und muß zusätzlich noch eine Buße entrichten. Auf den Gutscheinen – roten, grünen oder gelben Zetteln – steht *Lager Loriol* und der jeweilige Betrag, 50 Centimes oder ein, zwei, fünf oder zehn Francs. Man bekommt

höchstens fünfzig Francs pro Woche, in ein oder zwei
Raten. Du mußt dich jeweils abends beim Stubenältesten
einschreiben und am nächsten Spätnachmittag eineinhalb bis zwei Stunden vor der Tür anstellen, bis sie dir
deine eigenen paar Kröten auszahlen. Es wird einem ganz
schwarz vor Augen. Ich persönlich habe ein paar hundert
Francs für Notzeiten bei mir versteckt, für den Fall, daß
ich plötzlich entlassen werde und sie für Ausgaben brauche. Für diesen Zweck habe ich sie noch in Arandon ge-
hütet, schon über vier Monate ist das her. Jetzt kann man
mit diesem Geld halt nichts mehr im Lager kaufen.

Die deutsche Wehrmacht hat bereits Dänemark besetzt und Norwegen erobert. Am 10. Mai wurden Belgien und die Niederlande angegriffen. Bei uns hat man
mit Feuerlöschübungen angefangen. Beim Ertönen des
Alarmzeichens, bei Tag oder bei Nacht, müssen wir innerhalb von drei Minuten auf den Hof rennen, wurde
uns eingebleut. Alle Sachen müssen wir an Ort und Stelle
zurücklassen. Am Sonntag gab es die erste Übung. Man
blies die Trompete, und alle liefen auf den Hof. Sogar die
paar Kranken, die im Lazarett lagen. Auch Hauptmann
Ledoux, der Leutnant und die andern standen dort. Wir
mußten in zwei langen Doppelreihen Aufstellung nehmen, die Soldaten zwischen uns, bis zum Tor des Hauptgebäudes. Die eine Kolonne machte einen Knick und
reichte am anderen Ende bis zum Waschraum. Die zweite
endete bei den Wasserhähnen am Eingang zum neuen Lazarett. In der Hofmitte blieb ein leeres Quadrat. Dort versammelten sich die Offiziere, um ihre Befehle zu erteilen.
Die eine Reihe reichte die vollen Wassereimer hastig von
einem zum andern, die zweite Gruppe gab sie leer von
Hand zu Hand zurück, um sie neu zu füllen. Die ganze
Affäre dauerte rund eine Stunde. Ein paar Tage später
gab es einen blinden Alarm am Abend, als alles schon in
den Betten lag. Wir hasteten halbnackt in den Hof. Doch
als nach zwei weiteren Tagen echter Fliegeralarm von
Valence aus gegeben wurde, scheuchte man uns alle in

die Säle und verriegelte die Türen hinter uns. Die Soldaten rannten mit Gewehren und MGs in die Schützengräben. Das waren ja schöne Aussichten für uns, wenn tatsächlich Bomben aus der Luft abgeworfen werden sollten. In den Sälen eingeschlossen wie in einer Mausefalle, hatten wir keine Chance zu überleben.

Eine freiwillige Waldarbeitergruppe, dreißig an der Zahl, ist nach Chapuis bei Lyon geschickt worden. Auch Klein, unser Stubenältester, hat sich dazu gemeldet. Den wären wir los. Zum neuen Stubenältesten ist Schlesinger ernannt worden, ein Wiener Jude über dreißig, von angenehmer und ehrlicher Wesensart. Er ist erst seit drei Wochen im Lager. Vorher hat er frei in Lyon gelebt, einfach weil er nicht unaufgefordert zur Polizei gelaufen ist. Vor ein paar Wochen hat man sich schließlich seiner erinnert, doch er hatte sich immerhin sieben Monate Lager erspart. In Lyon handelte er mit den Gemälden alter Meister. Im Lager geht er jeden Tag willig zur Arbeit, versucht sich nicht zu drücken, nimmt alles klaglos hin – als wolle er seine sieben Monate Freiheit sühnen.

Der große Saal ist jetzt plötzlich geräumt worden. Die Deutschen hat man wieder hierhin und dorthin verteilt. Das Tor zum Saal wurde mit Querlatten vernagelt, die Tür, die früher vom Saal zur Stube Acht führte, ausgehängt und der Türrahmen zugemauert. Dort drinnen wird gearbeitet, man bricht die Wand zur anderen Seite durch, und auch das Stück Stacheldrahtzaun, das vom Waschraum zu den hölzernen Latrinen führt, wird zwei oder mehr Meter hoch mit Brettern verbarrikadiert. Jenseits davon, in ein paar Meter Entfernung, wird ein neuer doppelter Stacheldrahtzaun gezogen. Sogar Ritzen und Astlöcher in den Holzwänden werden mit Brettern vernagelt. Im Lager sind Gerüchte aller Art im Umlauf. Manche sagen, man werde die wirklich Verdächtigen unter uns aussondern und sie dort völlig isoliert im großen Saal unterbringen, andere meinen, der Saal werde für internierte Frauen vorbereitet. Jeder hat seine eigene Vermutung.

Unterdessen rückt die Front näher. Innerhalb weniger Tage haben die Deutschen die Niederlande und den größten Teil Belgiens besetzt, und jetzt kämpfen sie bereits an der französischen Grenze. In der französischen Regierung sind Wechsel vorgenommen worden. Ein Minister wurde entlassen, ein zweiter neu ernannt, ein dritter mit Ressort Vier betraut und Minister Vier wiederum zum Ressort Drei versetzt – wie beim Herrichten der bunten Teller zu Purim: Man nimmt hier eine Mohntasche weg, legt sie dort hinzu und dafür diesen Bonbon hierher. Aus den Zeitungen spricht blanke Panik. Allerorten geistern deutsche Fallschirmjäger umher. Und die Presse ist voll von Taten einer deutschen ‹Fünften Kolonne› – das heißt, Nazis haben sich angeblich eingeschlichen, um insgeheim Deutschlands schnellen Sieg vorzubereiten. An allem ist diese ‹Fünfte Kolonne› schuld, und jeder ist verdächtig. Mandel, der neue Innenminister, ein Jude, hat bestimmt, daß alle Freigelassenen zwischen siebzehn und fünfundsechzig Jahren bis spätestens 21. Mai wieder zu internieren seien. Frauen desgleichen. Außer Müttern von kleinen Kindern. Einigen Zeitungen zufolge gilt diese Anordnung nicht für ehemalige Österreicher über achtundvierzig und für Ehefrauen von Legionären. Nach anderen Berichten gilt sie ausnahmslos für alle. Ich finde keinen Schlaf mehr. Mich plagt die schreckliche Gewißheit: Nicht nur meine Entlassung ist illusorisch – auch meine Frau wird man ins Lager bringen. Ich will ja gern hierbleiben, wenn sie nur meine Frau und mein Kind dort in Ruhe lassen. Schlesinger macht sich keine Sorgen. Man lebt nur einmal. Er schwelgt in allen möglichen leckeren Dingen, die er sich bestellt, rülpst genüßlich nach dem Essen und sagt Pardon. Unterdessen füllen sich die Zeitungen mit Geschichten über die Hunderte Frauen, die sich im *Vélodrome d'Hiver* eingefunden haben. Großartig. Jetzt würde man die Deutschen glorreich schlagen. Die Fünfte Kolonne war ausgeschaltet.

Mit einem neuen Transport aus Lyon, dreißig Mann, sind meine alten Bekannten eingetroffen: Johann Sternheimer, Karlchen Ambach und auch Herr Mai, der in Bourg auf dem Spirituskocher für alle Herrschaften gekocht hatte. Dr. Richard Fried sei nach Chambaran geschickt worden, erzählten sie, er habe sich als Arzt zum Arbeitsdienst gemeldet. Dr. Seligson und Baron von Malachowsky lägen in Lyon im Krankenhaus. Vor seiner Einlieferung hatte der Baron meine Frau gesehen, und nun überbrachten sie mir auf Umwegen ihre Grüße. Auch die alte Baronin mit ihren zweiundsechzig Jahren habe sich in Gurs in den Pyrenäen einfinden müssen, wo es ein großes Lager für Frauen gäbe. Minister Mandel hat viel Elan.

Die Leute sind froh, wieder im Lager zu sein. Draußen schwebe man ständig in Lebensgefahr, erzählt Sternheimer. Der Pöbel wittere in jedem Schatten deutsche Fallschirmjäger und Fünfte Kolonne. Jeden Augenblick könnten sie einen lynchen. Im Lager sei man wenigstens seines Lebens sicher. Vorausgesetzt, fügt er hinzu, man komme nicht zufällig durch eine verirrte deutsche Bombe um, aber auch dafür sei die Chance größer, wenn man frei in der Stadt wohne.

Karlchen Ambach lacht mit seinem breiten gelblichen Froschmund immer noch von einem Ohr zum anderen und lutscht seine Pastillen. Er klopft mir auf die Schulter und sagt: ‹Also, was hört man Gutes, lieber Weichert? Rheumatismus haben wir bekommen und Ischias obendrein? Du Ärmster. Wirklich schade.› Dann lutscht er weiter. Tachau raucht schon eine dicke Zigarre, ein Mitbringsel von Karlchen.

Als wir morgens an den wenigen Wasserhähnen im Waschraum standen, hörten wir plötzlich dumpfe Stimmen aus dem großen Saal. Einer lugte im Vorbeigehen durch die Torritze und fragte, wer sie seien. Doch ein Soldat tauchte im Hof auf, und so konnte er nicht viel erfahren. Bei ihrer Ankunft am Abend zuvor hatte keiner was gehört. Zu Gesicht bekommt man sie nie. Unsere Leute bringen ihnen das Essen, müssen die Töpfe jedoch in eine Drehluke setzen, so daß man wieder nichts sieht. Die Waschraumtüren werden von acht bis zehn Uhr morgens und von drei bis fünf Uhr nachmittas abgeschlossen und von einem Soldaten bewacht. Das sind die Stunden, in denen die von der anderen Seite sich und ihre Wäsche waschen dürfen. Dazu wird die neu in die Mauer gebrochene Hintertür aufgemacht.

Man weiß nichts, außer daß sie – nach den Essens- und Brotportionen zu schließen – hundertfünfzig Mann sind und daß es sich um ehemalige Offiziere, Deutsche und Österreicher, handelt, die aus Belgien gekommen sind. Trasser, aus unserem Saal, hat erzählt, er habe einmal bei der Essensübergabe an der Drehluke das ‹Schma Israel› von dort gehört. Doch er konnte weder fragen noch Antwort erhalten, weil ein Soldat die Essensübergabe kontrolliert.

Plötzlich kommt schlechte Nachricht aus dem Büro. Hauptmann Ledoux verbietet ab morgen alle Zeitungen. Nun ist man völlig von der Welt abgeschnitten. Kurze Zeit später verlautet, daß es zur Strafe geschieht, weil einer von uns einen Stein mit einer darumgewickelten Zeitung über den hohen Lattenzaun auf die andere Seite geworfen hat. Zu dieser Tat bekannte sich unser Zimmergenosse Wagner. Sie haben ihn eine halbe Stunde lang verhört, wobei er sich damit herausredete, er habe nicht gewußt, daß es verboten sei. Beim nächsten Mal bekäme er dreißig Tage Kerker, warnten sie ihn. Jetzt steht er mit rotem Gesicht da, von Leuten umringt. Wegen seiner Bubenstreiche müssen die anderen leiden. Am nächsten Tag rief der Leutnant alle Stubenältesten zusammen. Für diesmal, sagte er ihnen auf dem Hof, sei es ihm gelungen, den Hauptmann umzustimmen. Bis nach Mitternacht habe er sich für uns eingesetzt. Aber wir müßten uns von denen auf der anderen Seite fernhalten. Wenn sie uns etwas zuriefen oder fragten, sollten wir mäuschenstill bleiben. Wir dürften uns dem Saaleingang nicht weiter als auf drei Meter nähern. Und wer im Gespräch mit ihnen erwischt werden sollte, würde strengstens bestraft und das ganze Lager mit ihm. Da ist also die wahre Fünfte Kolonne, dort drüben auf der anderen Seite. Obwohl – wären sie der Spionage oder ähnlicher Untaten überführt worden, hätte man gewiß einen passenderen Platz für sie gefunden als bei uns hier in Loriol.

Es gibt also wieder Zeitungen. Das Grauen, das sich wie eine schwarze Wolke über Frankreich zusammenbraut, lastet auch auf dem Lager. Die Deutschen sind auf dem Vormarsch. Der belgische König hat kapituliert. Heimliche Freude spricht aus den Gesichtern der verkappten Nazis im Lager. Schreiner Franz bringt mir bei der Rückkehr von der Arbeit düstere Nachrichten mit. Die Soldaten erzählen ihm in der Werkstatt, was sie im Radio gehört haben. Er flüstert mir die Dinge geheimnistuerisch ins Ohr, mit gespielt sorgenvoller Miene und geheucheltem Seufzen, mustert mich dabei mit seinen hervorquellenden Augen, während ich meine, er gucke in die andere Richtung.

Weinstock kommt jeden Tag zu Hermann Bickels, damit der ihm die Zeitungen übersetzt. Er hat natürlich alles vorausgesehen, wußte es ja schon immer. ‹Was hab' ich euch gesagt? Morsche kapitalistische Staaten!›

Vor ein paar Tagen ist noch einer geflohen. Ein Deutscher aus Brasilien, einundfünfzig Jahre, einer von denen, die man auf dem Weg nach Südamerika vom Schiff heruntergeholt hat. Im Lager wurde er ‹der Schnelläufer› genannt, weil er mit seinem schlanken, gutgebauten Körper und den langen Beinen stundenlang den Hof zu umrunden pflegte – schnell und ausdauernd, als müsse er irgendwo pünktlich ankommen. Und nun ist er tatsächlich weg. Eines Tages meldete er sich freiwillig zur Waldarbeit, und an dem Tag ist er auch verschwunden. Vermutlich strebt er jetzt der spanischen Grenze zu, ein paar hundert Kilometer von hier. Der schöne Schrankkoffer aus schwarzem Lack und der beige Schweinslederkoffer sind verwaist in Saal Acht zurückgeblieben.

Schulz ist ein junger Jude aus Deutschland, zweiundzwanzig Jahre, mit kohlrabenschwarzem Kraushaar und funkelnden schwarzen Augen. Er war aus New York angereist, wo er seit vier Jahren lebt. Erpicht, gegen Hitler zu kämpfen, wollte er sich schleunigst in Frankreich zum Militär melden. Hierzulande sperrte man ihn, wie üblich, erst mal ins Gefängnis. Dann erklärte man ihm, die französische Armee habe nicht auf ihn gewartet und brauche ihn nicht. Wenn er wolle, könne er zur Fremdenlegion gehen. Aber auch dort nahmen sie ihn nicht, wegen seines schwachen Herzens. So erlebte er Gefängnisse aller Art, bis man ihn zu uns brachte. ‹Es hat sich wirklich gelohnt, von New York nach Loriol zu eilen›, spotten die Leute.

Hermann Bickels lernt angeblich bei ihm Englisch. Sie tuscheln dauernd auf Schulz' Bett. Haben sich viel zu erzählen. Nach Löschen des Lichts flüstern sie auf Bickels' Bett weiter. Gestern abend, nach zehn, als hier und da schon einzelne Schnarcher ertönten, hörte man plötzlich aus der Tiefe des Saals ein Mordsgeschrei: ‹Ich bring' dich um, du Schuft!›

Ein Bett quietschte und knarrte, und eine andere erstickte Stimme rief: ‹Stubenältester! Schlesinger!› Danach hörte man schnelle, harte Schritte, und ein Schatten glitt im Dunkel quer durch den Saal zur Tür.

‹Was ist denn?› fragten verschlafene Stimmen.

‹Wieder mal Bickels›, sagte jemand, ‹man muß diesen Schweinereien ein Ende setzen.› Nach und nach zog wieder Stille ein, bis sie von Schnarchtönen erneut zersägt wurde.

Am Morgen stand Bickels wie gewöhnlich auf, ein wenig später als die anderen, mit zerzaustem Haar, offenen Knöpfen, zerrissenem Hemd, der eine Jackenärmel bis zum Ellbogen aufgerissen. Wie auf Verabredung sprach keiner ein Wort mit ihm. Nur Jurek fragte beim Kaffeetrinken über den ganzen Saal hinweg: ‹Was ist denn heute nacht passiert, Bickels?›

‹Der Junge ist nicht bei Sinnen. Man sitzt zusammen und unterhält sich leise, und auf einmal dreht er durch und will mich erwürgen.›

‹Er ist ein hübscher Junge›, streute Jurek Salz in die Wunde, ‹aber was kommt dabei heraus?›

Am Abend, nach der Arbeit, kam Bickels in seinem zerrissenen dunkelblauen Jackett an und setzte sich zu mir aufs Bett. Unwillkürlich nahm ich das eine Bein ein wenig zur Seite, um ihm Platz zu machen. Er schwieg einen Augenblick. Dann sagte er, wie zu sich selbst: ‹So was ist mir im Leben noch nicht passiert. Wie eine hysterische Frau. Alles schön und gut, und auf einmal dreht er mir den Arm um und versucht mich zu würgen. Ich gebe zu, daß ich einen Fehler gemacht habe. Ich hätte vorher bedenken sollen, daß man bei einem Verrückten auf alles gefaßt sein muß.›

Im Lager ist ein neuer Typ aufgetaucht, klein, beleibt, mit Brille, eine dicke Mappe unter dem Arm. Er trägt Zivil – schwarzer Anzug, schwarzes Barett – und schleicht auf leisen Sohlen, wie barfuß. Beim erstenmal kam er zusammen mit Hauptmann Ledoux und dem Leutnant aus dem Büro. Ein hohes Tier offenbar. Jetzt sitzt er den ganzen Tag, bis abends hin, in dem Häuschen neben der Schreinerei. Und jeder muß bei ihm erscheinen. Er behält dich lange da, eine halbe Stunde bis Stunde, knüpft ein freundschaftliches Gespräch über Belanglosigkeiten an und fragt dich scheinbar beiläufig noch über den Urgroßvater aus. Schmidt heißt er, und Deutsch spricht er wie ein Deutscher. Er tut wie ein alter Freund und gibt dir, als dein eigen Fleisch und Blut, den brüderlichen Rat, dich noch heute zur Fremdenlegion zu melden, in der du dein wahres Glück machen wirst.

Einige besonders Verdächtige werden ins Büro gerufen. Wieder Fingerabdrücke – diesmal von allen zehn Fingern –, Vermessung des Körpers von allen Seiten, Photos von vorn und im Profil, Kopfmaße, Länge und Breite der Ohren. Heinemann, der Legionär, hat es in allen Einzelheiten erzählt.

Drückende Hitze, ohne jeden Luftzug. Der leere Hof glüht in der prallen Sonne. Auf dem schmalen Schattenstreifen längs der Lazarettwand liegt die zugelaufene dicke braune Hündin auf der Seite hingestreckt. Die rosa Zunge hängt ihr aus dem Maul, sie hechelt schnell, die Flanke hebt und senkt sich schwer. Ich humple mühsam über den Hof, zertrete meinen Schatten unter den Füßen. Die speckige Uniformjacke aus grobem blauem Tuch lastet auf meinen Schultern, durchtränkt von fremdem, abgestandenem Schweiß, noch aus dem Krieg 1914–1918, ja womöglich aus dem von 1870/71. Auf dem schmalen, dämmrigen Flur wartet schon Keller vor der Tür. Überall ist er der erste. Er wirft mir einen scheelen Blick zu. Ich lehne mich an die abblätternde Wand. Das Bein tut mir weh. Wenigstens ist es ein bißchen kühler als draußen. Zum Schluß setze ich mich auf den Boden. Das ist nicht gut für meinen Rheumatismus. Und eine Erkältung kann ich mir dabei auch noch holen.

Schmidt saß gemütlich am Tisch, das Gesicht zur Tür. Das Jackett hatte er abgelegt, die gestärkten Manschetten standen eine in der anderen am Ende des Tisches.

‹Entschuldigen Sie, daß ich so dasitze›, sagte er, als sei ich ein wichtiger Gast. ‹Eine fürchterliche Hitze. Ufff!› Dabei maß er meine ganze Gestalt mit einem eingehenden Blick durch seine Brille. Vermutlich brauchte er die Brille gar nicht, sondern benutzte sie nur als Maske, um einen besser unbemerkt beobachten zu können. ‹Warum hinken Sie?›

‹Aha, Ischias! Und Rheumatismus noch obendrein – eine scheußliche Angelegenheit! Furchtbare Schmerzen... Setzen Sie sich bitte. Hier, auf den Stuhl gegenüber. Sie heißen – ah ja! Weichert, Rudolf?›

Er suchte meine Karteikarte und hörte unterdessen nicht auf zu reden. ‹Ja, Ischias. Zu meinem Leidwesen kenne ich diese Krankheit nur zu gut. Ein häßliches Leiden. Vor einigen Jahren habe auch ich an Ischias gelitten. Konnte mich kaum bewegen. Und wissen Sie, was mir geholfen hat? Schlammbäder. Das ist das beste Mittel. In Belgien war ich, eine einzige Kur – und weg war's. Nicht gleich, nach ein paar Wochen. Eine sehr anstrengende Behandlung. Man muß ein starkes Herz haben. Ich empfehle Ihnen Schlammtherapie. Sie werden mir dankbar sein. Natürlich, solange der Krieg noch anhält – doch ich hoffe, bin überzeugt, daß wir sie besiegen werden, diese Nazis. Und Sie? Was meinen Sie dazu?›

‹So ist es. Aber leider sind die Nachrichten von der Front schlecht. Will sagen, nicht schlecht, aber nicht den Erwartungen entsprechend. Sie haben sich nicht zur Legion gemeldet?›

‹Ja, ja, ich seh' schon – gemeldet, aber für untauglich befunden. Und was ist mit Arbeitsdienst?›

‹Jetzt entlassen werden? Wie kann davon jetzt die Rede sein? Umgekehrt. Jetzt bringt man alle ins Lager zurück.›

‹Alle. Die Fünfte Kolonne. Sie verstehen mich. Es wäre doch möglich, daß ein Jude in Lyon herumläuft, das heißt, nach außen hin Toilettenartikel oder Krawatten verkauft, in Wirklichkeit aber ein Agent Hitlers ist. Ich sage nicht, daß alle so sind, aber es genügt ja einer! Jetzt ist das undenkbar. Alle müssen ins Lager.›

Schmidt schnaufte schwer, machte weiter fleißig ufff, wischte sich ab und zu mit dem Taschentuch die Schweißperlen von Stirn und Glatze und warf mir verstohlene Blicke zu.

‹Wien. Eine schöne Stadt. Wien kenne ich gut. Bin oft dort gewesen. Eine herrliche Stadt. Sind Sie aus Wien selbst oder aus der Umgebung? Ich habe oft in der Mariahilfer Straße gewohnt, und Sie? – Ah, die Jägerstraße, 20. Bezirk, kenne ich bestens.›

Beim Reden machte er sich häufig kurze Notizen in ein rechteckiges Heft.

‹Natürlich ist Wien nicht so schön wie unser Paris. Gar nicht zu vergleichen. Will sagen, die Stadt ist anders. Paris hat auf der ganzen Welt nicht seinesgleichen. Sie kennen Paris doch gut? Wo haben Sie dort gewohnt? – Rue Plumet, 15. Quartier.› Er machte sich eine Notiz in sein Heft.

‹Da zum Beispiel Berlin. Kennen Sie Berlin?›

‹Egal. Man sollte meinen, auch Berlin ist eine Großstadt, eine Weltstadt – aber ohne eigenen Charakter, ohne Tradition, ohne aristrokratische Abkunft, neureich eben. Nicht wahr? Ich spreche völlig objektiv, ohne Vorurteile. Und was sind Sie von Beruf?›

‹Schriftsteller? Hochinteressant. Und welche Themen? Politische?›

‹Ah, reine Belletristik. Will sagen, Romane, Erzählungen. Ich lese sehr gern Bücher. Leider bleibt mir nicht viel Zeit dafür. Ich würde liebend gern etwas von Ihnen lesen. Verstehen Sie, einen Schriftsteller, den man kennt. Können Sie mir nicht etwas aus Ihrer Feder bringen? Nur zum Lesen natürlich. Nur lesen, und dann gebe ich es Ihnen zurück. Sie haben nichts dabei? Schade, schade. Es würde mich sehr interessieren.›

‹Sie schreiben also für ausländische Zeitungen?›

‹Ach so! Nicht für Zeitungen. Bücher! Noch besser. Wirklich zu schade, daß Sie mir nichts zum Lesen leihen können. Bücher. Bücher sind kein leichter Broterwerb. Kann man davon leben?›

‹Man hat sein Auskommen? Das wundert mich. Ich kenne Schriftsteller, und gute dazu, die am Verhungern sind. Und nebenher – das heißt, neben dem Schreiben, haben Sie keine weitere Beschäftigung? Einen Nebenerwerb? Gelegentlich mal?›

Er will gewiß aus mir herausholen, ob ich nicht nebenher, so beiseite, ein bißchen Spionage treibe.

‹So! Sie haben keine Nebenverdienste! Sie haben Ihr

gutes Auskommen. Dann sind Sie doch wirklich ein glücklicher Mensch. Ich beneide Sie schlicht und einfach. Diese Möglichkeit, in Ruhe dazusitzen und zu arbeiten, bei sich zu Hause, ohne gestört zu werden – welch glückliches Los hat doch so mancher! Nicht wie in meinem Beruf, bei dem ich dauernd unterwegs bin, tags hier, nachts dort, immer auf der Achse von hier nach da, bekomme Befehl, nach Marokko zu fahren, und schon muß ich mich nach Marokko aufmachen. Nach Syrien – also ab nach Syrien. Nach Wien – dann eben Wien. Man kommt nie zur Ruhe. Ewig auf der Wanderschaft. Zum Glück bin ich unverheiratet. Ohne Frau und Kinder. Mit Familie ist ein solches Leben doch unmöglich. Eine Frau möchte ihren Mann bei sich haben, nicht wahr? Ufff! Was sagen Sie zu dieser Hitze? Vielleicht leiden Sie nicht so darunter, aber ich – bin ein bißchen dicker als Sie. Fett ist ungesund. Alles habe ich schon versucht, um ein wenig abzunehmen – und nichts hat geholfen. Gymnastik, kalte Duschen, Massagen, viel laufen – aber vergebens!›

Dann ging er zu Elsaß-Lothringen und speziell Straßburg über. Sei mir Elsaß-Lothringen vertraut? Er selbst stamme aus Straßburg. Wieder wischte er sich über Stirn und Glatze.

‹Und hier im Lager haben Sie nichts geschrieben? Sie müssen doch gewiß was verfaßt haben. Wenn Sie mir irgendein Manuskript leihen könnten, und seien es nur wenige Seiten, bis morgen vormittag, wäre ich Ihnen äußerst dankbar. Ich bin ja so neugierig.›

‹Sie haben gar nichts geschrieben? Das hier ist für Sie kein Ort zum Schreiben? Wie schade! Nun, was kann man machen. Aber wenn der Krieg erst mal zu Ende ist, werden Sie viel zu schreiben haben. Das Lagerleben schildern, die Menschen, vielleicht bringen Sie sogar mich irgendwo unter.› Der Gedanke machte ihm solchen Spaß, daß er laut auflachte. ‹Ein Mensch, der eine flinke Feder führt, was soll man sagen, der kann doch aus nichts was zaubern, nach dem man sich die Finger schleckt. Na,

Herr Weichert›, endete er unvermittelt und reichte mir über den Tisch seine weiche, feuchtglühende, lappige Hand, ‹es war mir ein Vergnügen. Auf Wiedersehen.›

Auf dem Hof stoppte mich Dr. Hoffenreich, ein Chemiker aus Deutschland. ‹Kommen Sie eben von dort?› fragte er mit seiner ewig belegten, matten Stimme. ‹Was sagen Sie? Ein kluger Mann, hellwach. Ein Vergnügen, sich mit ihm zu unterhalten.›

Dr. Hoffenreich, ein begeisterter zionistischer Funktionär, war aus der Schweiz nach Frankreich in Urlaub gefahren, nur für ein paar Wochen. Nun sitzt er im Lager, ist Stubenältester. Mit seiner schmalen langen Hakennase ist er genau der Typ des deutschen Juden, der für eine antisemitische Karikatur Modell stehen könnte. Die winzigen Augen mit den rötlichen Wimpern blickten mich reglos an, wie zwei asymmetrische schwarze Punkte auf einer modernen Kohlezeichnung.

‹Ein ausgesprochen kluger Mensch›, beharrte Hoffenreich. ‹Und freundlich, aufgeschlossen. Wer hat denn je so mit einem gesprochen, seit man im Lager ist? Von Mensch zu Mensch! Hauptmann Ledoux etwa?›

‹Mir ist Ledoux lieber als dieses süßliche Gesäusel. Ledoux ist konsequent, hat Charakter. Er ist Soldat. Danach behandelt er uns und danach handelt er auch sonst. Aber der da ist der typische Spion. Jede seiner Regungen ist falsch. Glaubst du, der ist dir mehr Freund als Ledoux? Warum sollte er? Wer bist du denn für ihn?›

Ich ließ ihn stehen und ging auf meine Stube.

Am Samstag morgen heulten lange dumpf die Sirenen von Valence, wie aus der Erde heraus. Sofort ertönte die Trompete, und wir wurden alle wie Stallvieh auf die Stuben gescheucht, dann schloß man hinter uns ab. Die Soldaten hasteten in die Schützengräben. Die Leute betrachteten das als amüsantes Spektakel. Von Angst keine Spur, als könnten uns die Bomben nichts anhaben. Es wurde gelacht und gescherzt. Besonders viel Tumult herrschte in unserem Saal, an dessen Fenstern sich auch Leute aus anderen Stuben drängten. Heinemann, der entsprungene Legionär, war als erster da. Seine Stimme übertönte alle anderen. In seiner großspurigen Art schnurrte er ununterbrochen technische Details von verschiedenen Flugzeug- und Bombentypen herunter.

Anfangs waren weder Flugzeuge noch Bomben zu sehen. Dann tauchten ein paar dunkle Punkte hoch am blauen Himmel auf. ‹Siehst du›, rief da jemand am Fenster, ‹da drüben, rechts!›

‹Ja, ich seh schon. Eins, zwei, fünf, neun. Nicht weniger als neun!›

Man hörte das matte Dröhnen der Motoren. Dann folgte eine dumpfe Explosion, wie unter einem Federbett. Dichter dunkelblauer Qualm stieg fern am Waldrand auf.

‹Sie haben eine Bombe abgeworfen!› verkündete jemand freudig am Fenster. ‹Eine starke Bombe. Da drüben noch eine!›

Nicht weit von Lyon gibt es Frau und Tochter, hier in unmitterbarer Nähe ein großes Flugfeld. Und wer weiß – eine geringe Fehlberechnung, und die Bombe trifft uns. Aber ich habe keine Angst. Befinde mich sogar in einem leichten Rauschzustand, unter dessen Einfluß es mir vorkommt, als schwebe alles einen Meter hoch über dem Erdboden. Morgen oder auch schon in einer Stunde wird hier vielleicht nichts mehr sein. Macht nichts. Vorerst drängt sich alles an den Fenstern, die auf Befehl geschlossen sind. Erstickende Hitze. Und die Flugzeuge fliegen bereits tief, in ziemlicher Nähe des Lagers. Das silbrige Metall glitzert in der Sonne, mit riesigen Hakenkreuzen, und zur anderen Seite, an den Eisenbahngleisen, sieht man deutlich Flammen und Rauch emporschlagen. Ein paar Sekunden hat das Ganze gedauert. Unsere Soldaten in den Schützengräben haben ein paarmal geschossen, wie zum Scherz. Ein paar Feuerstöße sind zur blauen Himmelskuppel aufgestoben, wie Funken vor dem Blasebalg. Aber die Flugzeuge sind längst weg. Der Himmel ist klar und sauber, ohne das kleinste Wölkchen. Nur in der Nähe des Schienenstrangs zeichnen sich einzelne Rauchschwaden auf dem dunkel bewaldeten Hintergrund ab. Die Leute drängen sich noch an den Fenstern, kauen dicke Margarinebrote dabei. Kein Zug kommt mehr vorüber, als sei alles tot. Wir fühlen uns ein wenig leichtsinnig und übermütig, wie ein Mann, dessen Frau vor der Niederkunft steht.

‹Sie haben uns zum Feuerlöschen gedrillt. Da möchte ich mal wissen – wenn uns nun eine Bombe auf den Kopf fällt, wie sollen wir dann wohl löschen, wenn wir in den Sälen eingesperrt sitzen? Das möchte ich ja bloß mal wissen!›

‹Wenn eine Bombe fällt, mein Lieber, dann gibt's nichts mehr zu löschen. Die schließen uns ein, damit wir nicht abhauen, während sie in den Schützengräben stekken. Darum geht's. Ob wir umkommen – ist ihnen egal. Das dürfen wir. Hauptsache, wir nehmen nicht Reißaus.›

Beim nächsten Trompetenzeichen wurden die Türen aufgeschlossen. Alles rannte, um vor der Latrine anzustehen. Es bildete sich eine Schlange von hundert Männern, die von einem Bein aufs andere traten.

Schließlich tauchte der erste Zug auf, aus Richtung Marseille. Ein Güterzug mit vielen Wagen, teils ohne Dach, mit Jute abgedeckt. Er fuhr langsam, vorsichtig, als bahne er sich einen Weg durch Morast.

Als die Waldarbeiter ins Lager zurückkehrten, wußten sie wahre Wunderdinge zu berichten. Sie hatten alles aus der Nähe gesehen. Die Bomben waren nur drei Kilometer entfernt von ihnen gefallen. Bromberg hatte sogar ein rußiges Stück Metall von einer Bombe mitgebracht, das er stolz jedem einzeln zeigte. Sie waren in Hochstimmung und sprachen noch ausgiebig über den Vorfall.

Man hat uns neue Betten gebracht, Doppeldecker mit jeweils vier Plätzen, zwei unten, zwei oben. Sie bestehen aus Brettern – Kopfende, Fußende, Trennwand zwischen je zwei Betten, Seitenplanken und vier Holzböden. Eine wertvolle Erfindung zum Platzsparen, aber hart zum Liegen. Jeder Viererblock sieht aus wie eine sonderbare hochkantige Kiste. Die Bretter wurden mit den erforderlichen Schrauben geliefert, aber wir mußten sie selbst zusamenbauen. Die Zeit drängte. An einem einzigen Nachmittag mußten wir das ganze Werk vollenden: die alten Betten herausholen und zum Lager tragen, die neuen stückweise hinaufschleppen und sie zusammensetzen. Es gab ein emsiges Getriebe wie nach einem Erdbeben. Auf dem Hof und in allen Räumen wurde auf einmal gerückt, geklopft und geschraubt, wurden Bretter vertauscht, wieder auseinandergenommen und von neuem zusammengesetzt. Man stritt sich um Plätze, Nachbarn, wer neben wem, wer oben und wer unten... Ein Gedränge, daß keine Stecknadel mehr hätte zu Boden fallen können. Ich saß in irgendeinem Winkel auf meinem Gepäck, wie auf dem Bahnhof. Draußen wurde es schon dunkel, als das Werk beendet war. Zwölf solche Kisten standen nun in unserem Saal rings an den Wänden. Der Raum war dunkler geworden, weil die Betten die Fenster verstellten. Jetzt waren wir noch mehr eingesperrt als zuvor und merkten zum ersten Mal, daß das hier vorher ein wahres Paradies gewesen war... Ich liege auf der unteren Ebene – mit meinem kranken Bein kann ich ja nicht klettern – Rücken an Rücken mit Schreiner Franz. Die Betten sind schmal, kurz und hart. Die Latten drücken durch die Strohmatratzen. Setzt man sich abrupt auf, ohne Vorsicht walten zu lassen, schlägt man mit dem Schädel gegen den Boden des oberen Betts, durch dessen Ritzen einem Staub und Strohhalme oft geradewegs ins Gesicht rieseln. Fällt es einem des Viererspanns ein, sich zu kratzen, rüttelt und knarrt gleich das ganze Gestell. Der Boden des oberen Betts hängt einem ziemlich nah über dem Kopf, so daß man das Gefühl hat, noch lebendig im Sarg zu liegen. Oben ist mehr Licht und Luft, aber wer kann dort hinaufklettern? Das ist was für junge Leute. Um hinaufzugelangen, muß man erst mit beiden Füßen auf das untere Bett steigen und sich dann mit einem Schwung hochziehen. Dabei verdrecken sie dir die Decke. An Regentagen, wenn die Schuhe morastig sind, ist das Unheil besonders groß. Und daran entzünden sich weitere Streitigkeiten zwischen Unteren und Oberen. Über mir liegt Fleischer. Er hat die Eigenart, das Essen mit ins Bett zu nehmen und es dort im Sitzen zu verzehren, wobei er die Füße baumeln läßt, so daß mir seine verschlissenen Militärstiefel vor den Augen hängen. Von dieser Angewohnheit ist er nicht abzubringen. Er verspricht es dir zwar, aber am nächsten Tag hat er schon wieder alles vergessen und entschuldigt sich. Man wird es leid, ihn wieder und wieder daran zu erinnern. Noch schlimmer ist es, wenn er barfuß dasitzt. Dann baumeln da seine Plattfüße mit den krummen Zehen, die er schon zwei Jahre nicht mehr gewaschen hat, überzogen mit dikker schwärzlicher Hornhaut. Bei deren Geruch zu essen, ist nicht besonders gustiös. Diese Füße kriegt er sein Lebtag nicht mehr sauber, es sei denn, er würde die Haut abschälen. Auch die Füße von Rastowitz, auf der anderen Seite, sind nicht gerade schneeweiß, aber wenigstens schweißfrei. Wenn Franz mir das Gesicht zukehrt, pustet er mir seinen Atem direkt in die Nase, trotz des Trennbretts zwischen unseren Köpfen. Der fremde Männerhauch, vermischt mit Schweißgeruch, Werkstattdüften, Zahnfäule und häufig auch Knoblauch und Zwiebel, raubt mir den Schlaf. Ich kehre ihm den Rücken, rutsche bis an den äußersten Rand des schmalen Betts, aber vergeblich. Die Gerüche von allen Seiten umzingeln mich. Wohin ich mich auch wende – ausweglos. Das ist ein zweiter Kerker der Gerüche – ein Gefängnis im Gefängnis, wie ein Holzei, in dem ein weiteres Ei steckt und darin wieder eins.

Die Koffer und Taschen lagern außer Sicht, an den Wänden hinter den Bettgestellen oder darunter – die Betten haben hohe Beine. Wenn man das Zimmer betritt, ist nichts zu sehen außer den Gestellen aus rohem Holz rings an den Wänden, wie komische Käfige für wilde Tiere in einer Zooabteilung.

Es ist Montag, der 9. Juni. Die Leute sind bereits zur Arbeit weg. Im Lager ist Stille eingekehrt. In unserem Saal hat Rastowitz schon ächzend den Boden gekehrt, das Häufchen Dreck aber in einer Ecke liegengelassen. Er wird ihn später hinausbringen. Über uns wölbt sich ein hoher glasklarer Himmel ohne jeden Makel. Durch die Fenster weht frische blaue Morgenluft und erfüllt den Raum. Ich liege angezogen in meinem Sarg, die Beine zugedeckt. Vorgestern ist ein Brief von meiner Frau angekommen, zwei Wochen alt. Seit einiger Zeit gehen die Briefe erst zur zentralen Zensurstelle nach Paris und dann wieder südwärts zu uns. Bisher ist sie nicht im Lager gelandet. Aber inzwischen war ja der Bombenangriff, und Hauteville liegt nicht weit von Lyon. Es wird Ewigkeiten dauern, bis ich wieder einen Brief erhalte. Die Zeit tröpfelt dahin, wenn man nichts hört. Ich schlage das Buch auf, das ich gerade lese. Zwar ist es im Bett ziemlich dunkel, aber wenn man ganz an die Kante rückt, fällt etwas Licht zwischen den Bettgestellen hindurch. Rastowitz wandert unstet umher, die kalte Pfeife im Mund. Jetzt stürzt er in die Zimmermitte, macht aber gleich wieder kehrt zur Tür, als sei ihm etwas eingefallen, ändert erneut die Richtung und steuert auf mich zu, um Feuer zu erbitten. Dann plötzlich schweres Schuhgetrappel auf den Treppen. Einer nach dem anderen kommen sie herein, Jacken und Beutel über der Schulter.

Es ist erst acht Uhr. Kuriere sind ausgeschwärmt, um alle Arbeitsgruppen ins Lager zurückzubeordern. Irgendwas ist im Anzug. Offenbar sind wir im Begriff, Loriol zu verlassen, denke ich mit Herzklopfen. ‹Das riecht nach Auszug aus Loriol›, sage ich zu Rastowitz.

Bald kommt Schlesinger herauf. Frankreich hat Italien

ein Ultimatum gestellt. Manche sagen, die deutsche Wehrmacht stehe schon vor den Toren von Paris. Wie bekanntwurde, hat man Hauptmann Ledoux gleich nach sieben aus dem Schlaf gerissen und ans Telefon gerufen. Eine ernste Angelegenheit. Bald darauf kommt Schlesinger erneut, diesmal mit konkreter Botschaft: Noch heute fahren wir hier weg. Wohin, weiß kein Mensch. Manche sagen, wir kämen in ein Lager in den Pyrenäen. Und zwar, um weiter von Italien wegzukommen. Andere meinen, wir würden nach Les Milles geschickt. Dann eilt Strauß herauf und läßt durch Schmidt ausrichten, wir führen nach Süden, und vielleicht auch noch ein bißchen weiter. Im Süden sind wir ja jetzt schon, grübeln die Leute. Südwärts, das heißt Marseille. Ein bißchen weiter, das wäre – übers Meer nach Nordafrika, nach Tunesien oder Marokko.

Afrika! Der Gedanke hat sich wie ein Bazillus bei uns eingeschlichen. Mit einemmal sind alle überzeugt, daß wir nach Afrika kommen. Schon poltern Neue herauf und erzählen, unten hieße es, die Reise ginge nach Afrika – ohne jeden Zweifel. Nach Schmidts Antwort und seinem Lächeln zu schließen, wird's mit Sicherheit Afrika. Schlesinger zieht erneut los.

Mein Gott, Afrika, gnadenlos! Wir sind verloren. Wir werden keine Nachrichten von zu Hause mehr erhalten. Das glutheiße Afrika. Malaria. Ruhr. In Loriol ist es schon heiß genug. Mir schwindelt bei dem Gedanken.

Schlesinger kehrt mit festen Befehlen zurück. Bis zwölf Uhr sind Strohmatratzen, Schlafsäcke, Militärdecken, Uniformstücke und Militärstiefel vollständig im Depot abzuliefern – alles, was nicht Privateigentum ist. Bis drei Uhr müssen alle ihre Sachen fertig gepackt, mit Namen und Nummer versehen und auf den Hof hinuntergetragen haben. Stühle, Tische, Schränke und so weiter bleiben hier. Das Gepäck wird auf dem Hof gesammelt. An Handgepäck ist höchstens eine kleine Tasche erlaubt. Jeder muß sich mit einer Flasche Limonade für unterwegs versehen. Sie werden gratis ausgeteilt. Für die übriggebliebenen Gutscheine erhalten wir heute nachmittag Geld zurück. Wer eine weitere Summe auf dem Büro gut hat, bekommt den Betrag ebenfalls heute nachmittag, wenn es gelingt, das Geld von der Bank in der Stadt zu holen. Wenn nicht, wird man es uns dort, an unserem neuen Bestimmungsort, rückerstatten. Wir fahren am Spätnachmittag oder Abend. In Kürze werden wir Endgültiges erfahren.

Sofort bricht der bekannte Tumult aus. Ein Schieben, Klopfen, Drängen in erstickenden Staubwolken. Vor sechs Tagen erst wurden die Betten ausgewechselt. Kaum hat man sich einigermaßen an die düsteren Särge gewöhnt, müssen wir wieder umziehen. Ich bin schon jetzt völlig erschöpft, gewissermaßen als Vorschuß auf all die Mühsal, die noch kommen soll. Mein Bein schmerzt wie abgequetscht.

Fleischer, mein Nachbar von oben, hat sich erboten, erst meine Matratze, Decke und Uniform ins Depot und dann mein Gepäck auf den Hof zu tragen. Ich wollte ihm etwas dafür geben, aber er hat es abgelehnt. Ich vergebe ihm seine Schweißfüße. Sie tragen ein gutes Herz. Der lange Rastowitz, dieser Armleuchter, wäre nie auf die Idee gekommen, mir ein bißchen zu helfen. Er, der wochenlang täglich meine Zeitung erhalten hat, ständig angelaufen kam, um einen Würfel Zucker, ein bißchen Tabak oder Feuer für seine Pfeife zu schnorren und mich fünfzigmal am Tag mit Fragen nach der Bedeutung französischer Wörter oder Gesprächen über Freud belästigt hat, stellt sich jetzt blind und taub, tut so, als würde er mich nicht kennen. Fleischer – ohne Kenntnisse in Psychoanalyse und Geigenspiel – besitzt eine unverfälschte Menschlichkeit. Die muß man in seinen Kreisen, unter den Mühseligen dieser Welt, suchen. Dort findet man sie.

Die Leute packen mit Gesang. Manchen Jüngeren macht die Sache Spaß. Verreisen! Und wenn wirklich nach Afrika – um so besser. Was von der Welt sehen. Wir singen nicht. Dem alten Jakir, der in zwei Monaten fünfundsechzig wird, ist nicht nach Singen zumute. Sein langes, zerfurchtes Gesicht, dessen Wangen mit einem Netz bläulicher Äderchen überzogen sind, wird noch länger. Sein schwarzgefärbtes Haar, das sonst sorgfältig quer über die Glatze gekämmt sitzt, steht jetzt zerzaust hoch und entblößt seinen gelblichen Schädel. Er läuft mit jugendlich flinken Schritten umher und packt. Auf der anderen Seite des Bettgestells packt Schreiner Franz seine Sachen – verärgert, den langen, schmalen, fast lippenlosen Mund fest zugekniffen. Über seinen vorstehenden Wangenknochen spannt sich die Haut wie über einem Leisten. In eine Kiste packt er allerlei Bürsten, die er im Lauf der Zeit selbst angefertig hat, eigene Werkzeuge, einen hellblauen Kittel und seine frisch gewaschene Sonntagsschürze, ohne Löcher. Dann nagelt er die Kiste zu. Lange arbeitet er so, ohne ein Wort zu sagen oder jemanden anzublicken. Sein breites, kantiges Kinn ragt ihm wie die flache Seite eines Hammers aus dem Gesicht. Franz hat Schiffbruch erlitten. Ihn bringt die Sache um sein Einkommen. Plötzlich flucht er ohne bestimmte Adresse: ‹Der Schlag soll sie treffen!› Seine Kisten hat er eigenhändig nach allen Regeln der Kunst gezimmert. Die könnte man vom Dach werfen, ohne daß sie in die Brüche gehen würden. Die Etiketten mit seiner Nummer, 3352, und seinem Namen klebt er auf alle Seiten, mit echtem Tischlerleim, den er sich in einer Konservendose aus der Schreinerei geholt hat. ‹Du kannst ein bißchen Leim abbekommen›, sagt er zu mir, während seine Augen woanders hingucken.

Den ganzen Tag wälze ich mich auf dem nackten Holzlager. Der Saal ist fremd geworden, beziehungslos. Ich hätte es schon liebend gern akzeptiert, auf dem harten Bett zu liegen, wenn man mich nur in Ruhe ließe. Ich will ja nichts mehr.

Wir werden das Lager erst um Mitternacht verlassen. Unser Geld haben wir natürlich nicht zurückbekommen.

Man will es uns an unserem neuen Bestimmungsort auszahlen. Jetzt ist es sechs Uhr. Das Abendbrot haben wir im Hof eingenommen, im Stehen. Mein Eßgeschirr hatte ich schon eingepackt, wie viele andere auch. Fünfzig Mann aßen vom selben Teller. Ich habe verzichtet, dann eben ohne Suppe. Das zähe Stück Fleisch und das Brot habe ich aus der Hand gegessen, mit den Fingern. Die Sonne wird langsam schwächer. Versinkt über dem Kasernendach. Auf der Gegenseite, fern am Horizont, erglühen die fransigen Waldwipfel in üppigem Goldbraun. Darunter verfinstern sich die Stämme zu unergründlichem Schwarz. Die Luft steht reglos und klar. Loriol im Midi! Vielleicht werden wir uns noch wehmütig nach dir sehnen, nach deinen harten Lagern, dem staubigen Hof, den langen Zügen, die sich endlos vor dir hinschlängeln, nach dem dunklen Wald, der jetzt völlig in die herabsinkende Nacht verblaßt. Vielleicht werden wir noch Hauptmann Ledoux nachtrauern, seinen unsinnigen Anordnungen, seinem kalten blauen Blick. Die Nacht hält den Atem an.

Als meine Nummer an die Reihe kam und man mir hochhalf, um mich in den dunklen Waggon – für acht Pferde oder vierzig Personen – zu schieben, war er längst überfüllt. Ich blieb an der Tür. Weiter konnte ich nicht. Ein Gewirr von Beinen, Armen, Leibern, Köpfen, Gepäckstücken – gewiß schon fünfzig Mann. Man bekam kein Bein zu Boden. Alles gerammelt voll, an den Wänden ringsum ebenso wie in der Mitte. ‹Rückt mal ein bißchen zusammen›, setzte jemand sich für mich ein, ‹ein kranker Mann! Kommen Sie hierher, Herr Weichert.› Eine Taschenlampe leuchtete auf. Drängelnd und schiebend und über Füße, Hände und Gepäck stolpernd, hangelte ich mich langsam zum anderen Ende durch.

‹Kommen sie her, hierher!› rief es aus der Menge.
‹Mein Fuß!›
‹Sie sitzen auf meiner Hand!›

Mit Mühe konnte ich ein paar Zentimeter an der Wand ergattern und mich auf die Seite niederlassen. Nur ein kleiner Teil meines Körpers kam auf den Boden zu liegen, der Rest rutschte zwischen fremde Extremitäten. Das eine Bein war angewinkelt, das Knie unter meiner Nase, das andere irgendwo weggeglitten. Wieder ging die Taschenlampe an. Bei einem schnellen Blick in die Runde guckte ich, ganz aus der Nähe, in Gesichter, die ich in Loriol nie gesehen hatte. Als ich ein paar Minuten später den Atem wiedergefunden hatte, wurde mir klar, daß ich fortan weder das eine Bein ausstrecken noch das andere heranziehen konnte. Ich saß wie ein Backstein in eine Mauer eingekeilt.

Unterdessen hatte man von außen die Waggontür verriegelt. Die Luft war zum Ersticken, erfüllt von menschlichen Gerüchen aller Art, trotz der kleinen offenen Luken nahe der Decke, durch die kühler Nachtwind hereinwehte. Der Zug stand noch. Einige fingen schon an zu schnarchen. Vermutlich war es halb zwei oder zwei Uhr. Wir fahren auf der Stelle. Wohin, weiß kein Mensch. In meinem Innern taumelt alles auf einmal bunt durcheinander – wandernde Strohmatratzen, Seesäcke, Töpfe, Sonnenuntergänge, Schreiner Franz, Rastowitz mit der Pfeife, die ihm aus dem unrasierten, schwarzstoppeligen Gesicht hängt, Sternenhimmel, der alte Jakir, der auf seinen Storchenbeinen umherläuft... All das wird jedoch übertönt vom Dauerschmerz in Bein und Lenden. Ich versinke in Müdigkeit. Hätte ich bloß das harte Bett in Loriol, ohne die Matratze. Die Kehle ist wie ausgedörrt. Vielleicht hat sich noch ein Tröpfchen Limonade auf dem Boden der Flasche gesammelt, aber wo ist die Flasche, und wo bin ich?

Offenbar bin ich eingenickt. Jetzt saust der Wagen schon mit ohrenbetäubendem Lärm dahin, rüttelt und schüttelt alle Augenblick. Durch die Luken pfeift kalter Wind. Ich zittere. In meinem Bein prickelt es, als liefen Ameisen darin auf und ab. Die Sprünge des Wagens auf den Schienen lassen mein Hinterteil unbarmherzig aufschlagen. Der Waggon macht ratata tatata. Jemand stöhnt. Am anderen Ende ruft einer verschlafen: ‹Oi, die Hand! Laß einen mal die Hand wegziehen!› Dann ist es wieder still. Nur der Zug macht unaufhörlich ratata tatata. Der Kopf hängt mir schwer auf der Brust, wie durch Narkose betäubt. Vermutlich bin ich erneut eingenickt, obwohl ich durch den leichten Schlaf genau das Rütteln des Waggons und den plagenden Durst gespürt habe. Und da kriecht schon der Tag herauf. Die Luken werfen graue Dreiecke hinein, die heller und heller werden. Die kurze Sommernacht ist doch vorübergegangen, schmerzlich zerronnen. Ein Gewirr von Körperteilen wird offenbar: Arme, Beine, Köpfe, Nasen, Menschen mit Kleidung, Schuhen, Hüten, Gepäckstücken, miteinander verwoben und verkeilt – ein einziger Haufen über den ganzen Boden hingegossen, wie Krebse im Netz. Schließlich verlangsamt der Zug, bremst quietschend ab und kommt zum Stehen.

‹Avignon›, meint jemand.

‹Kann nicht sein›, widerspricht jemand anders, ‹wir sind noch nicht lange genug unterwegs. Gewiß erst Orange. Bis Avignon sind es hundertvierzig Kilometer.›

Unter einer Luke kriecht jemand aus dem Haufen hervor, macht einen Klimmzug und wirft einen Blick ins Freie. ‹Keine Station in Sicht›, verkündet er dem ganzen Waggon. Eine Minute später ruckt der Zug scharf an, und wir fahren weiter.

‹Laßt einen doch schlafen!› ruft jemand am anderen Ende. ‹Was pressiert denn? Ihr werden nichts verpassen.›

Mir ist es gelungen, mein krankes Bein freizukriegen und es besser zu lagern. Nach viel Gerangel habe ich mich auch auf die andere Seite wälzen und mich bequemer zwischen meine Nachbarn zwängen können. Zu meiner Rechten schnarcht Lemke, ein Deutscher aus Danzig, Plakatmaler von Beruf. Er liegt der Länge nach hingestreckt. Die Köpfe und Beine, die auf ihm lagern, stören ihn nicht. Er könnte sicher auch auf einem Baumwipfel schlafen. Einen modischen Schnurrbart trägt er, bindfadenschmal direkt über der Oberlippe. Zwischen Bart und Nase verläuft ein breiter Streifen. Sein Mund steht offen, und alle Augenblicke läßt er ein gedehntes Schnarchen vernehmen, ch-ch-ch-chaaa.

Inzwischen sind die meisten aufgewacht, mit glasigen Augen und wachsbleicher Gesichtsfarbe. Es entflammt ein Wortstreit, dessen Feinheiten im lauten, metallenen Rattern des dahineilenden Zuges verlorengehen. Menzel, der zum Waggonältesten ernannt worden war, verteilt an je drei Mann einen Laib Brot und eine ovale Streichleberdose ‹für den ganzen Tag›. Die Bahn hält. Jetzt sind wir tatsächlich in Avignon. Lemke hat es eindeutig durch die Luke gesehen. Andere bestätigen es. Wir halten etwa eine halbe Stunde. Die Waggontür wird nicht aufgemacht. Die Leute klopfen, ballern mit den Füßen, schreien in allen Tönen. Sie möchten ihre Notdurft verrichten. Kein Mensch kommt öffnen.

Wir fahren weiter. Die Männer stellen sich einer nach dem andern an die Tür und pinkeln durch eine Ritze nach draußen. Lemke hat den Anfang gemacht. Die dort Lagernden protestieren, aber es hilft ihnen nichts. Wer weiß, wann mal aufgemacht wird. Länger läßt sich das Wasser nicht halten. Sonst holt man sich womöglich noch eine Krankheit. Wir fahen weiterhin nach Süden, Richtung Marseille. Einige kennen die Gegend. Manche hoffen noch, wir kämen in ein anderes Lager innerhalb Frankreichs. Lemke sagt: ‹Zweifellos Afrika.›

Jetzt, da einige stehen, kann ich die Beine ausstrecken. Der harte Boden des Waggons staucht mir wie aus Bosheit von unten die Lenden. Die Luft, die durch die zwei kleinen Luken weht, kann den Schweiß- und Rauchgestank nicht vertreiben. Es wird acht, neun, zehn Uhr. Wir fahren. Halten. Fahren weiter. Marseille ist schon vorbei. (Manche erkannten den Bahnhof und von weitem die Stadt.) Wir hatten etwa eine halbe Stunde dort Aufenthalt. Danach ratterte der Zug ein Stück in Gegenrichtung, dann wieder wie zuvor. Jetzt fahren wir am Meer entlang, das sich weit bis zum Horizont erstreckt, spiegelglatt, ohne das leiseste Fältchen, tiefblau unter der glühenden südlichen Sonne hoch droben.